STEINE BEMALEN MIT MALEOLA®

STEINE BEMALEN MIT

Manuela Leo

Steine bemalen mit Maleola®

Witzig, frech, von Herzen

mitp

Bibliografische Information der Deutschen Nationalbibliothek
Die Deutsche Nationalbibliothek verzeichnet diese Publikation in der Deutschen Nationalbibliografie; detaillierte bibliografische Daten sind im Internet über http://dnb.dnb.de abrufbar.

Bei der Herstellung des Werkes haben wir uns zukunftsbewusst für umweltverträgliche und wiederverwertbare Materialien entschieden.

Der Inhalt ist auf elementar chlorfreiem Papier gedruckt.

ISBN 978-3-7475-0704-9

1. Auflage 2023

www.mitp.de

E-Mail: mitp-verlag@sigloch.de

Telefon: +49 7953 / 7189 - 079

Telefax: +49 7953 / 7189 - 082

Lektorat & Sprachkorrektorat: Nicole Winkel

Covergestaltung: Manuela Leo / Christian Kalkert

Coverbild: Manuela Leo, MGS Shopping/Natascha Malterer

Bildnachweise: iStock.com/VikZa (S. 7/8), MGS Shopping/Natascha Malterer (S. 14/15, S.110)

Layout & Gestaltung: Manuela Leo

Satz: Petra Kleinwegen

Druck: ADverts in Riga, Lettland

Klimaneutral
Druckprodukt
ClimatePartner.com/18246-2312-1006

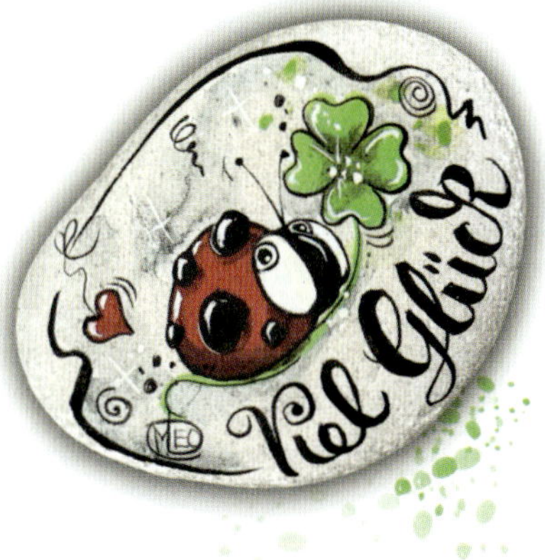

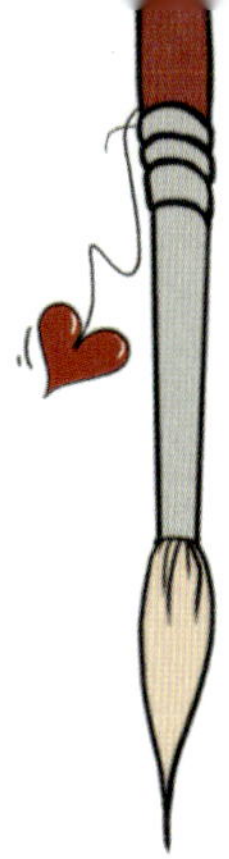

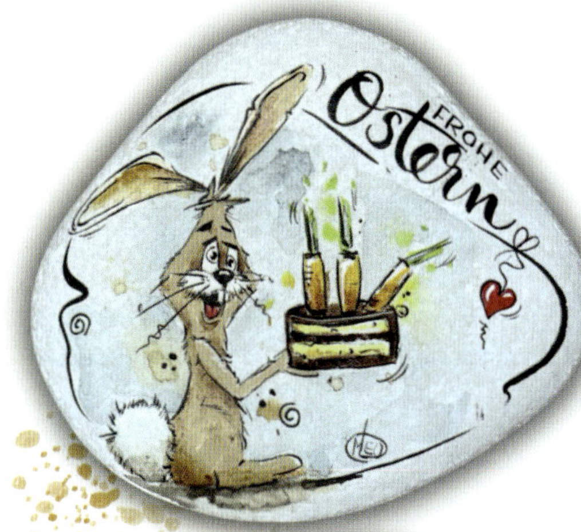

DEIN
ERLEBNIS
STEINE BEMALEN
MIT MALEOLA®
BEGINNT
HIER.

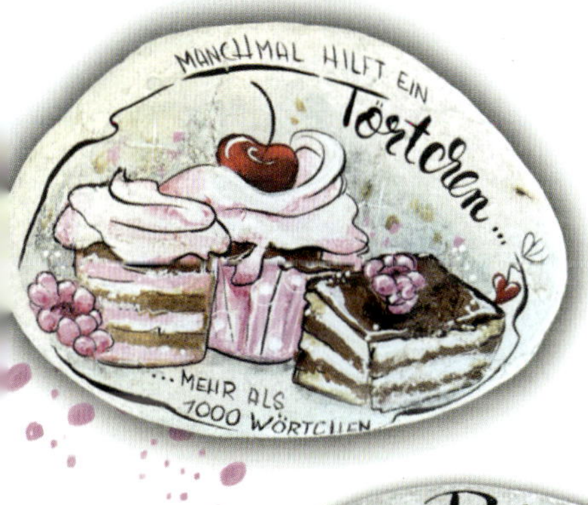

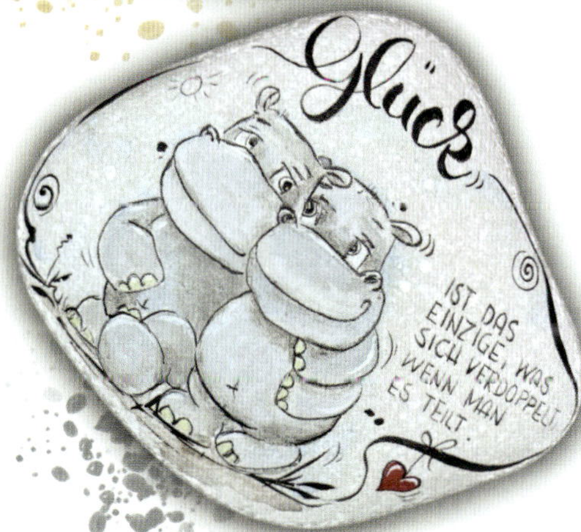

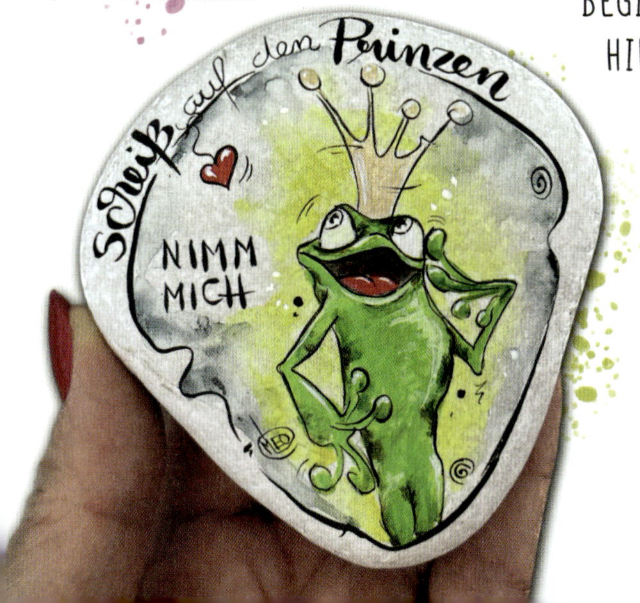

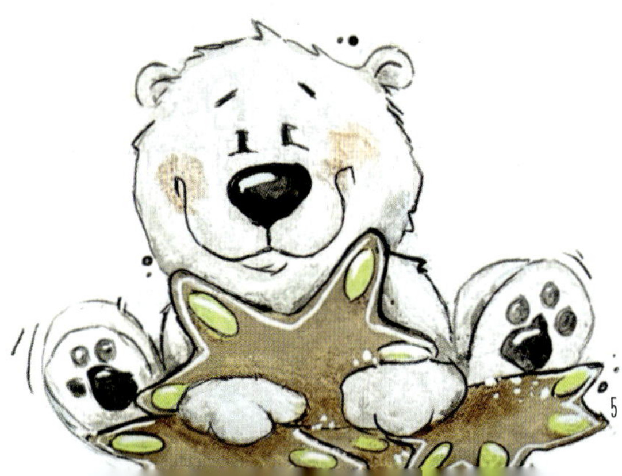

INHALT

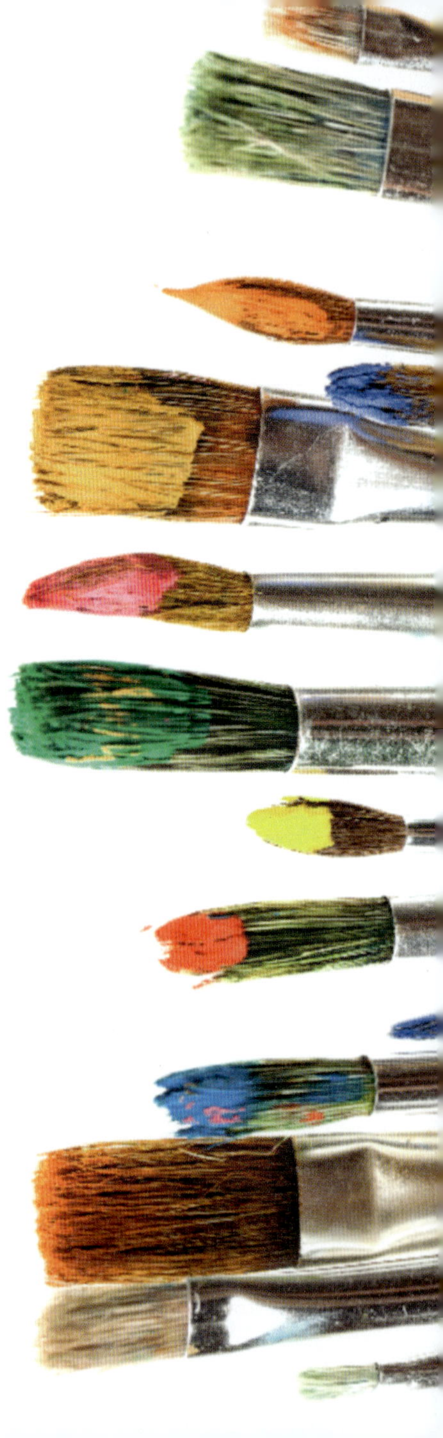

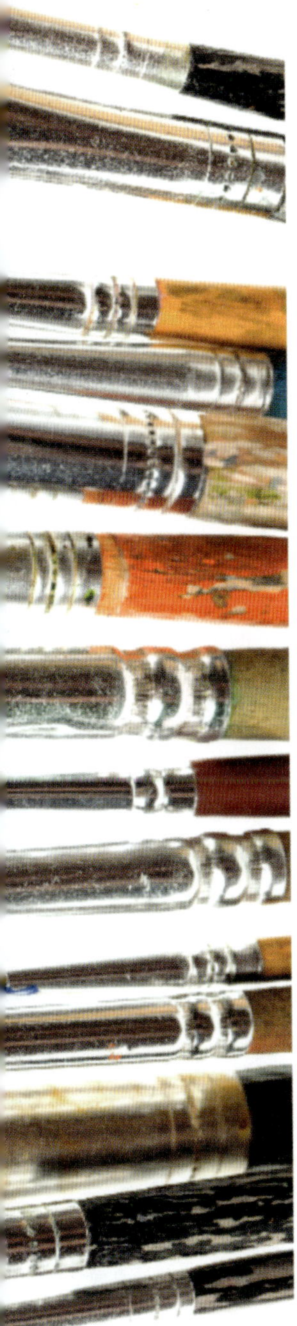

SCHÖN, DASS DU DAS JETZT LIEST!

MIT DIESEM BUCH MÖCHTE ICH DIR MEINE LIEBE ZUM BEMALEN VON STEINEN VERMITTELN, EINBLICK IN DIE DETAILS GEBEN UND DIR ZEIGEN, WELCHE HERAUSFORDERUNGEN SICH DABEI STELLEN, KLEINE KUNSTWERKE AUF STEINE ZU MALEN.

ES SIND DIE WINZIGEN DINGE, DIE DAS LEBEN SCHÖNER MACHEN.
LASS DICH VON MEINEN KLEINEN STEINEN VERZAUBERN.

SIE MACHEN DEINEN TAG BUNTER, BRINGEN DICH ZUM LACHEN, SCHENKEN GLÜCK ODER KRAFT, BESCHÜTZEN DICH, BEGRÜSSEN NEUE ERDENBÜRGER ODER HELFEN, TRAUER ZU VERARBEITEN.

ICH FREUE MICH SCHON SEHR AUF DEINE ERGEBNISSE, DIE DU NACH MEINEN ANLEITUNGEN AUF DEINE STEINE MALST. ZEIG SIE MIR GERN AUF DEN GÄNGIGEN SOCIAL-MEDIA-PLATTFORMEN.

UND NUN: VIEL SPASS BEIM KREATIVSEIN!

Deine Maleola

WER ICH BIN UND WARUM ICH STEINE LIEBE

2005 HABE ICH MICH ALS NAGELDESIGNERIN SELBSTSTÄNDIG GEMACHT UND BENÖTIGTE FÜR MEIN GESCHÄFT EINEN PASSENDEN NAMEN. WAHRSCHEINLICH AHNTE ICH SCHON DAMALS, DASS MICH MEINE LAUFBAHN ALS NAGELDESIGNERIN NICHT BIS ZUR RENTE BEGLEITEN WIRD.

DESHALB ENTSCHIED ICH MICH FÜR EINEN NEUTRALEN, PERSÖNLICHEN NAMEN, MEINEN EIGENEN: MANUELA LEO. IN MEINEM VORNAMEN ERSETZTE ICH DIE MITTLEREN 3 BUCHSTABEN DURCH MEINEN FAMILIENNAMEN LEO UND VOILÀ, MALEOLA WAR GEBOREN.

DAS KLEINE VERTRÄUMTE WILKENDORF VOR DEN TOREN BERLINS IST MEIN ZUHAUSE. HIER HABE ICH MEIN NAGELATELIER UND MEINE MALWERKSTATT, DIE ICH 2019 GRÜNDETE.

ICH LIEBE ES, MEINEN IDEEN MIT FRECHEN SPRÜCHEN UND FEINEN STRICHEN EIN GESICHT ZU GEBEN – AUF PAPIER, LEINWAND, GOLFBÄLLEN UND STEINEN.

ALS ICH 2020 MEIN NAGELATELIER CORONABEDINGT MEHRMALS SCHLIESSEN MUSSTE, ENTDECKTE ICH MEINE GROSSE LIEBE ZUM BEMALEN VON STEINEN.

JEDER STEIN AUF DIESER WELT IST EIN UNIKAT. UNEBENHEITEN AUF DER OBERFLÄCHE SIND EIN AUSDRUCK VON EINZIGARTIGKEIT. LIEBEVOLL BEMALT WIRD ER ZU EINEM KLEINEN KUNSTWERK.

DAS FASZINIERT MICH BIS HEUTE.

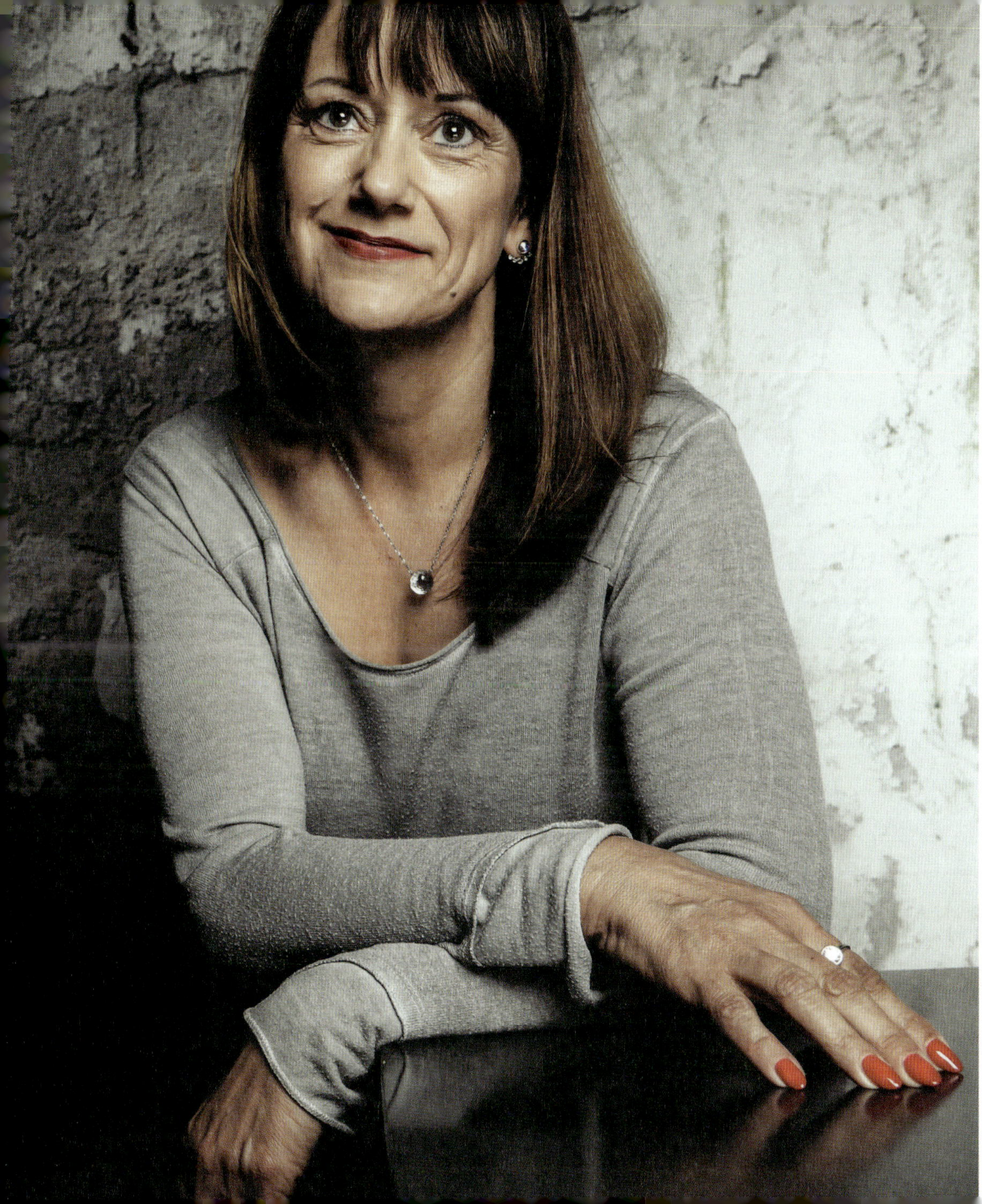

IDEENFINDUNG, STEINE & WERKZEUG

PINTEREST IST EINE MEINER LIEBLINGSPLATTFORMEN IM INTERNET. DORT LASSE ICH MICH GERN VON SPRÜCHEN UND BILDERN INSPIRIEREN.

ICH SAMMLE DIESE IN VERSCHIEDENEN ORDNERN AUF PINTEREST UND KOMBINIERE NACH LUST UND LAUNE ELEMENTE DARAUS ZU NEUEN IDEEN.

GERN NEHME ICH AUCH AN KREATIVEN CHALLENGES Z.B. AUF INSTAGRAM TEIL. DAS FÖRDERT DIE KREATIVITÄT UNGEMEIN.

> KREATIVITÄT KANN MAN NICHT VERBRAUCHEN, JE MEHR MAN SIE NUTZT, DESTO MEHR HAT MAN.
>
> MAYA ANGELOU

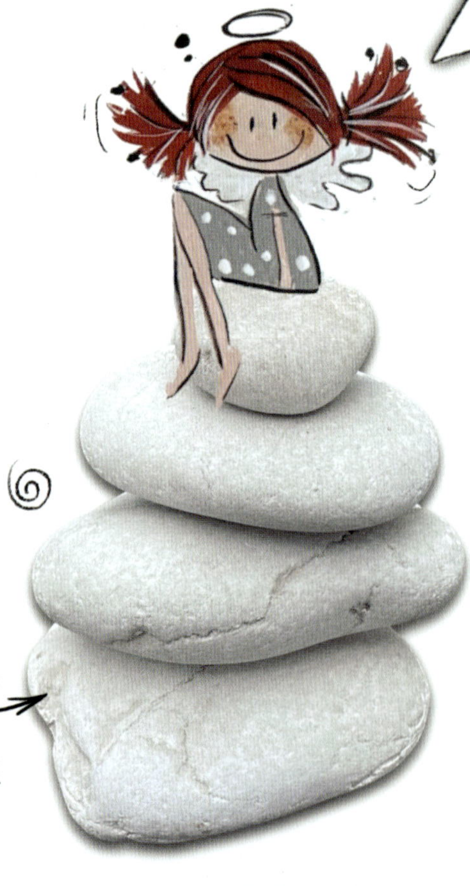

MEINE STEINE KAUFE ICH BEI DER FIRMA MGS DEKORATION IM INTERNET.

MIR FEHLEN DIE ZEIT UND DIE GELEGENHEIT, STEINE ZU SAMMELN.

ICH BEMALE DIE STEINE GEWERBLICH UND WÜRDE MICH STRAFBAR MACHEN, STEINE IN DER NATUR ZU SAMMELN, UM SIE SPÄTER BEMALT ZU VERKAUFEN.

DIE FREUDE AN GUTER QUALITÄT IST MIR WICHTIGER ALS DIE FREUDE ÜBER GESPARTES GELD.

MGSDEKORATION.DE

DEKO-KIES

»FLAT-BEACH-STONE«

- FLACHE FORM
- WEICHE OBERFLÄCHE
- CREMEWEISS

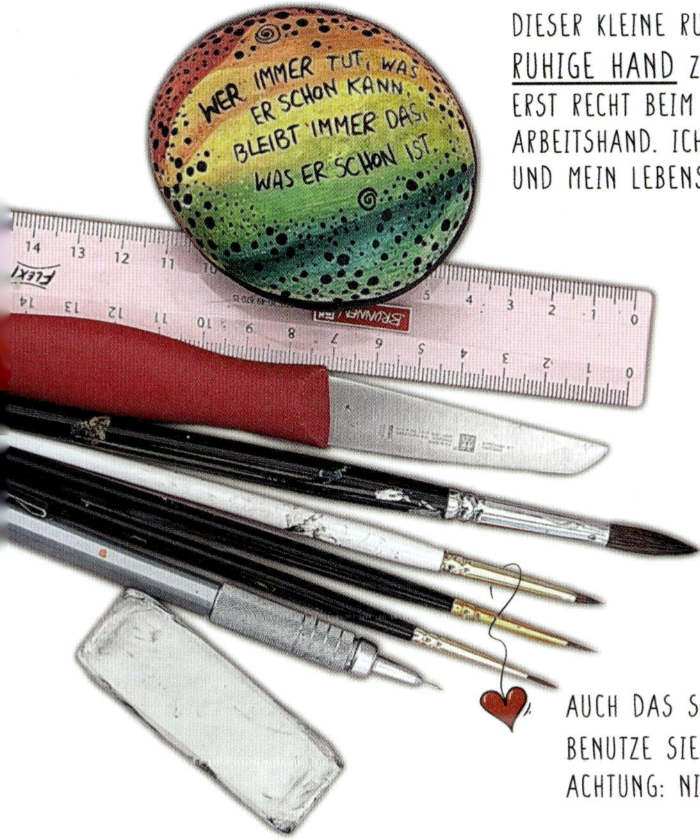

DIESER KLEINE RUNDE STEIN HILFT MIR DABEI, EINE RUHIGE HAND ZU HABEN. ER LIEGT BEIM MALEN, UND ERST RECHT BEIM SCHREIBEN, IMMER UNTER MEINER ARBEITSHAND. ICH HABE IHN FRÖHLICH BUNT GESTALTET UND MEIN LEBENSMOTTO DARAUF GESCHRIEBEN.

EIN KLEINES FLEXIBLES LINEAL SCHMIEGT SICH JEDER STEINFORM AN. HILFSLINIEN FÜR TEXTE GELINGEN DAMIT PROBLEMLOS.

WENN ICH MICH VERMALT ODER VERSCHRIEBEN HABE, KRATZE ICH MEINEN FEHLER MIT DEM KLEINEN MESSER WEG.

DIESEN DICKEN AQUARELLPINSEL BENUTZE ICH NUR FÜR DIE AQUARELLFARBEN. DIESER HIER HAT DIE GR. 12.

AUCH DAS SIND DREI VERSCHIEDEN STARKE AQUARELLPINSEL. ICH BENUTZE SIE ZUM MALEN MIT MEINEN AIRBRUSHFARBEN. ACHTUNG: NIE FARBE EINTROCKNEN LASSEN!

RADIERGUMMI DUST-FREE, RADIERT SAUBER UND MIT WENIG ABFALL

DEN BLEISTIFT BENUTZE ICH FÜR DAS SKIZZIEREN VON AUFWENDIGEN MOTIVEN.

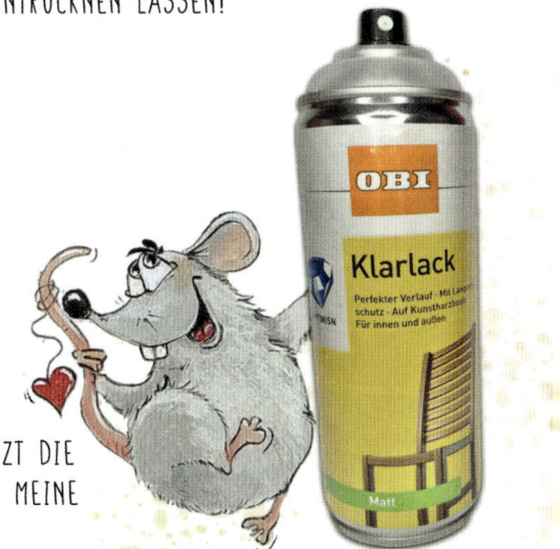

KLARLACK MATT SCHÜTZT DIE FARBEN UND VERSIEGELT MEINE STEINE FINAL.

Farben ... Farben...

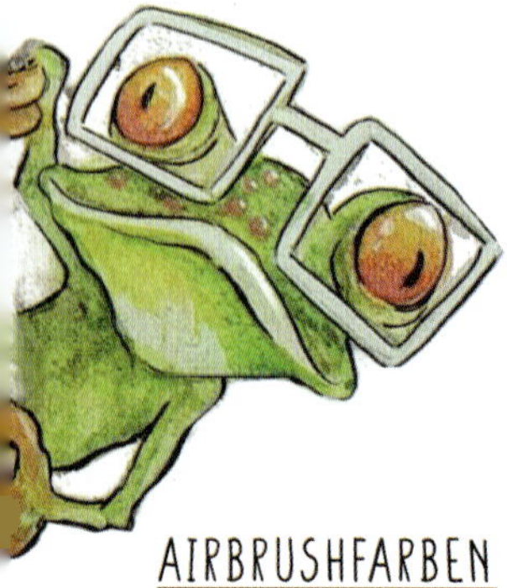

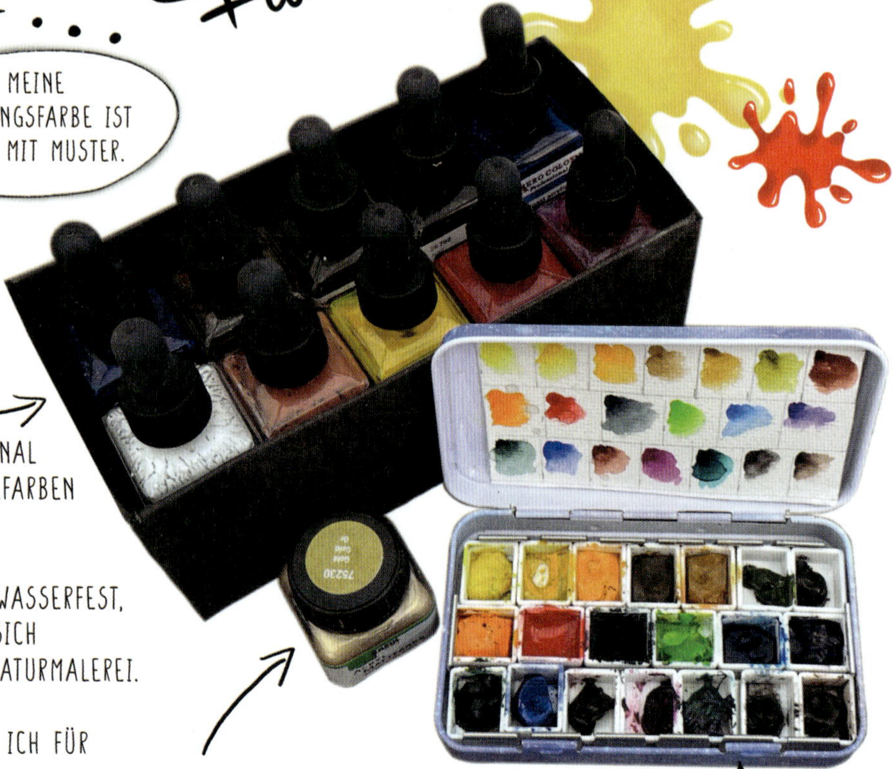

AIRBRUSHFARBEN

DIE AERO COLOR® PROFESSIONAL SIND DIE FLÜSSIGSTEN ACRYLFARBEN DER FIRMA SCHMINCKE.

SIE SIND HOCHPIGMENTIERT, WASSERFEST, LICHTECHT UND SIE EIGNEN SICH HERVORRAGEND FÜR DIE MINIATURMALEREI.

DIESE 10 FARBTÖNE BENUTZE ICH FÜR MEINE STEINMALEREI.

- SCHWARZ
- WEISS
- SEPIA
- BRAUN
- ULTRAMARIN
- CYAN
- MAGENTA
- ROT
- GELB
- TERRA ROSSA

GOLDENE ACRYLFARBE DER FIRMA KREUL

AQUARELLFARBEN

MEINE AQUARELLFARBEN SIND VON DER FIRMA MIJELLO. DA ICH FAST IMMER DIE GLEICHEN FARBEN BENUTZE, HABE ICH MIR EINEN KLEINEN LEERKASTEN GEKAUFT UND DIESEN BEFÜLLT.

DAS IST EIGENTLICH EIN LEERKASTEN FÜR AQUARELLFARBEN. ICH BENUTZE IHN ABER FÜR DIE ARBEIT MIT MEINEN AIRBRUSHFARBEN.

BEI JEDER MALPAUSE DECKEL ZU! SO BLEIBEN DIE FARBEN LÄNGER FLÜSSIG.

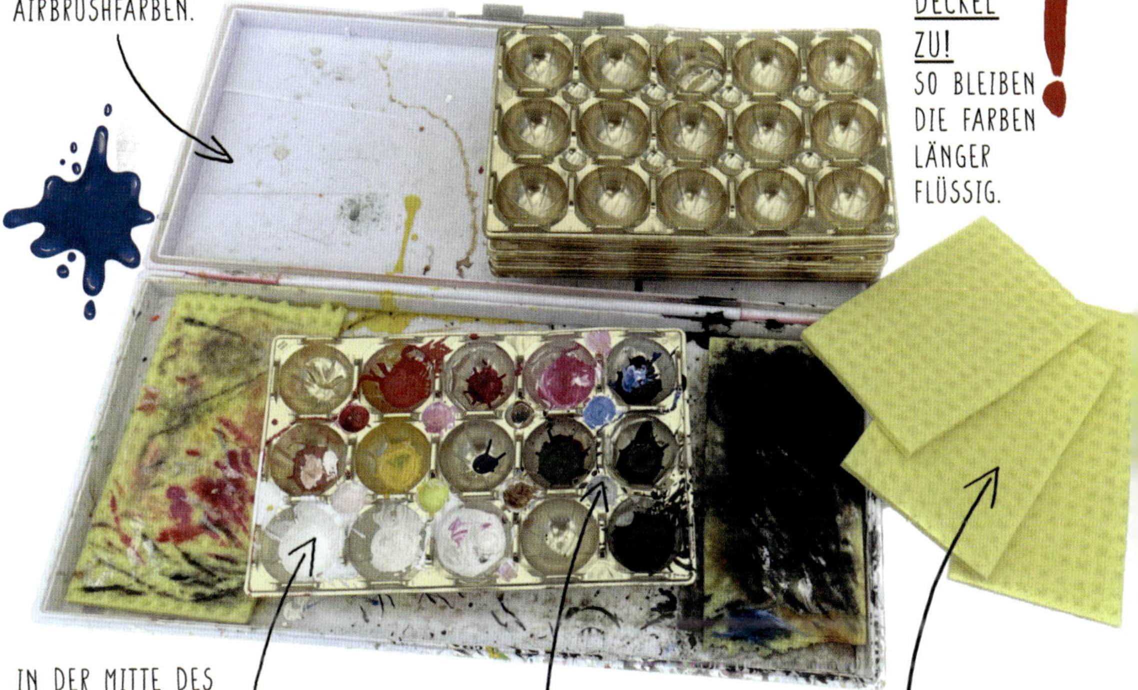

IN DER MITTE DES KASTENS PLATZIERE ICH, NACHDEM ICH MIR DIE PRALINEN HABE SCHMECKEN LASSEN, DIE LEERE VERPACKUNG.

DIE GROSSEN MULDEN BEFÜLLE ICH NACH BEDARF MIT AIRBRUSHFARBEN.

DIE KLEINEN, ERHÖHTEN MULDEN EIGNEN SICH PRIMA ZUM MISCHEN VON FARBEN.

SCHWAMMTÜCHER

SUPER GÜNSTIG! MULTIFUNKTIONAL!

ANGEFEUCHTET LEGE ICH STÜCKE DAVON BEIDSEITIG NEBEN MEINE FARBPALETTE. LINKS STREIFE ICH DEN PINSEL MIT HELLEN FARBEN AB. RECHTS NUTZE ICH FÜR DUNKLE FARBEN.

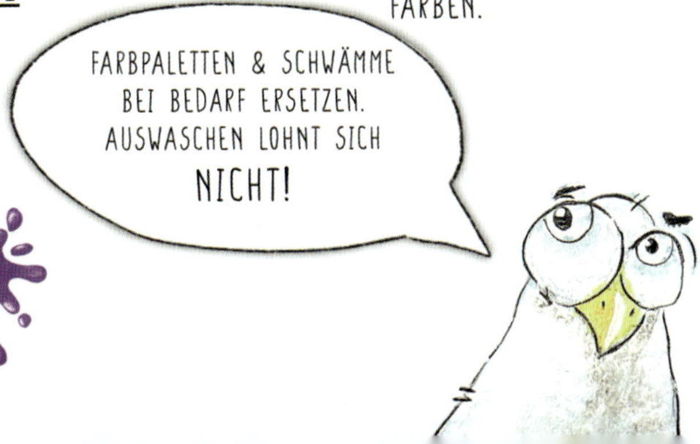

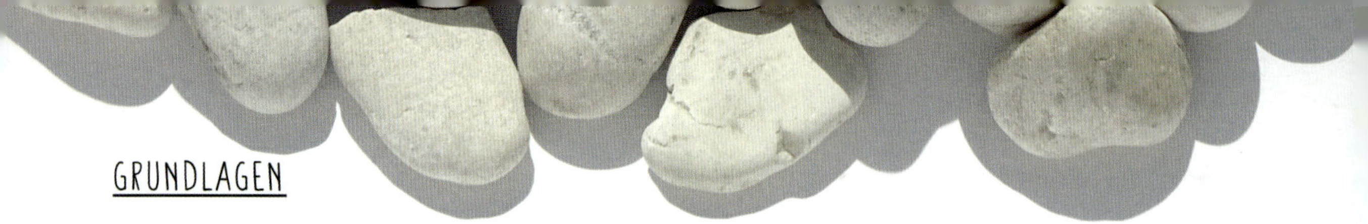

GRUNDLAGEN

MEINE STEP-BY-STEP-ANLEITUNGEN HABE ICH SO GESTALTET, DASS SIE EIGENTLICH ALLE INFORMATIONEN BEINHALTEN. EINIGE SCHRITTE WIEDERHOLEN SICH ABER AUF JEDEM STEIN. DESHALB HABE ICH SIE HIER FÜR DICH ZUSAMMENGESTELLT.

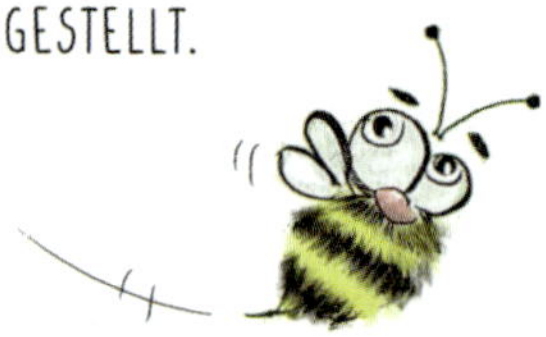

VORBEREITUNG

ES GENÜGT, DIE STEINE MIT KLAREM WASSER ABZUSPÜLEN. NACH DEM TROCKNEN BEGINNE ICH DIREKT MIT DEM BEMALEN. EINE GRUNDIERUNG IST NICHT NÖTIG.

FARBEN MISCHEN

ES IST GRUNDSÄTZLICH EINFACHER, EINE FARBE VON HELL NACH DUNKEL ZU MISCHEN.

SCHREIBSCHRIFT

IN EINER ZARTEN LINIE SCHREIBE ICH DAS WORT. DABEI HALTE ICH DEN PINSEL SENKRECHT, KURZ UND ARBEITE OHNE DRUCK.

ALLE LINIEN, DIE ABWÄRTS GEHEN, ZIEHE ICH STÄRKER NACH.

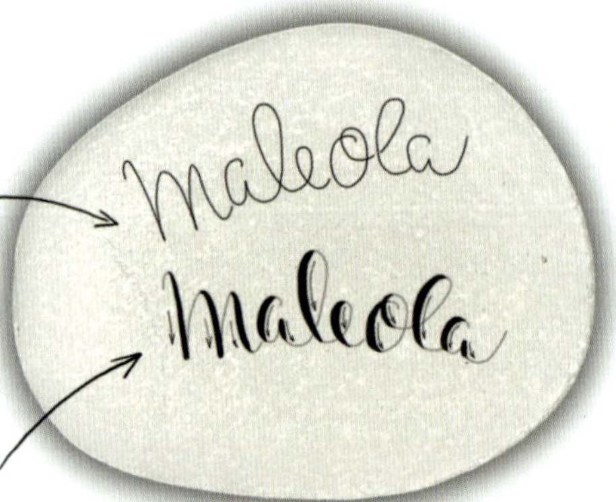

HINTERGRUND

MIT WASSER AUF DEM DICKEN PINSEL BEREITE ICH DEN HINTERGRUND MEINES MOTIVS VOR. DANN GEBE ICH SOFORT AQUARELLFARBE IN DEN NOCH FEUCHTEN BEREICH.

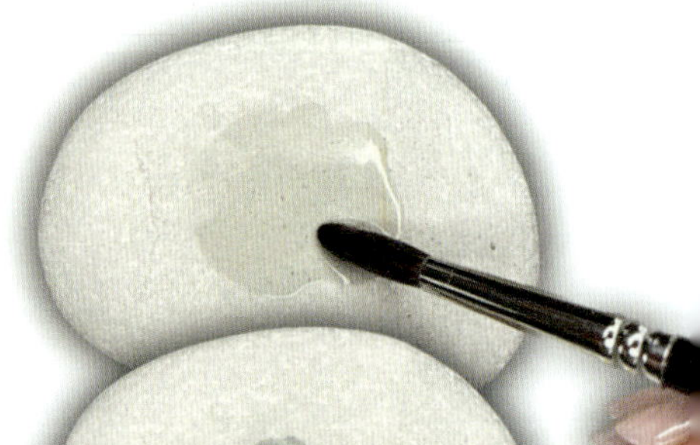

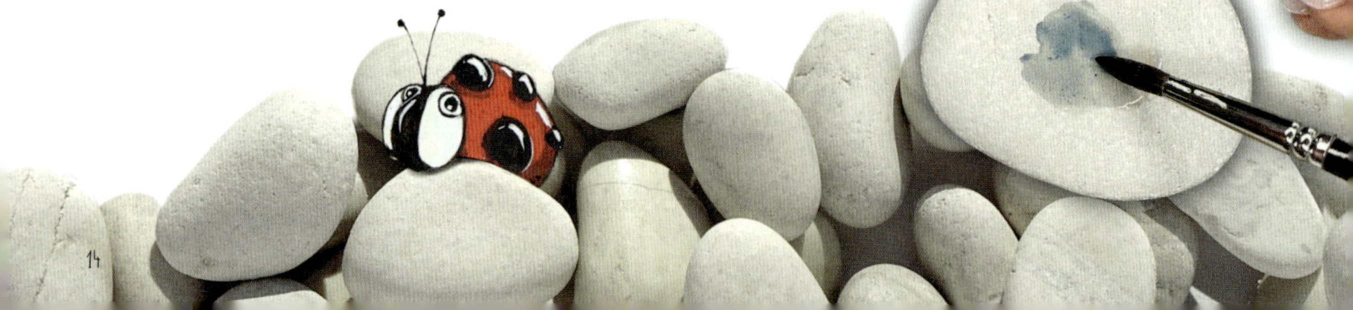

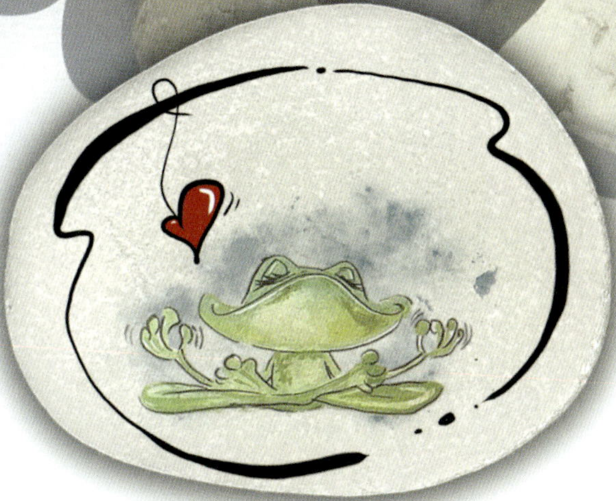

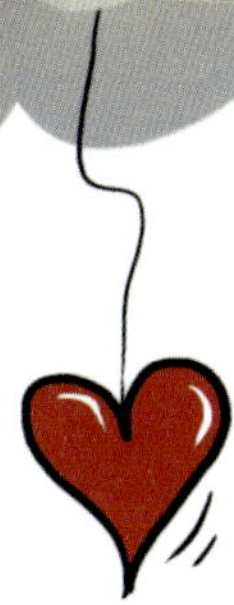

MEIN KLEINES ROTES HERZCHEN IST ZU MEINEM MARKENZEICHEN GEWORDEN. WENN ICH ES NICHT VERGESSE, FINDEST DU ES AUF JEDEM MEINER STEINE.

MIT SCHWARZER AIRBRUSHFARBE DAS HERZ ZEICHNEN, ROT AUSMALEN UND DIE WEISSEN LICHTPUNKTE NICHT VERGESSEN.

BEI DER UMRANDUNG IST ES WICHTIG, DASS SIE HARMONISCH GESCHWUNGEN IST. AM SCHÖNSTEN SIEHT ES AUS, WENN DIE LINIE ABWECHSELND ZART UND KRÄFTIG VERLÄUFT.

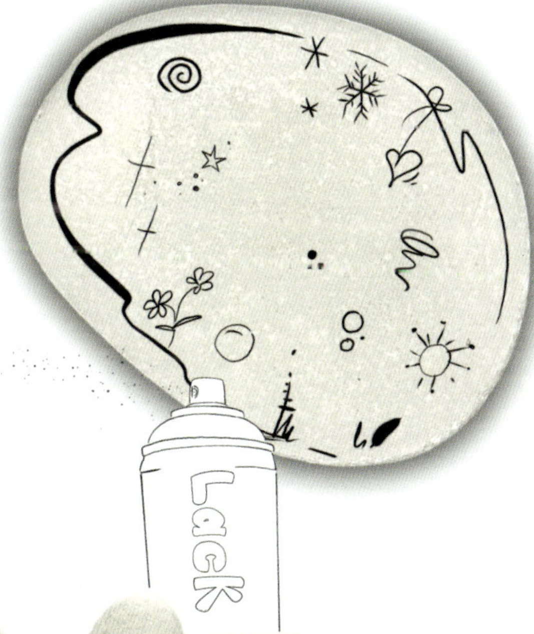

ALLE MEINE KLEINEN KUNSTWERKE VOLLENDE ICH MIT SCHNÖKEN, DÖKEN & GEDÖNS.
(WIE WÜRDEST DU DAS NENNEN?)
KLEINE PUNKTE, STERNE, KRINGEL UND/ODER KREISE BEISPIELSWEISE MACHEN DAS MOTIV LEBENDIG UND FÜGEN DAS GEMALTE ZUSAMMEN.

ZUM VERSIEGELN BENUTZE ICH EINEN MATTEN SPRÜHLACK. ICH LIEBE ES, WENN MEINE STEINE NATÜRLICH MATT BLEIBEN.

ab hier bitte LÄCHELN

DIESE FARBEN BENÖTIGST DU:

AIRBRUSHFARBEN
- SCHWARZ
- WEISS
- GELB
- TERRA ROSSA

AQUARELLFARBEN
- BLAU

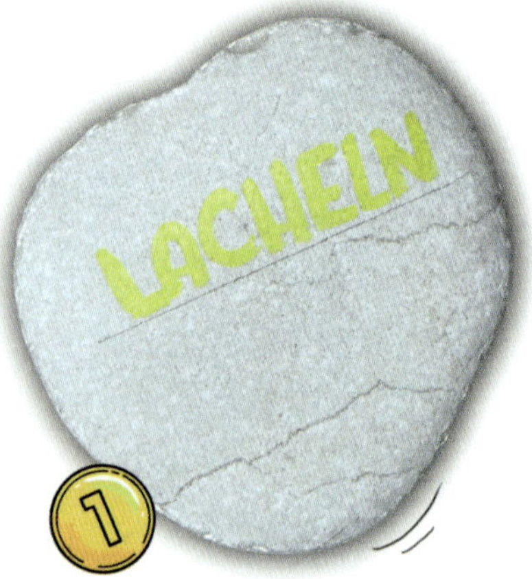

MISCHE WEISS+GELB UND SCHREIBE DAS WORT »LACHELN«.

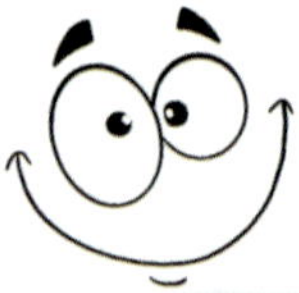

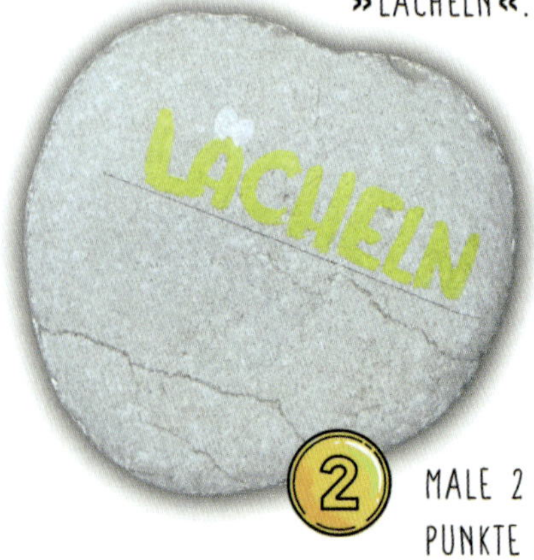

MALE 2 GROSSE WEISSE PUNKTE ÜBER DAS »A«.

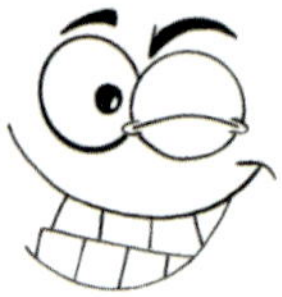

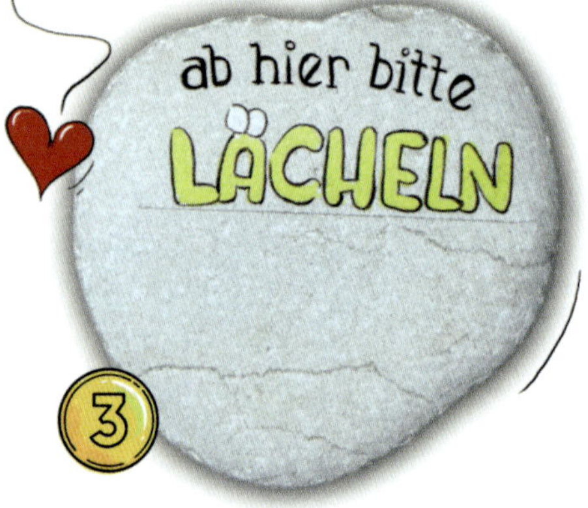

MIT SCHWARZ SCHREIBST DU **»ab hier bitte«** UND ZEICHNEST DIE KONTUREN.

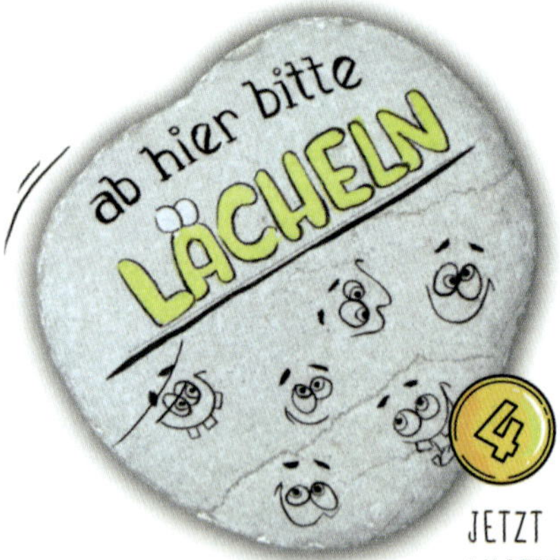

JETZT ZEICHNEST DU LUSTIGE GESICHTER IN DIE UNTERE FLÄCHE.

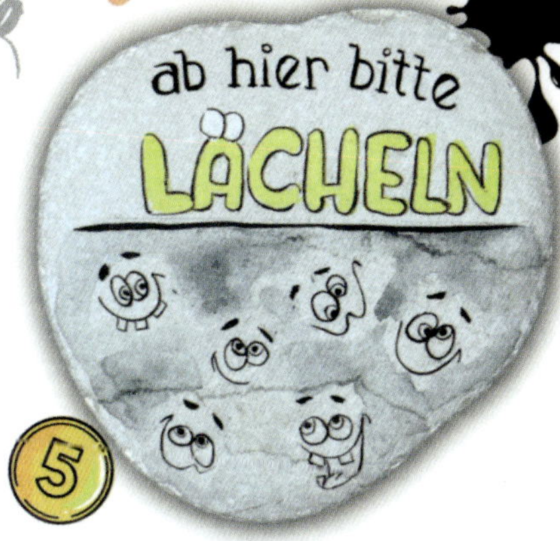

GESTALTE DEN HINTERGRUND MIT BLAUER AQUARELLFARBE.

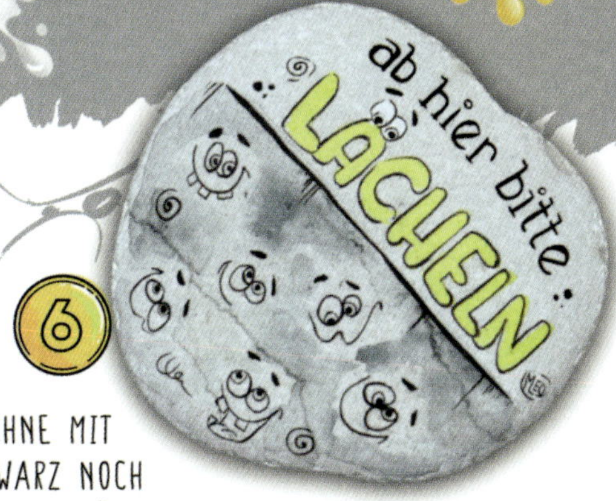

ZEICHNE MIT SCHWARZ NOCH WEITERE FRÖHLICHE KRINGEL UND PUNKTE.

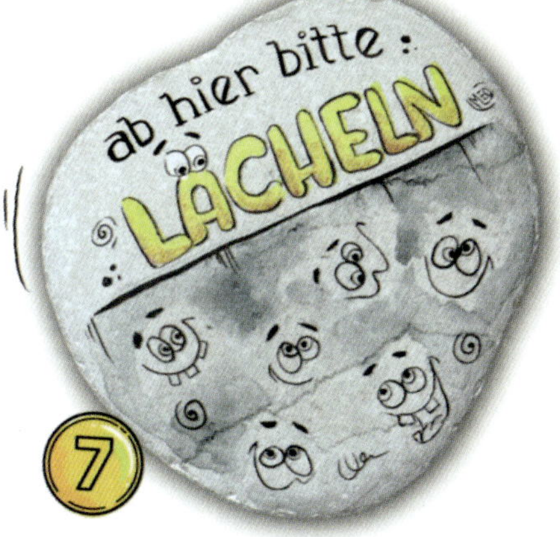

NIMM TERRA ROSSA AUF DEINEN PINSEL UND DRÜCKE IHN KURZ AUF DEINEN FEUCHTEN MALSCHWAMM. DAMIT SCHATTIERST DU DIE GELBEN BUCHSTABEN.

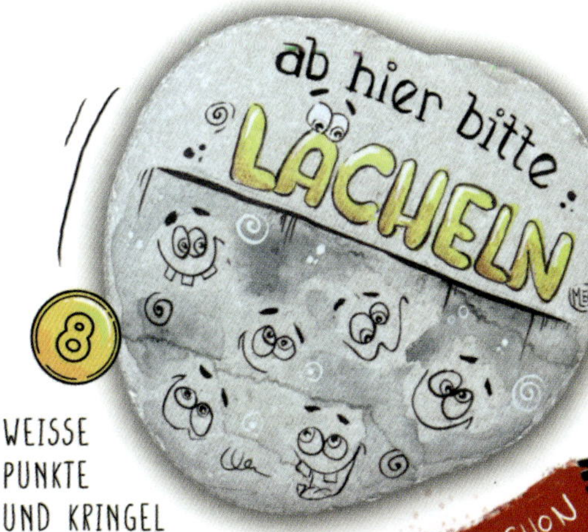

WEISSE PUNKTE UND KRINGEL VOLLENDEN DEIN FRÖHLICHES KUNSTWERK.

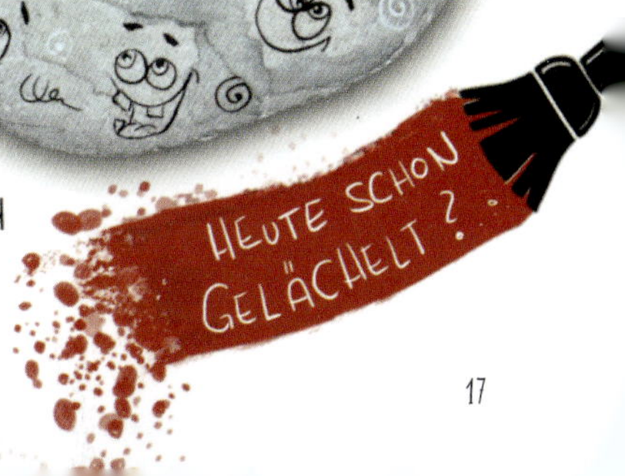

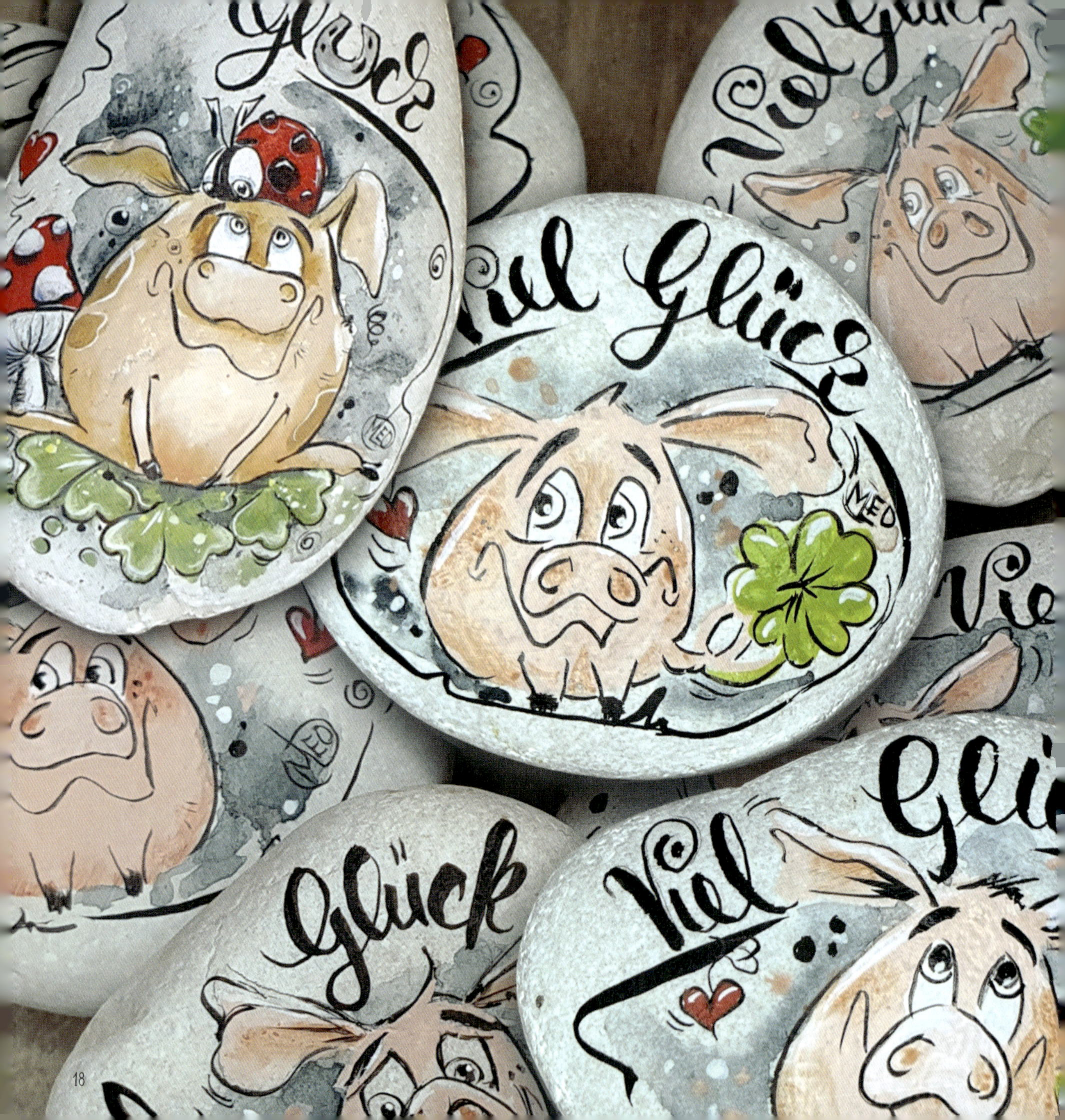
Glück
Viel Glück
Glück

DAS VIDEO ZU DEINEM GLÜCK

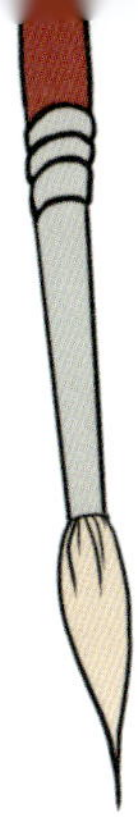

DIESE FARBEN BENÖTIGST DU:

AIRBRUSHFARBEN
- SCHWARZ
- WEISS
- ULTRAMARIN
- ROT
- GELB
- TERRA ROSSA

AQUARELLFARBEN
- BLAU

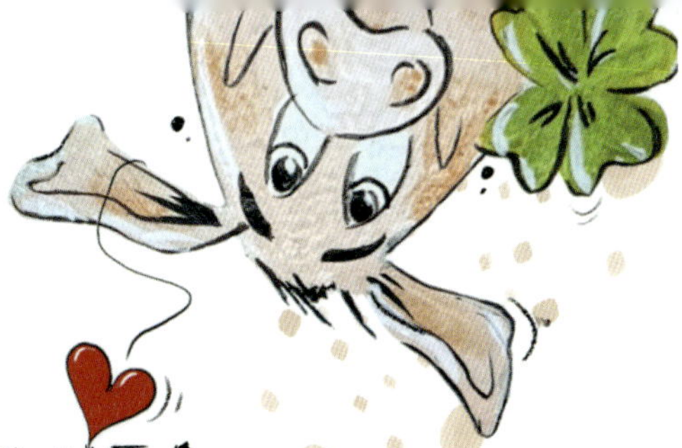

VIEL GLÜCK

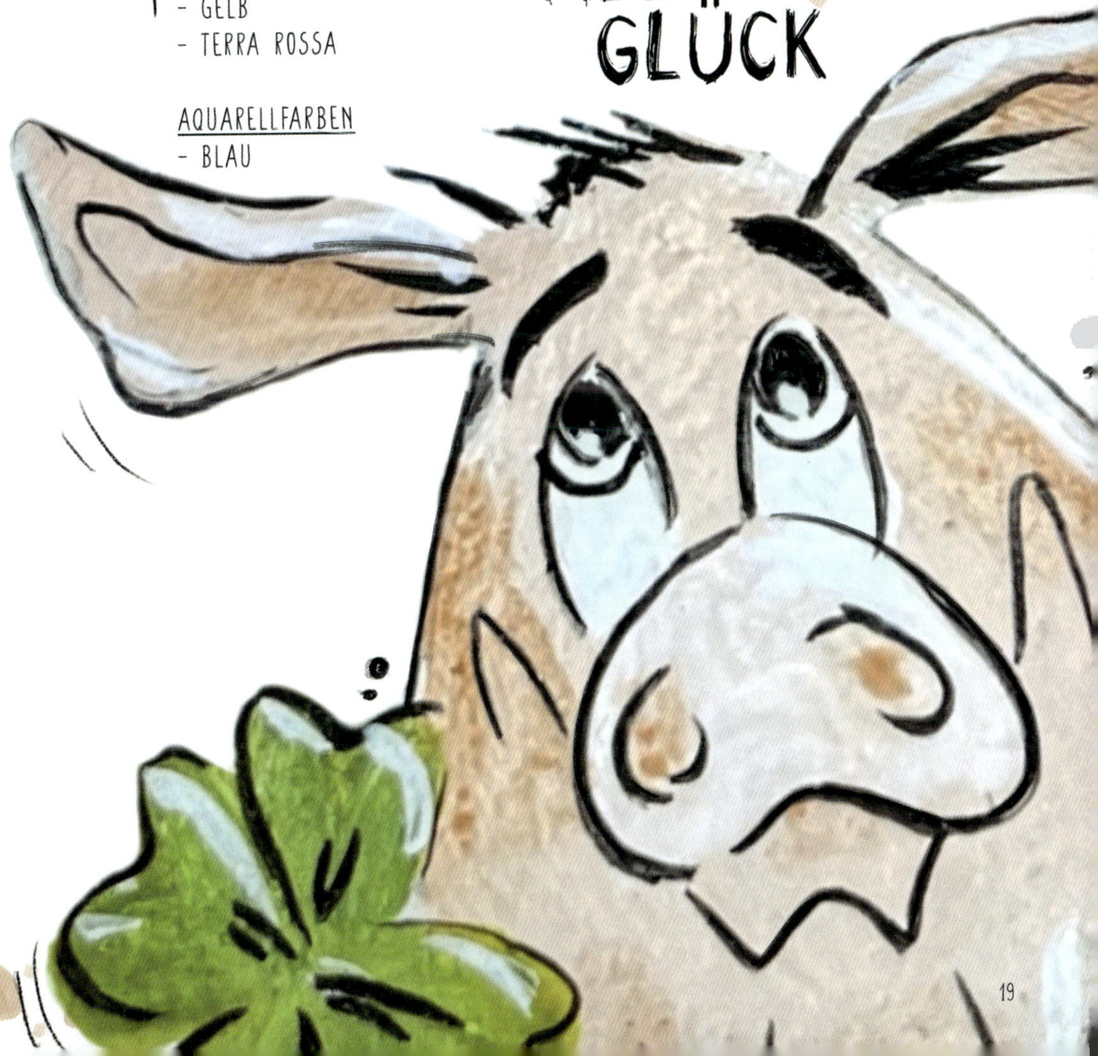

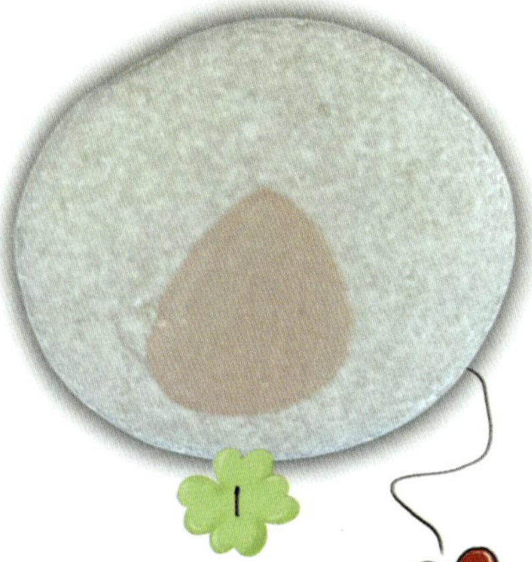

MISCHE TERRA ROSSA+WEISS UND MALE EINEN GROSSEN TROPFEN FÜR DEN KÖRPER.

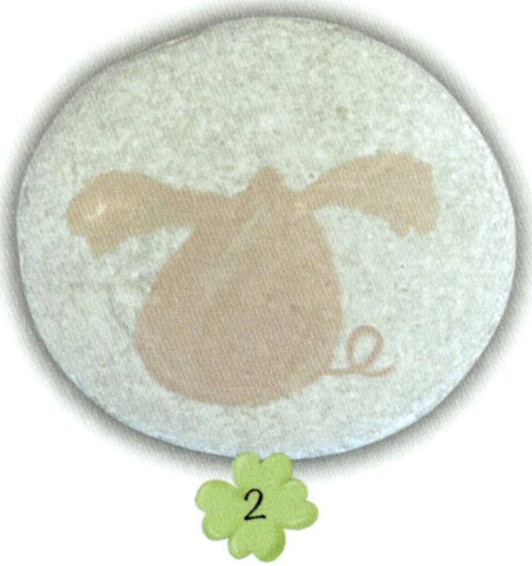

MALE ZWEI LUSTIGE OHREN UND EINEN KRINGELSCHWANZ IN DER GLEICHEN FARBE.

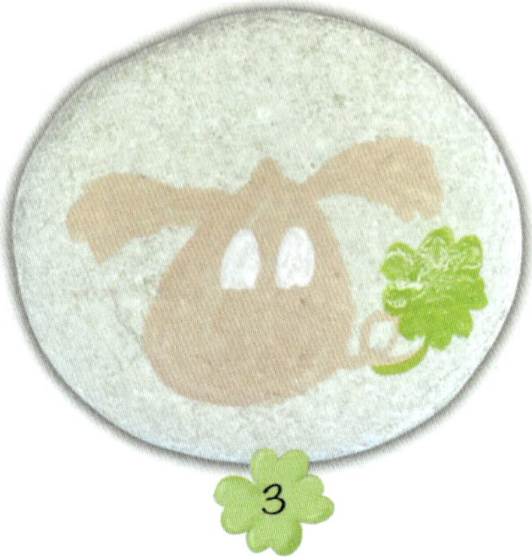

MIT WEISS MALST DU DIE AUGEN, MIT EINEM GEMISCH AUS WEISS+GELB+ULTRAMARIN DAS KLEEBLATT.

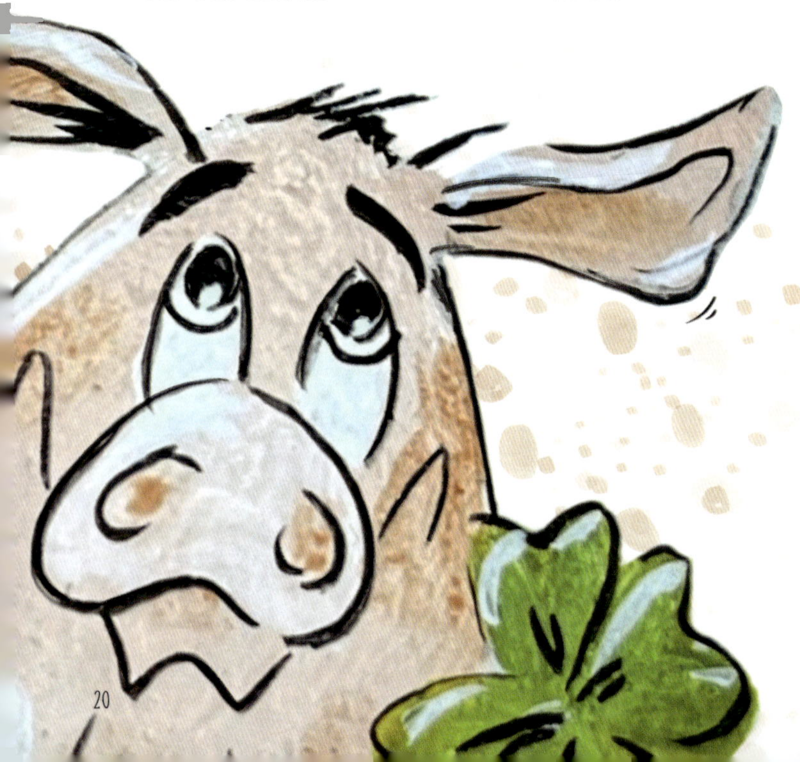

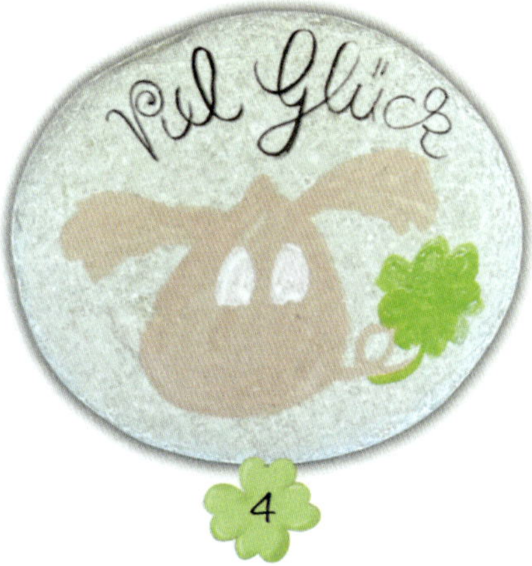

DIE BOTSCHAFT »VIEL GLÜCK« SCHREIBST DU DÜNN MIT SCHWARZ VOR.

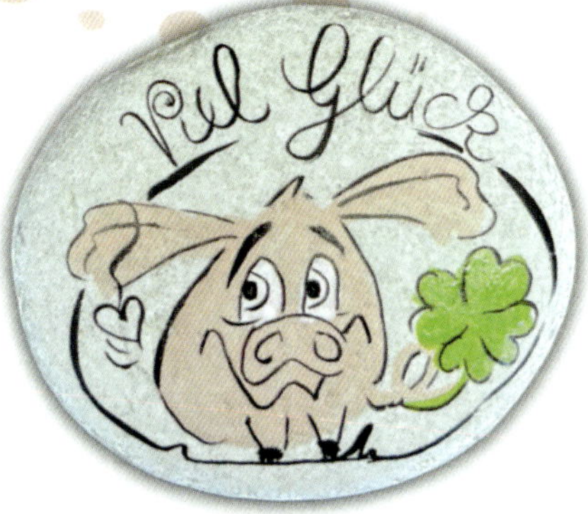

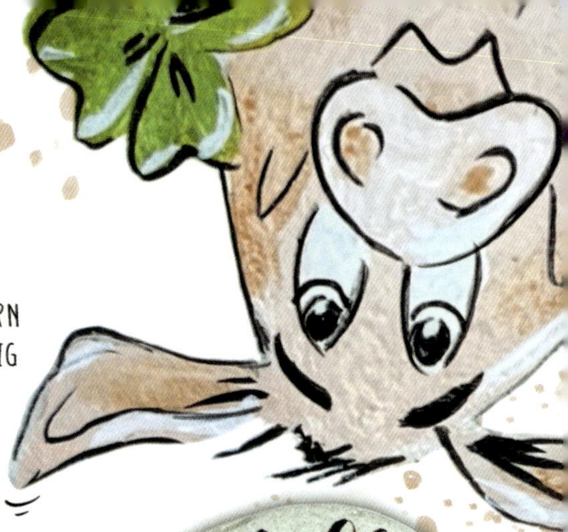

5

DIE KONTUREN IN SCHWARZ DARFST DU GERN UNGLEICHMÄSSIG ZEICHNEN.

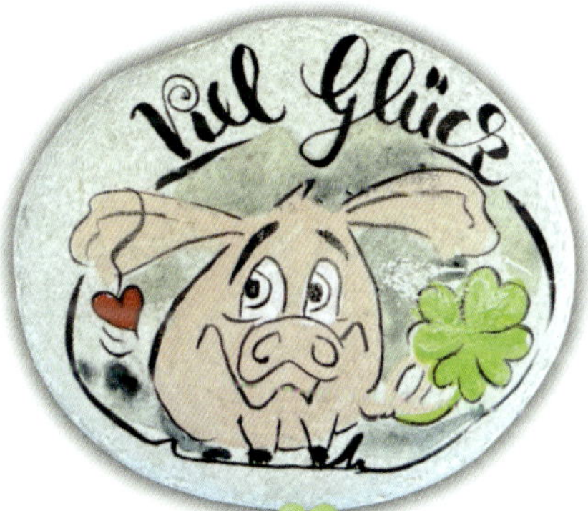

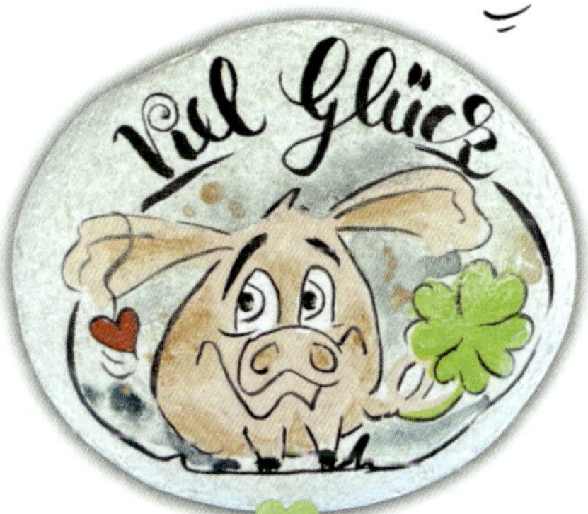

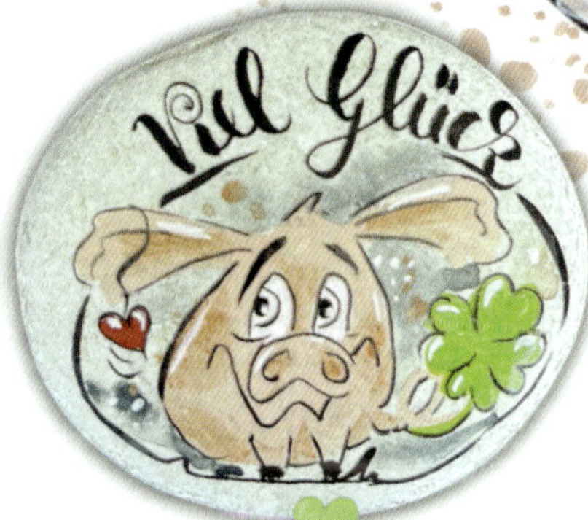

6

DEN HINTERGRUND LEGST DU NASS MIT BLAUER AQUARELL-FARBE AN.

7

NIMM TERRA ROSSA AUF DEINEN PINSEL UND DRÜCKE IHN KURZ AUF DEINEN FEUCHTEN MALSCHWAMM. DAMIT SCHATTIERST DU DAS SCHWEINCHEN UND TUPFST IN DEN HINTERGRUND.

8

MIT WEISS ZEICHNEST DU LICHTPUNKTE IN DIE AUGEN, AUF DIE HAUT UND INS KLEEBLATT.

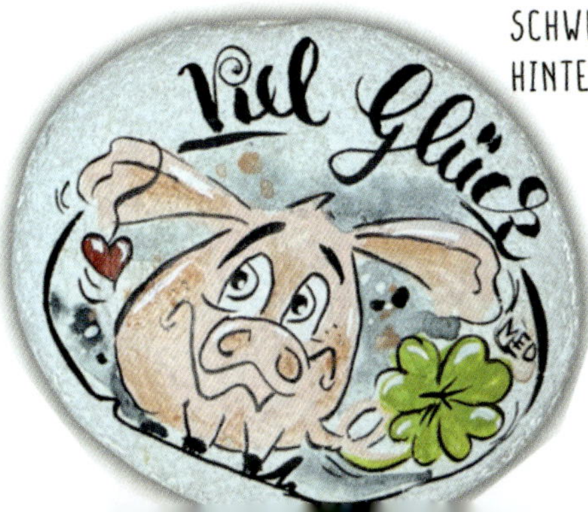

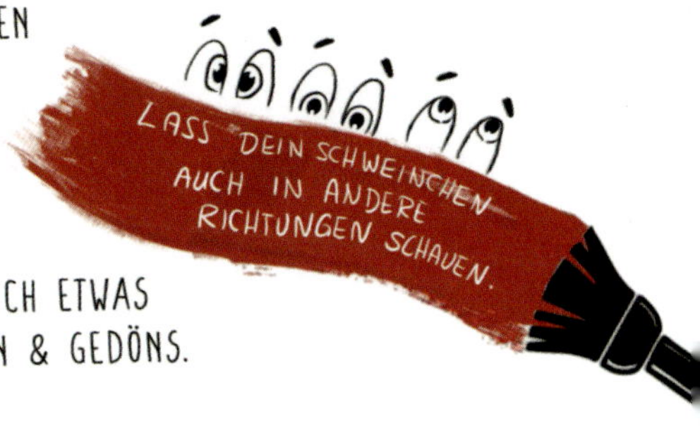

9

ZUM SCHLUSS NOCH ETWAS SCHNÖKEN, DÖKEN & GEDÖNS.

Ich liebe dich

1 MALE EIN GROSSES ROTES HERZ IN DIE MITTE DES STEINS.

2 MIT IN WASSER VERDÜNNTEM SEPIA MALST DU EINEN SCHATTEN UM DAS HERZ UND LÄSST DABEI DIE FARBE NACH AUSSEN VERDÜNNT AUSLAUFEN.

3 MIT IN WASSER VERDÜNNTEM SEPIA MALST DU SCHATTEN INS HERZ.

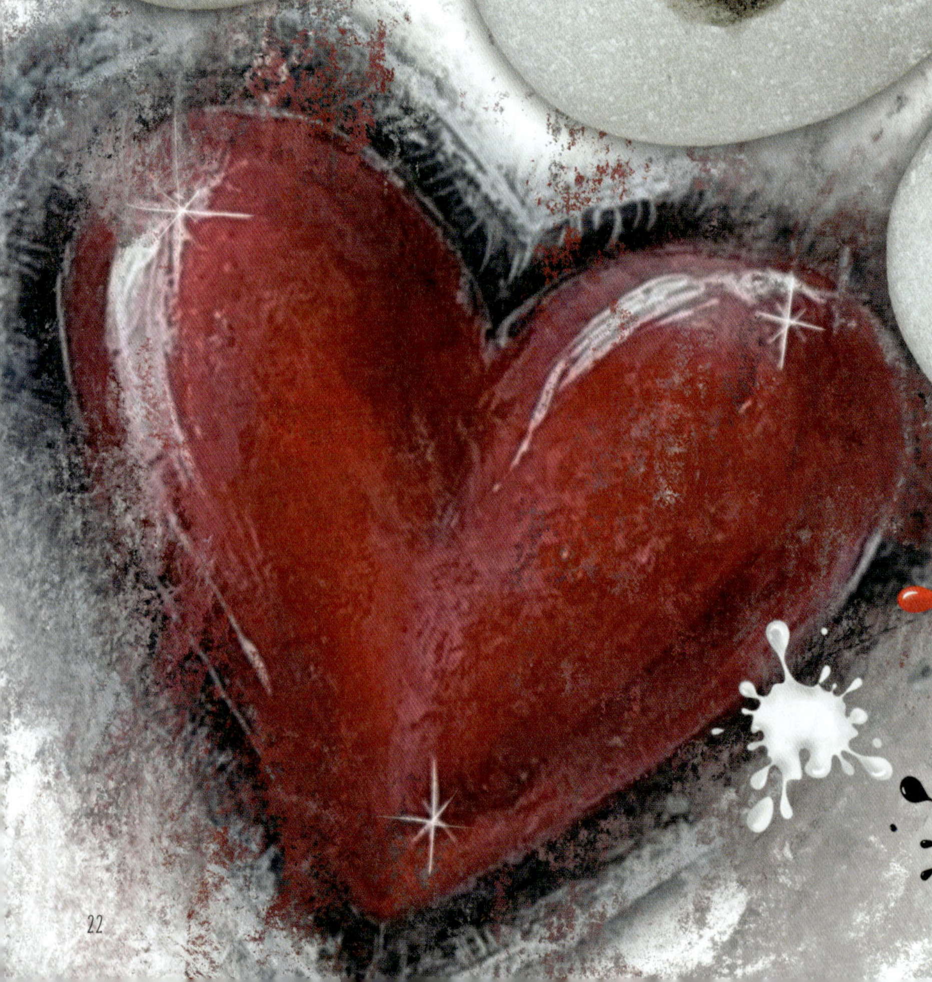

DIESE FARBEN BENÖTIGST DU:

<u>AIRBRUSHFARBEN</u>

- SCHWARZ
- WEISS
- SEPIA
- ROT

LOVE

4 MIT SCHWARZ SCHREIBST DU »ICH LIEBE DICH« IN VIELE VERSCHIEDENE SPRACHEN RUND UM DAS HERZ …

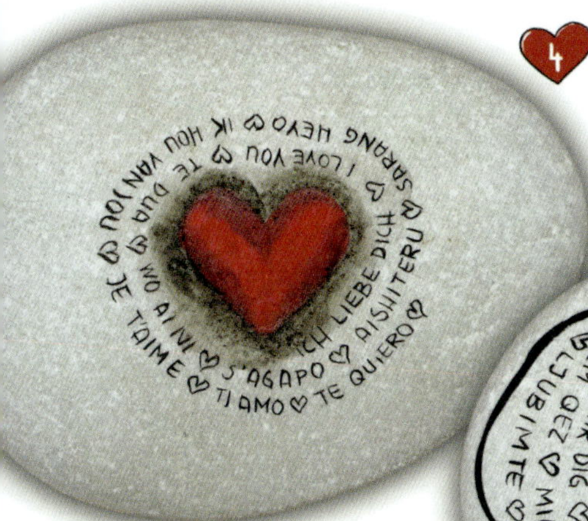

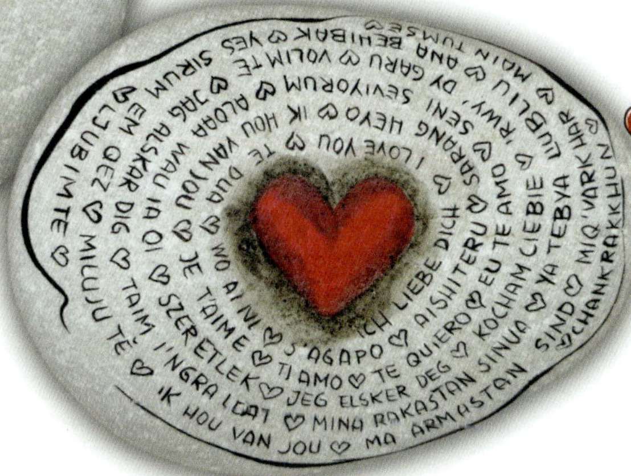

5 … UND UMRAHMST DEIN KUNSTWERK UNREGELMÄSSIG.

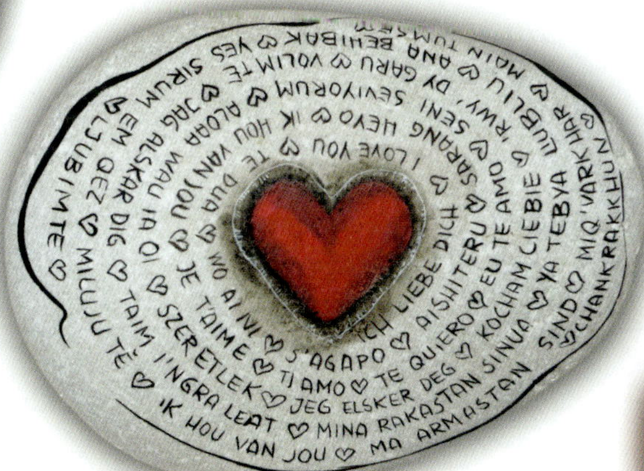

6 MIT WEISS ZEICHNEST DU EINEN FRANSIGEN RAND IN DEN SCHATTEN AUSSERHALB DES HERZENS.

ZUM SCHLUSS ZEICHNEST DU MIT WEISS LICHTSTREIFEN UND LICHTSTERNE AUF DAS HERZ.

7

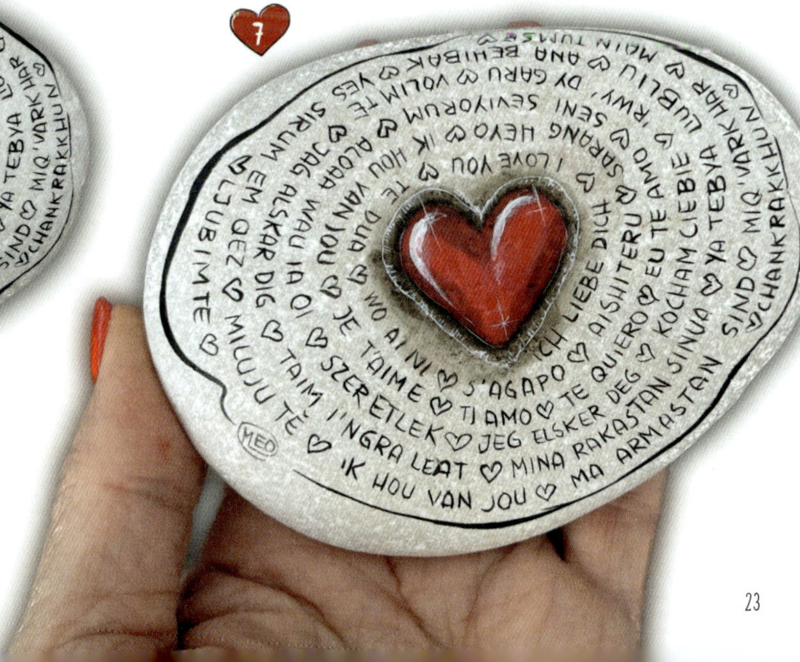

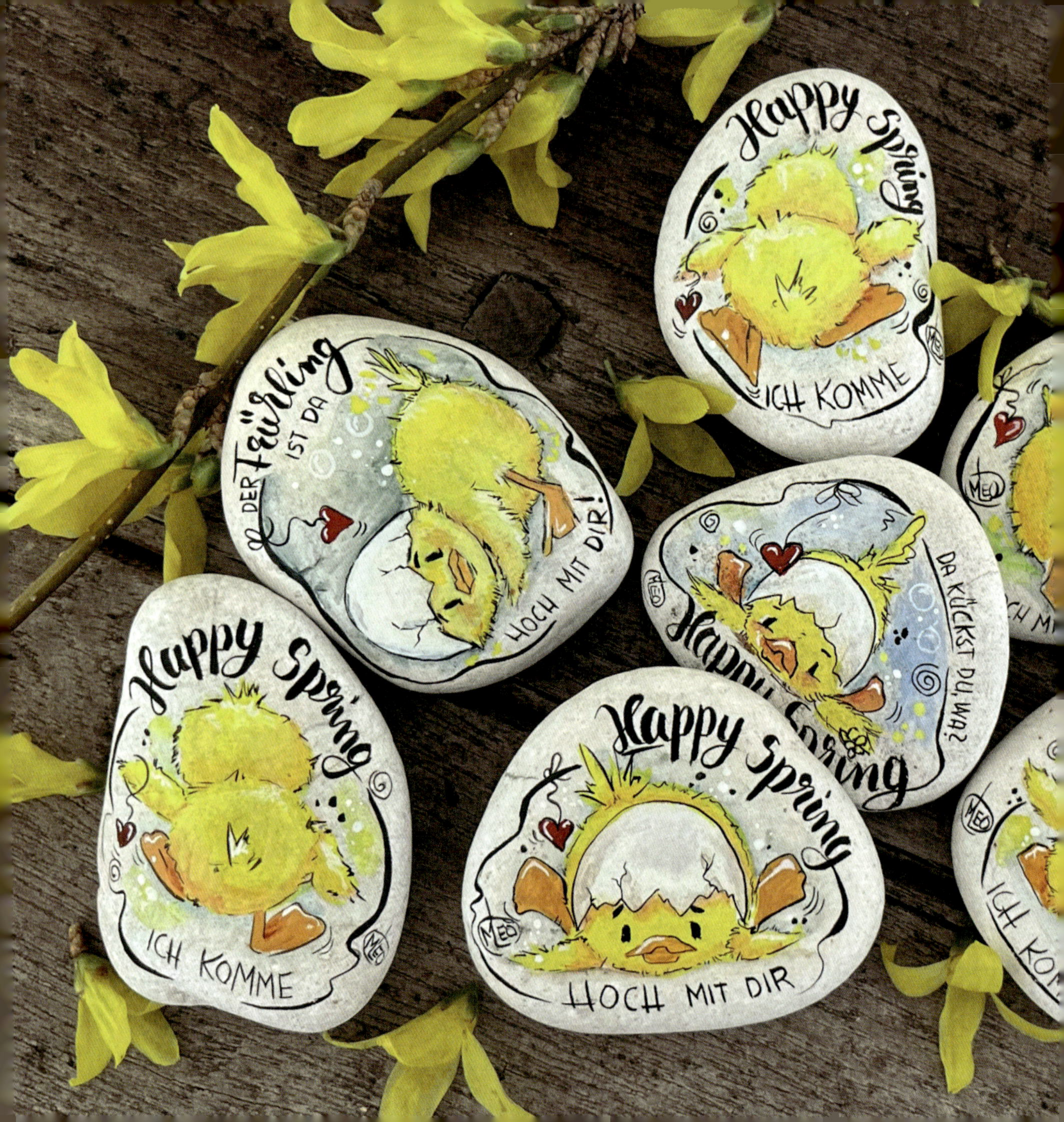
Happy Spring
ICH KOMME
DER Frühling IST DA
HOCH MIT DIR!
DA KÜCKST DU, WA?
Happy Spring
Happy Spring
ICH KOMME
Happy Spring
HOCH MIT DIR

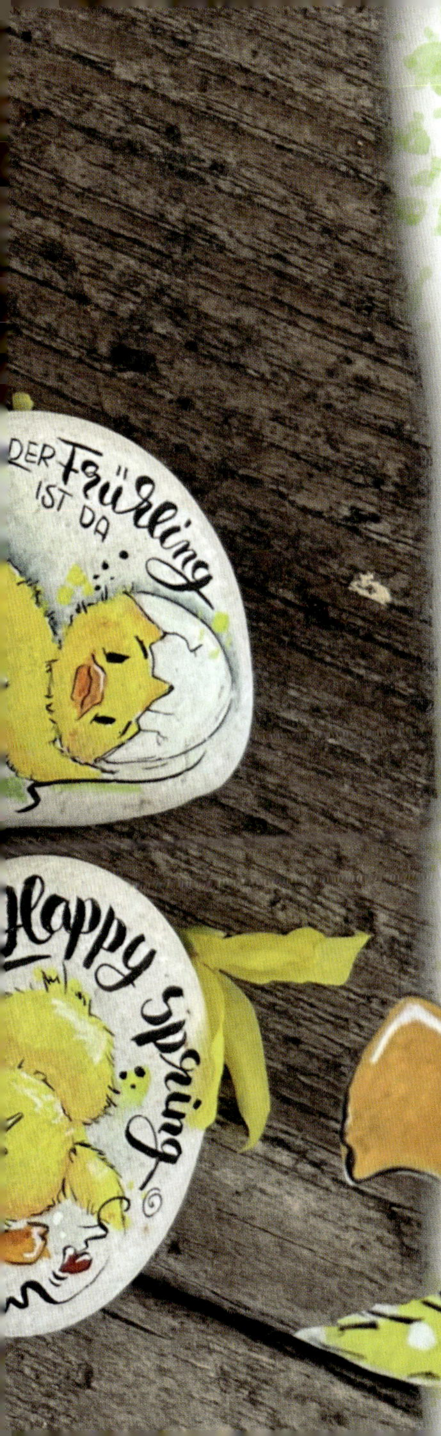

DIESE FARBEN BENÖTIGST DU:

AIRBRUSHFARBEN
- SCHWARZ
- WEISS
- GELB
- TERRA ROSSA

AQUARELLFARBEN
- BLAU

HOCH MIT DIR

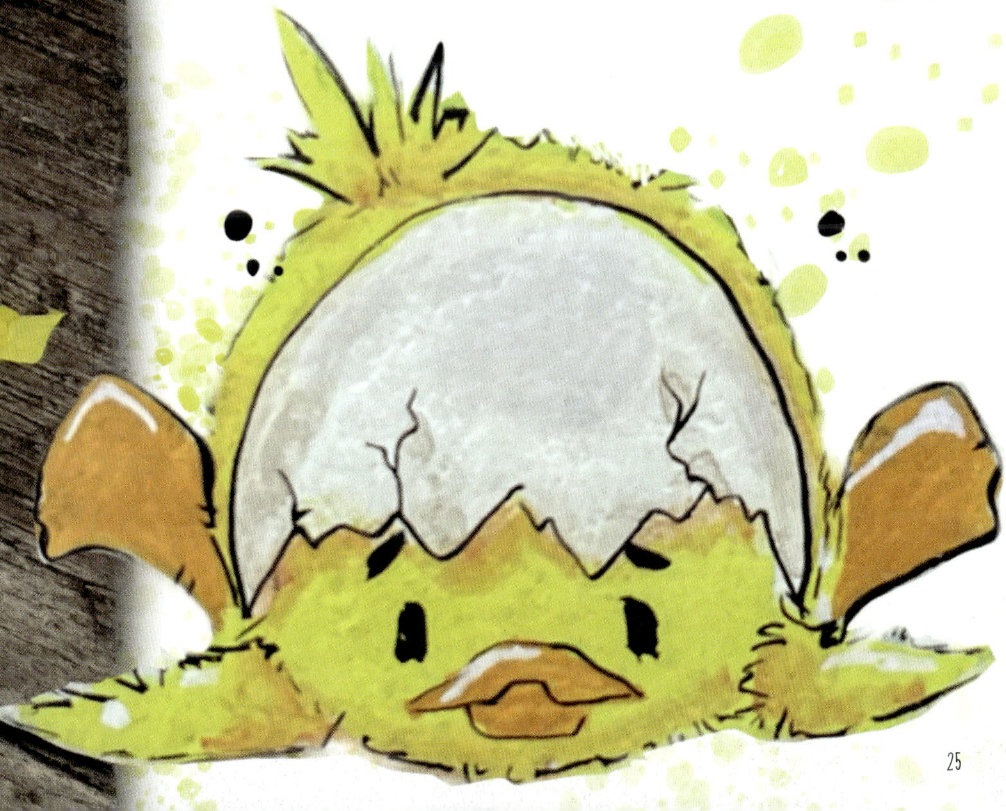

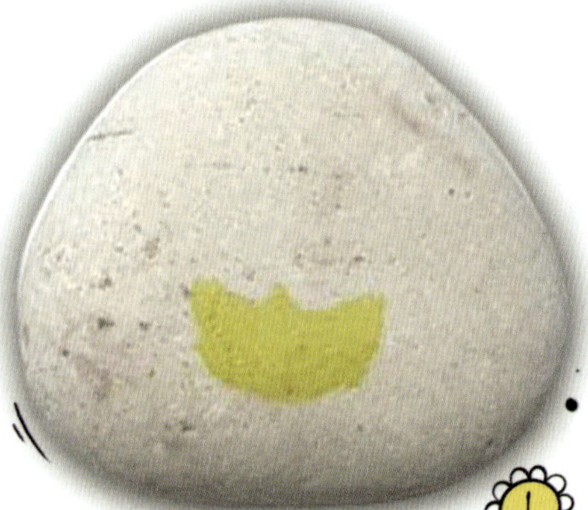

1

MISCHE WEISS+GELB UND MALE DIE UNTERE KÖPFHÄLFTE.

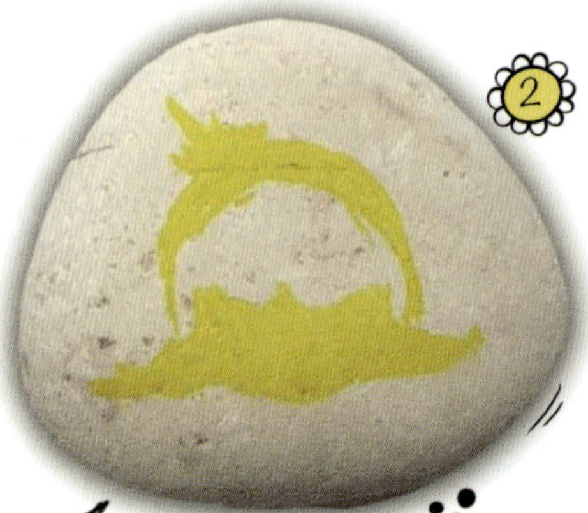

2

NUN MALST DU RECHTS UND LINKS DIE FLÜGELCHEN UND OBENAUF DEN DICKEN PO. VERGISS DAS SCHWÄNZCHEN NICHT.

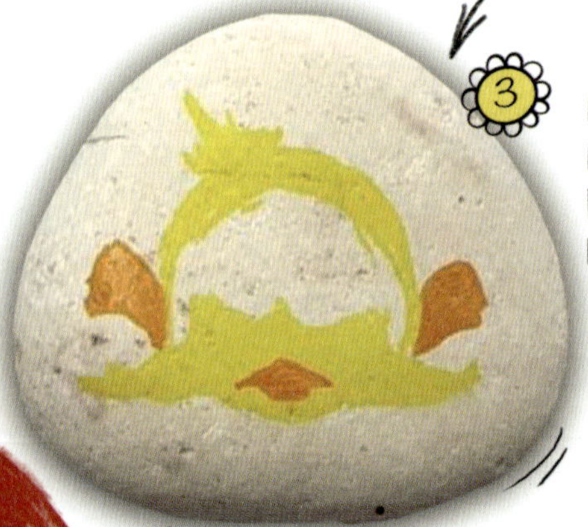

3

MISCHE WEISS+GELB+TERRA ROSSA. MALE DAMIT SCHWIMMFÜSSCHEN AN DEN SEITEN UND DEN SCHNABEL UNTEN IN DIE MITTE DES GESICHTS.

FÜR FLÄCHEN BENUTZE ICH EINEN DICKEREN PINSEL.

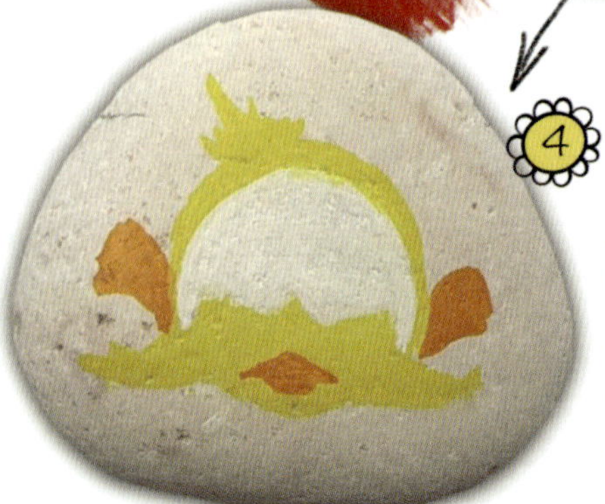

4

JETZT KANNST DU MIT WEISS DIE EIERSCHALE MALEN, SCHÖN ZACKIG AM UNTEREN RAND, SIE IST SCHLIESSLICH KAPUTT.

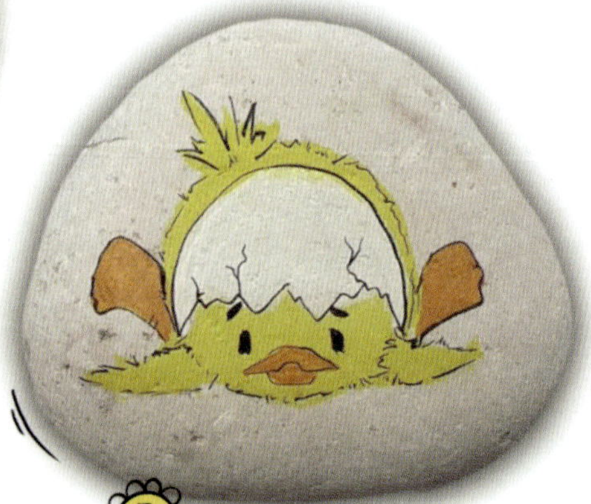

5

MIT SCHWARZ ZEICHNEST DU DIE KONTUREN UND AUGEN.

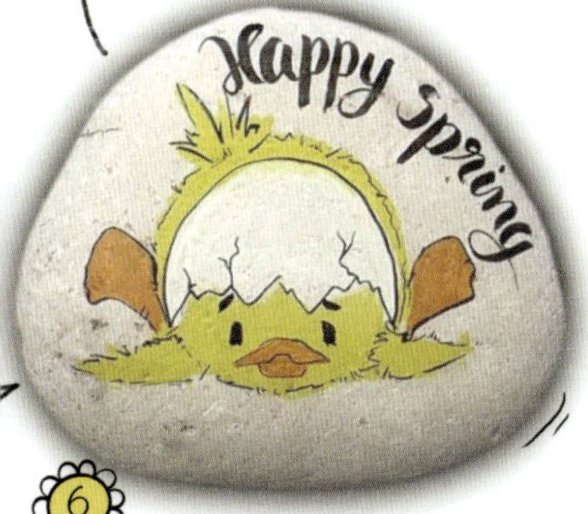

6

DIESE SCHÖNE SCHREIBSCHIFT ERKLÄRE ICH DIR VORNE IM BUCH.

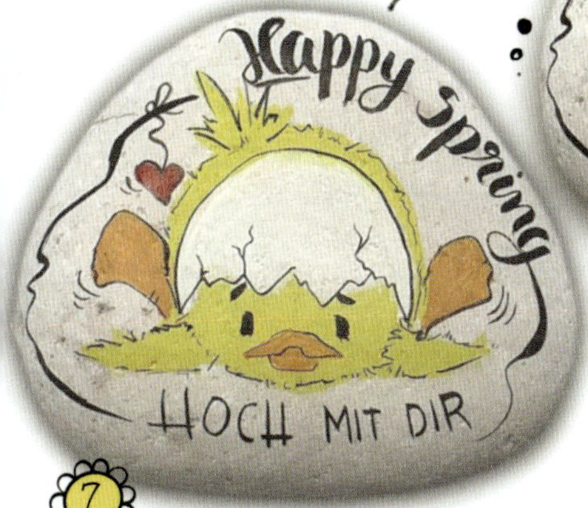

7

SCHREIBE »HOCH MIT DIR« UND UMRANDE DEIN MOTIV UNREGELMÄSSIG.

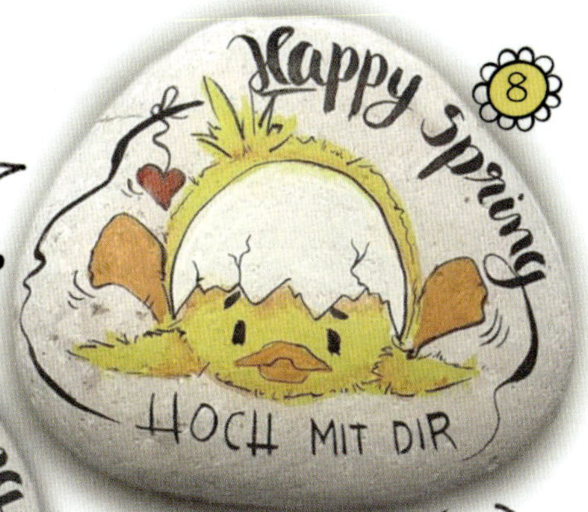

8

NIMM TERRA ROSSA AUF DEINEN PINSEL UND DRÜCKE IHN KURZ AUF DEINEN FEUCHTEN MALSCHWAMM.

DAMIT KANNST DU SUPER DIE SCHATTEN UNTER DER EIERSCHALE MALEN.

SCHATTIERE AUCH DEN KOPF, DIE FLÜGEL UND DEN PO.

ZU DIESEM PROJEKT FINDEST DU MEIN VIDEO AUF YOUTUBE.

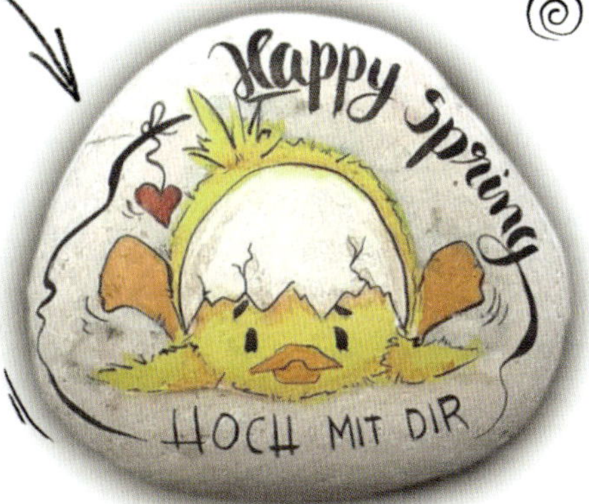

9

MIT AQUARELLBLAU LEGST DU DEN HINTERGRUND AN.

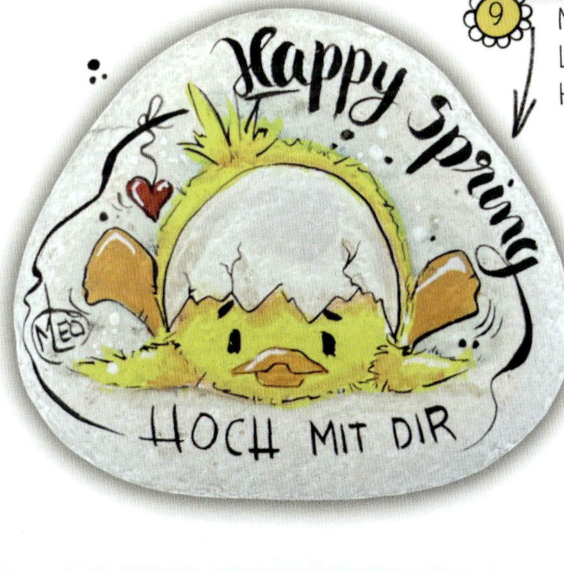

10

ZUM SCHLUSS NOCH ETWAS SCHNÖKEN, DÖKEN & GEDÖNS.

DIESE FARBEN BENÖTIGST DU:

AIRBRUSHFARBEN
- SCHWARZ
- WEISS
- SEPIA
- BRAUN
- CYAN
- ROT
- GELB

AQUARELLFARBEN
- BLAU

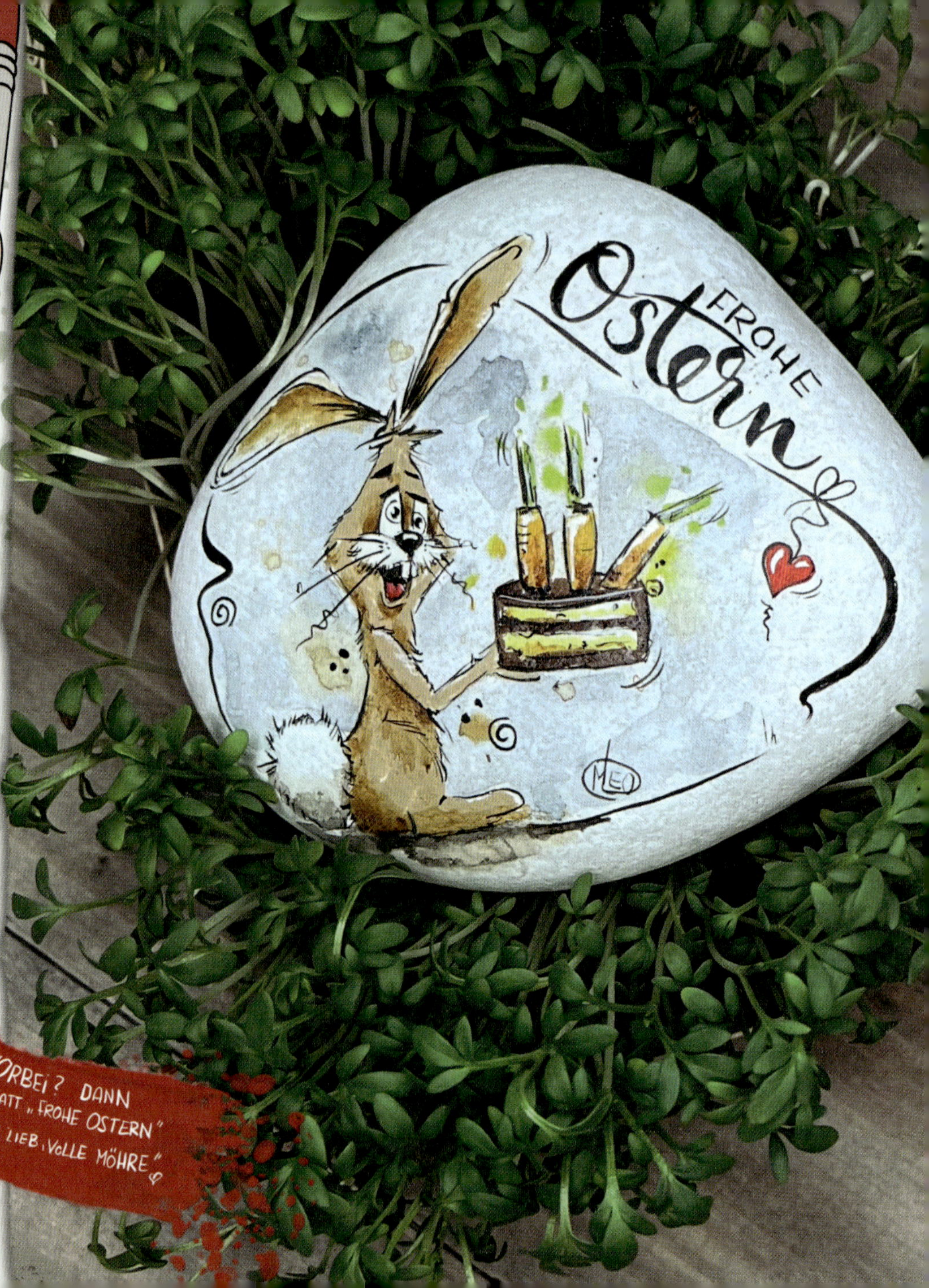

OSTERN VORBEI? DANN SCHREIBE STATT „FROHE OSTERN" Z.B. „HAB DICH LIEB, VOLLE MÖHRE"

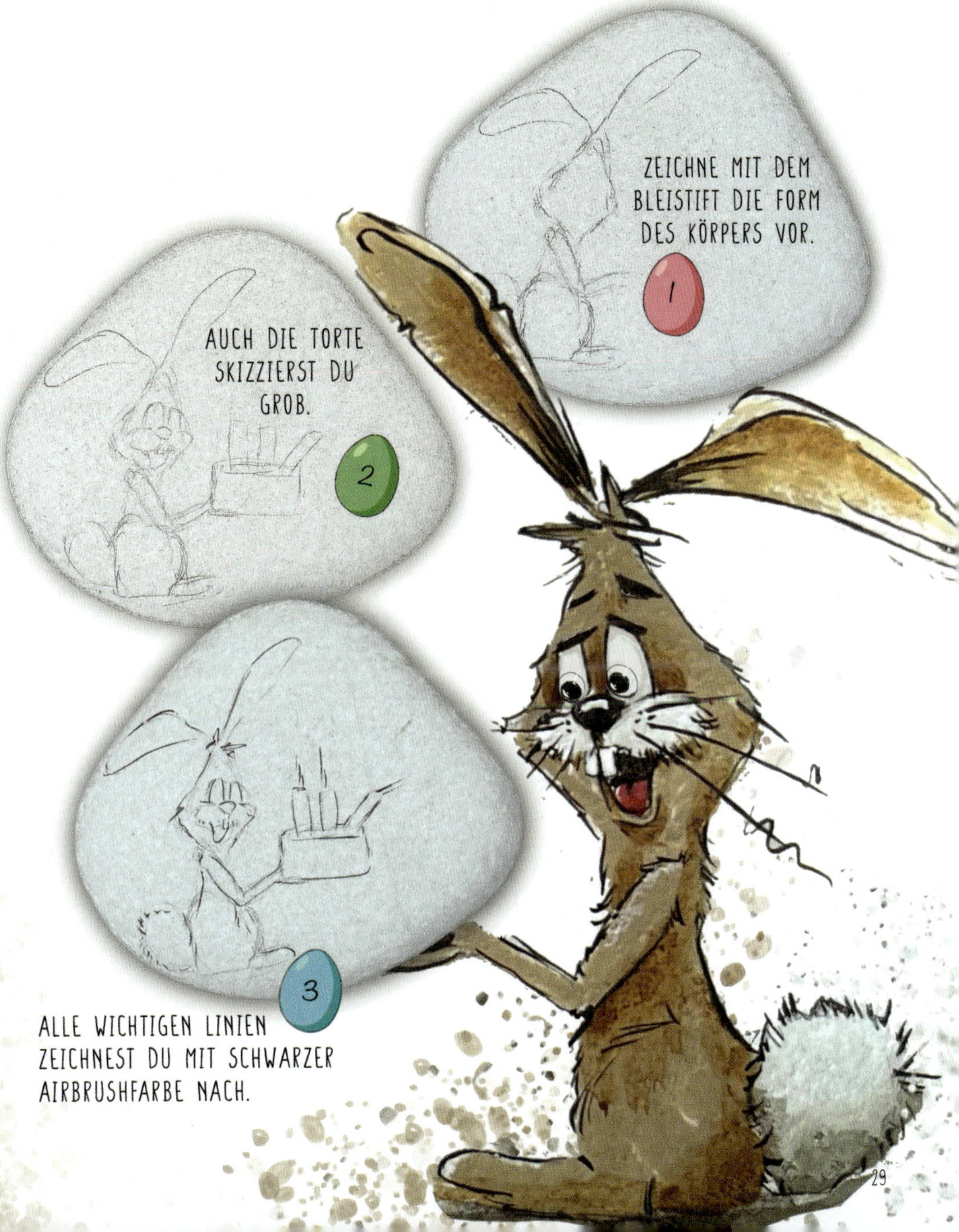

1 ZEICHNE MIT DEM BLEISTIFT DIE FORM DES KÖRPERS VOR.

2 AUCH DIE TORTE SKIZZIERST DU GROB.

3 ALLE WICHTIGEN LINIEN ZEICHNEST DU MIT SCHWARZER AIRBRUSHFARBE NACH.

4

DEN SCHRIFTZUG SCHREIBST DU SO, DASS ER SICH HARMONISCH IN DIE UMRANDUNG EINFÜGT.

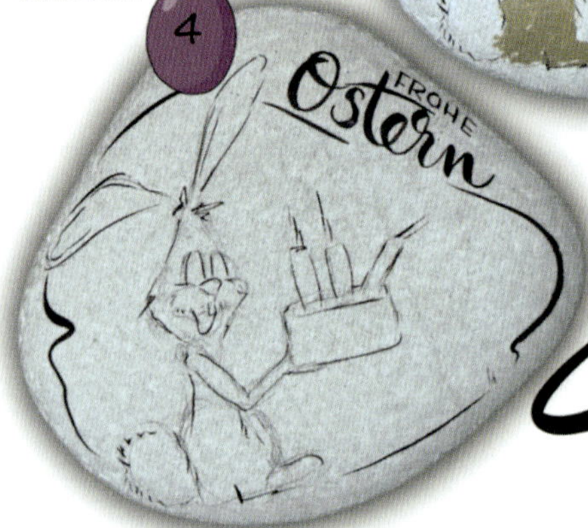

5

MIT EINEM GEMISCH AUS WEISS+BRAUN MALST DU DAS HÄSCHEN AUS.

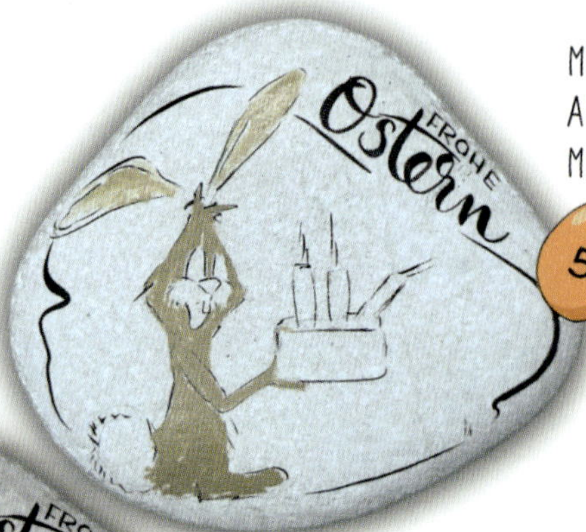

6

FÜR DIE TORTE BENUTZT DU BRAUN.

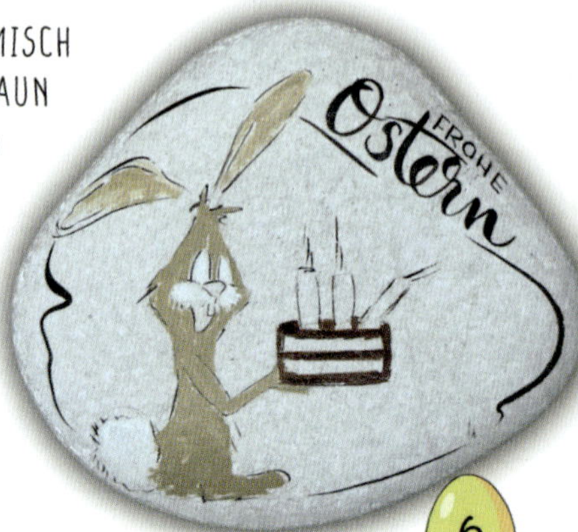

Frohe Ostern

7

MIT WEISS MALST DU DIE AUGEN, DEN SCHWANZ UND DIE BÄCKCHEN AUS. DAS HERZ UND DIE ZUNGE IN ROT.

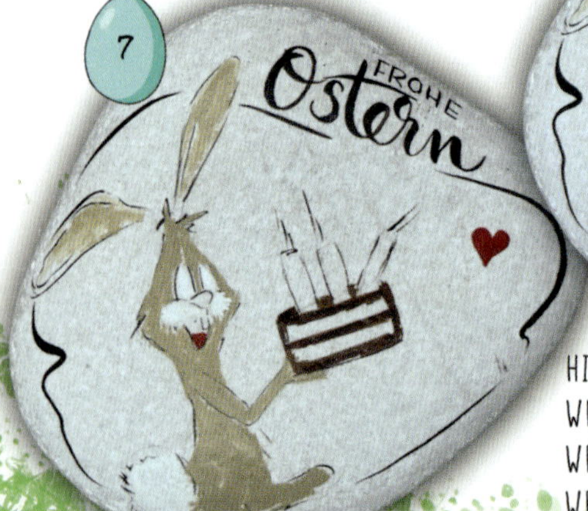

8

HIER MISCHST DU:
WEISS+GELB – TORTENFÜLLUNG
WEISS+GELB+TERRA ROSSA – MÖHREN
WEISS+GELB+CYAN – MÖHRENGRÜN

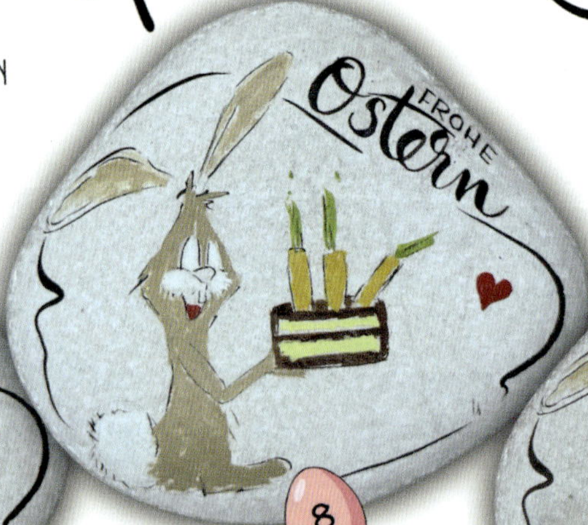

9

GESTALTE DEN HINTERGRUND MIT AQUARELLBLAU.

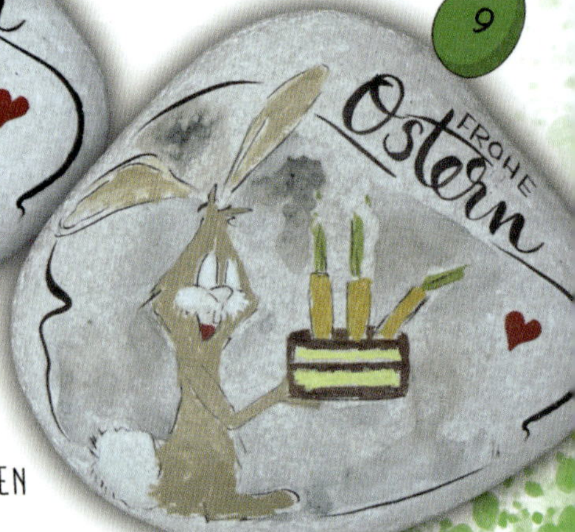

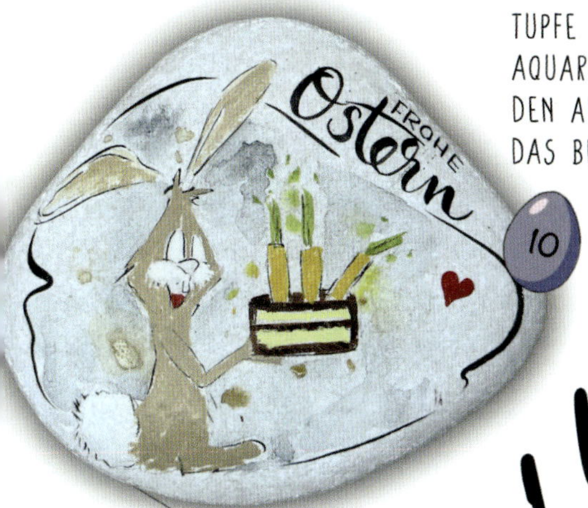

TUPFE IN DIE NOCH NASSE AQUARELLFARBE ETWAS VON DEN ANDEREN FARBEN HINEIN. DAS BELEBT DAS MOTIV.

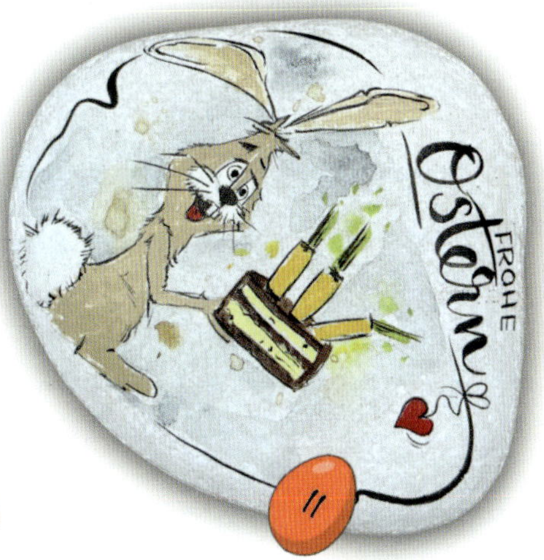

ZEICHNE FEHLENDE KONTUREN NACH.

…ihr Hasen

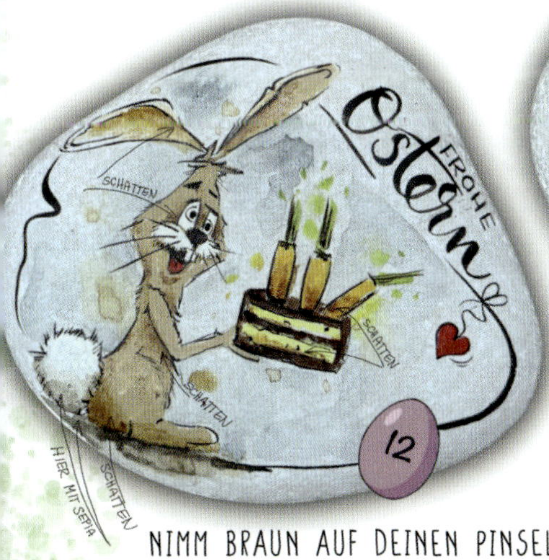

NIMM BRAUN AUF DEINEN PINSEL UND DRÜCKE IHN KURZ AUF DEINEN FEUCHTEN MALSCHWAMM. DAMIT MALST DU DIE SCHATTEN.

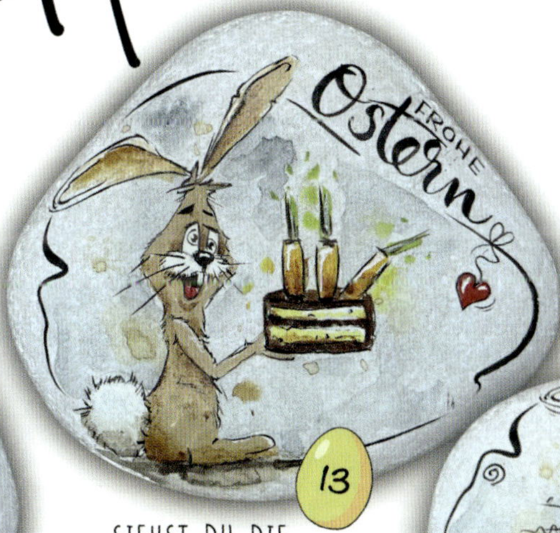

SIEHST DU DIE WEISSEN LICHTPUNKTE? PUPILLEN, ZUNGE, MÖHREN UND HERZCHEN SEHEN DADURCH LEBENDIGER AUS.

BEENDE DEIN KUNSTWERK MIT SCHNÖKEN, DÖKEN UND GEDÖNS.

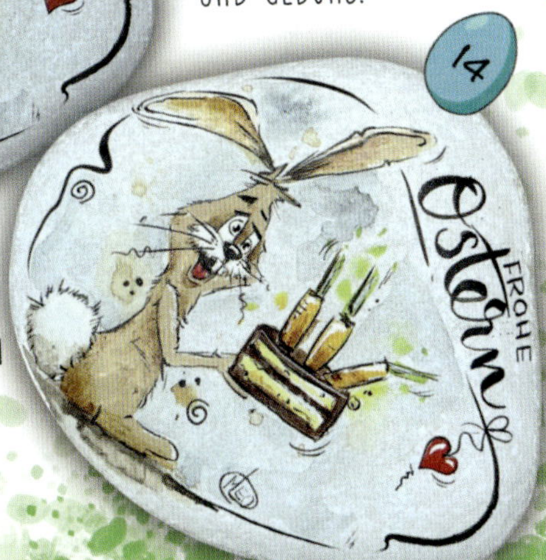

DIESE FARBEN
BENÖTIGST DU:

AIRBRUSHFARBEN

- SCHWARZ
- WEISS
- SEPIA
- BRAUN
- CYAN
- ROT
- GELB
- TERRA ROSSA

AQUARELLFARBEN

- BLAU

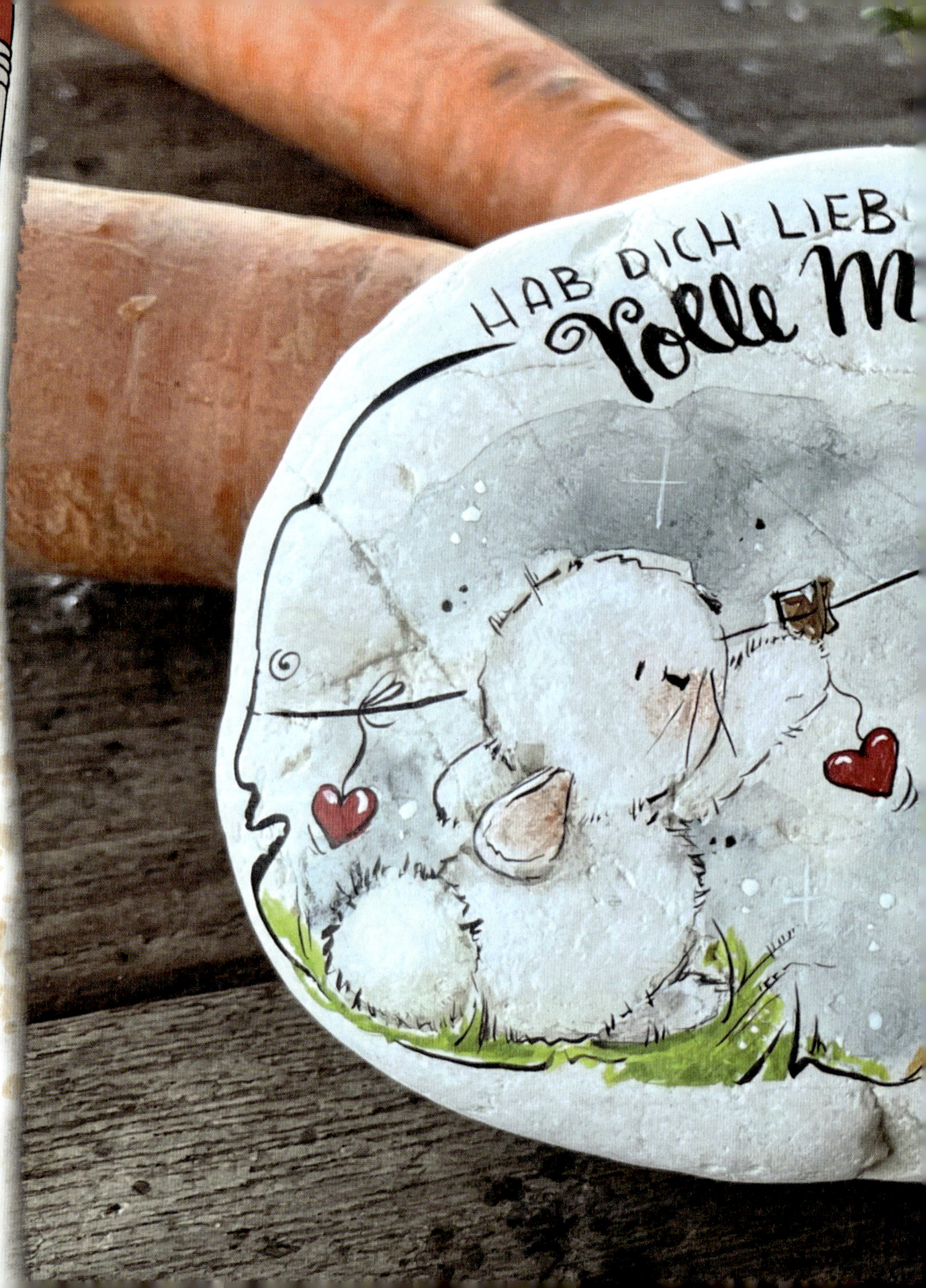

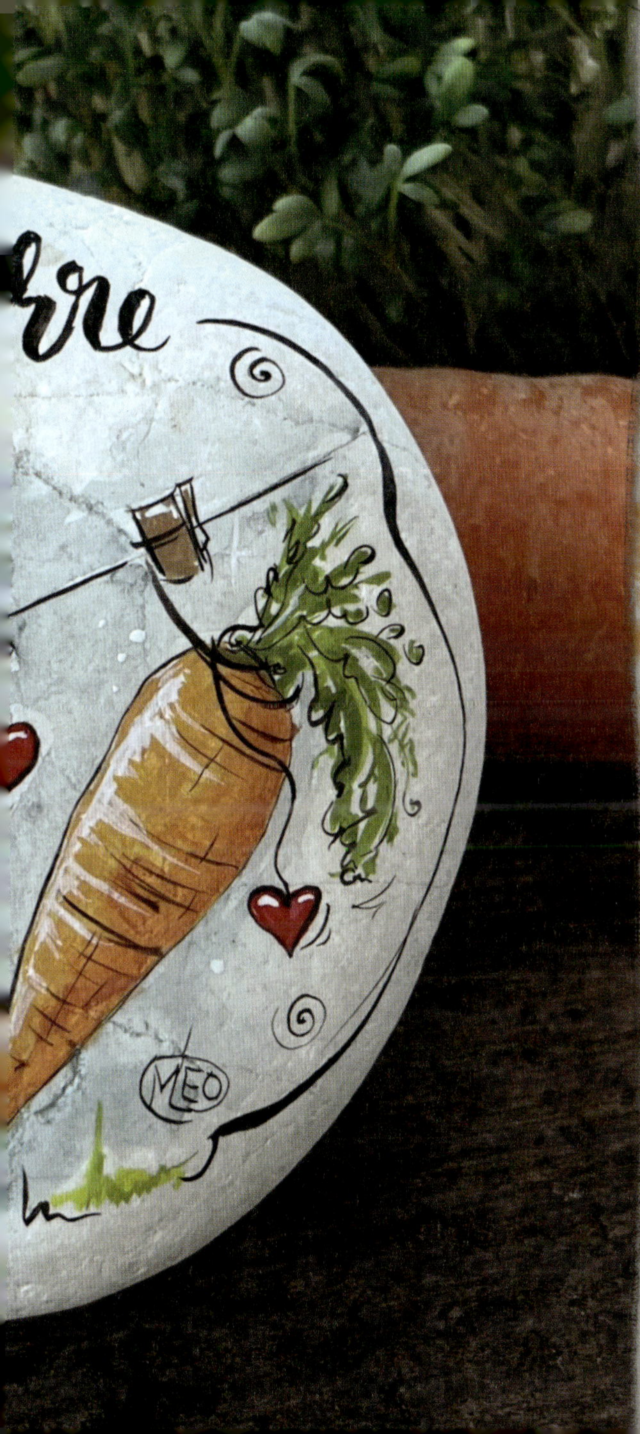

Volle Möhre

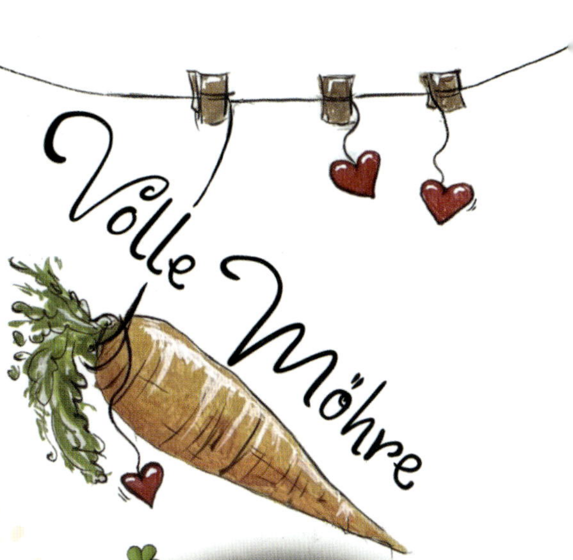

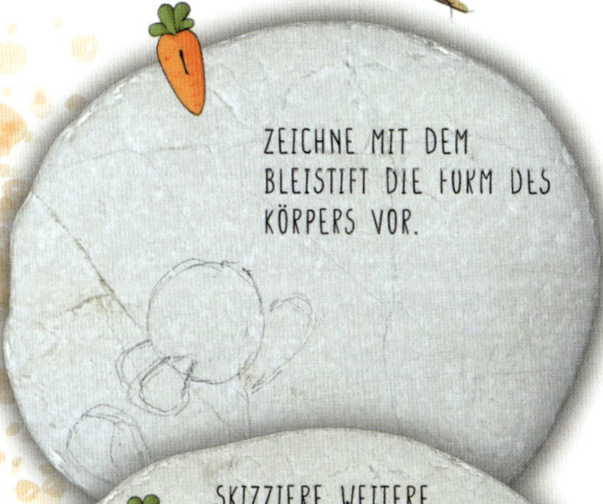

ZEICHNE MIT DEM BLEISTIFT DIE FORM DES KÖRPERS VOR.

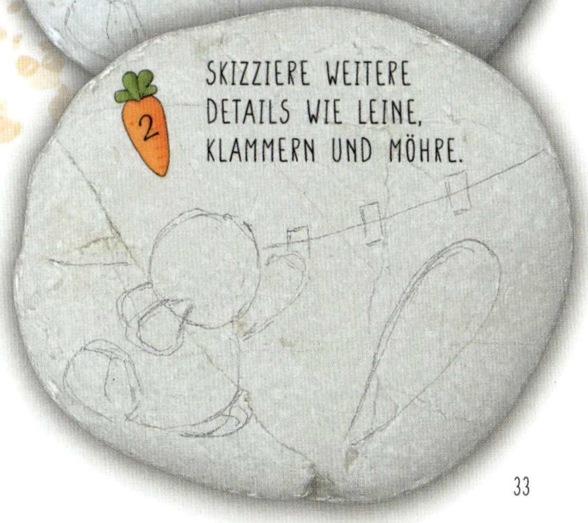

SKIZZIERE WEITERE DETAILS WIE LEINE, KLAMMERN UND MÖHRE.

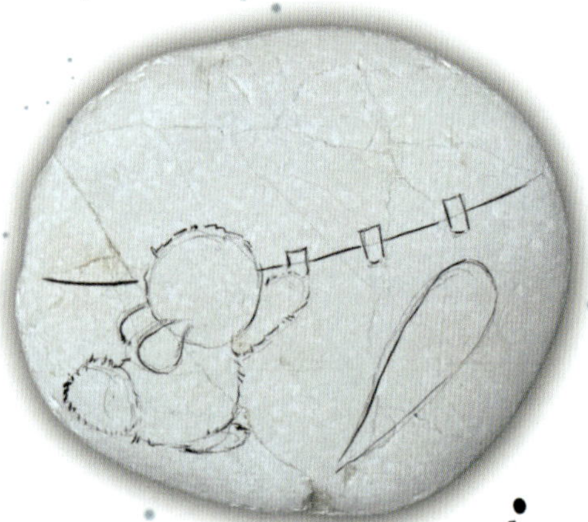

3

ALLE WICHTIGEN LINIEN ZEICHNEST DU JETZT MIT SCHWARZER AIRBRUSHFARBE NACH.

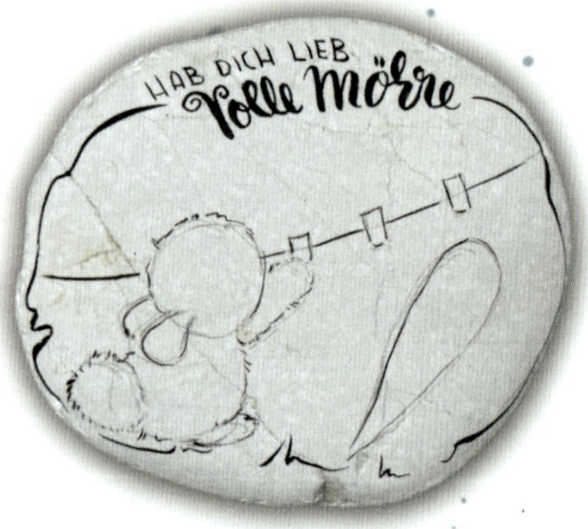

4

DEN SCHRIFTZUG SCHREIBST DU SO, DASS ER SICH HARMONISCH IN DIE UMRANDUNG EINFÜGT.

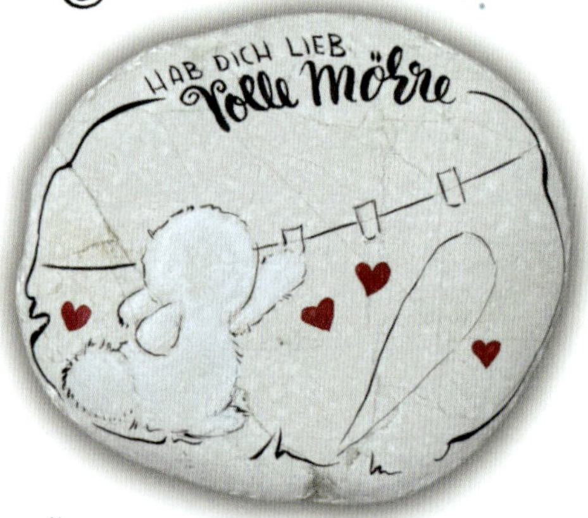

5

MALE DAS HÄSCHEN WEISS UND DIE HERZEN IN ROT AUS.

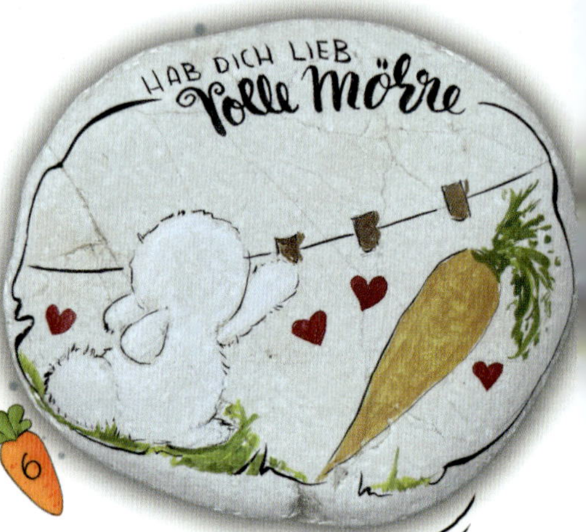

6

HIER MISCHST DU:

- WEISS+GELB+TERRA ROSSA FÜR DIE MÖHRE
- WEISS+GELB+CYAN FÜR DAS MÖHRENGRÜN
- WEISS+BRAUN FÜR DIE KLAMMERN

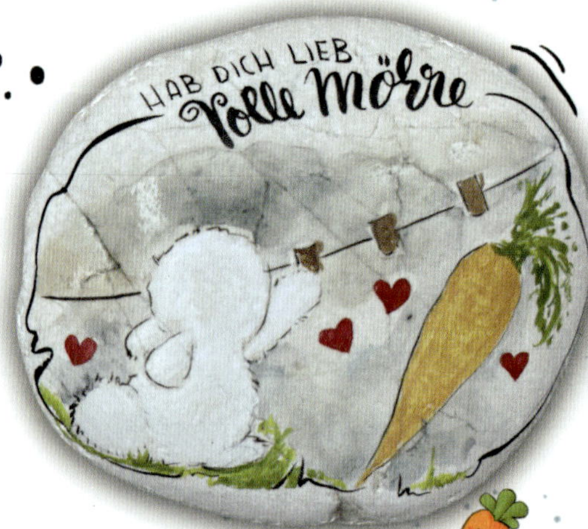

7

GESTALTE DEN HINTERGRUND MIT BLAUER AQUARELLFARBE.

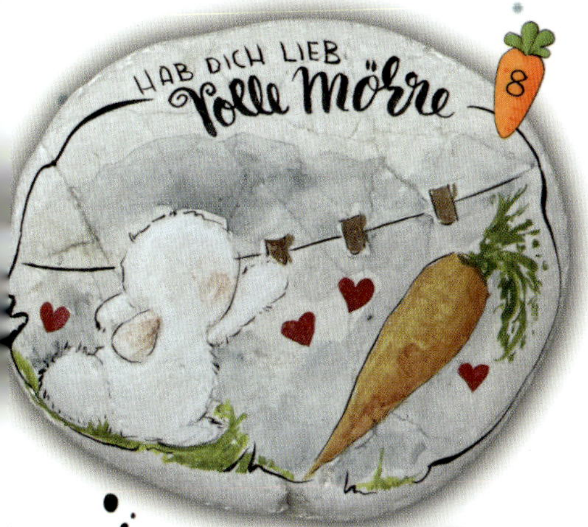

8

NIMM TERRA ROSSA AUF DEINEN PINSEL UND DRÜCKE IHN KURZ AUF DEINEN FEUCHTEN MALSCHWAMM.

DAMIT MALST DU DIE SCHATTEN IN DEN OHREN. SCHATTIERE AUCH DIE BÄCKCHEN UND DIE MÖHRE.

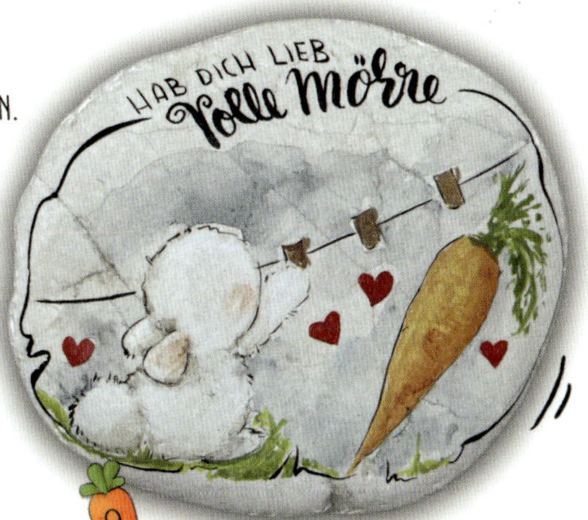

9

AUCH SEPIA VERDÜNNNST DU AUF DIESE WEISE. MALE DEM HÄSCHEN DAMIT NOCH SCHATTEN.

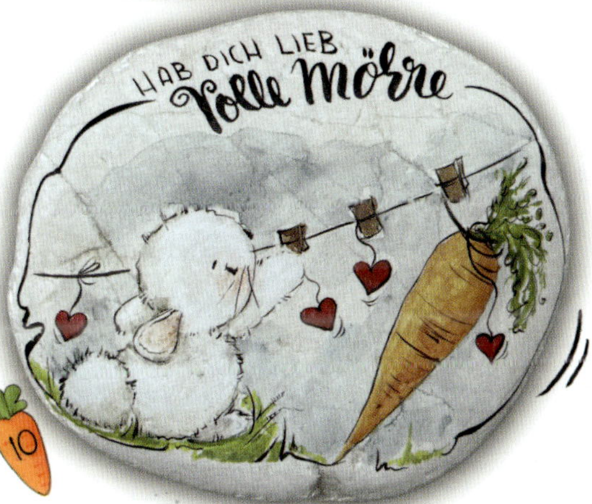

10

ZEICHNE FEHLENDE KONTUREN NACH. HIER DARFTST DU VIEL STRICHELN. SO SIEHT DEIN HÄSCHEN SCHÖN KUSCHELIG AUS. JETZT BEKOMMT DAS HÄSCHEN AUCH EIN AUGE UND BARTHAARE.

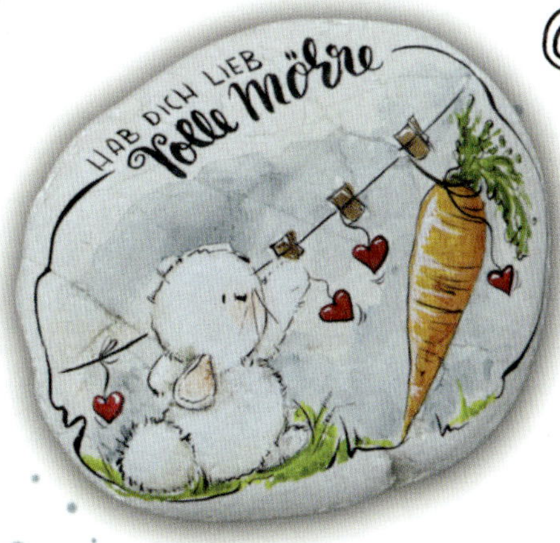

11

BEENDE DEIN KUNSTWERK MIT SCHNÖKEN, DÖKEN UND GEDÖNS.

DIESE FARBEN BENÖTIGST DU:

AIRBRUSHFARBEN
- SCHWARZ
- WEISS
- SEPIA
- BRAUN
- CYAN
- ROT
- TERRA ROSSA

AQUARELLFARBEN
- BLAU

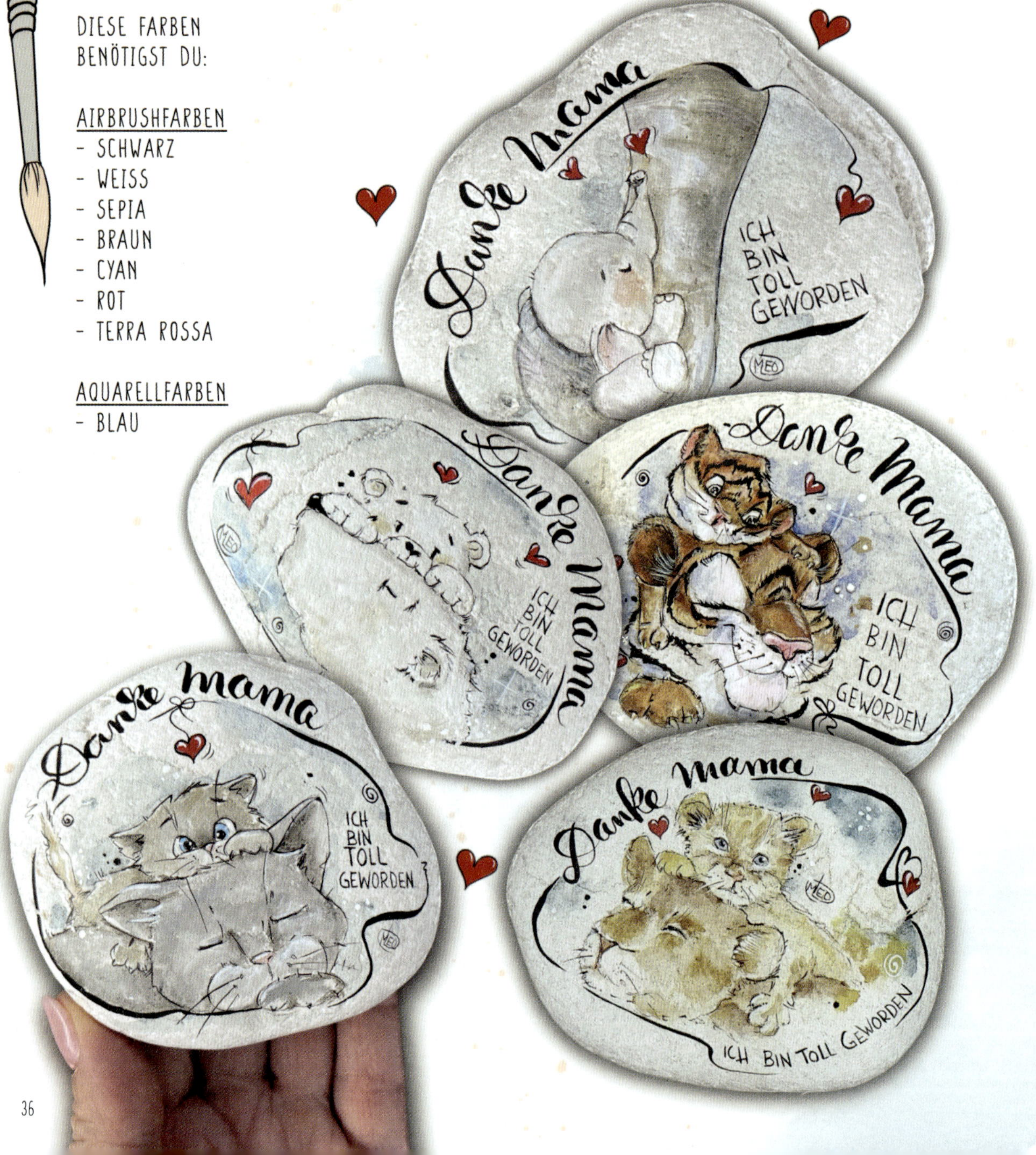

Danke MAMA

MUTTERTAG
2. SONNTAG IM MAI

DIESE SKIZZE HABE ICH AUF MEINEM IPAD VORBEREITET.

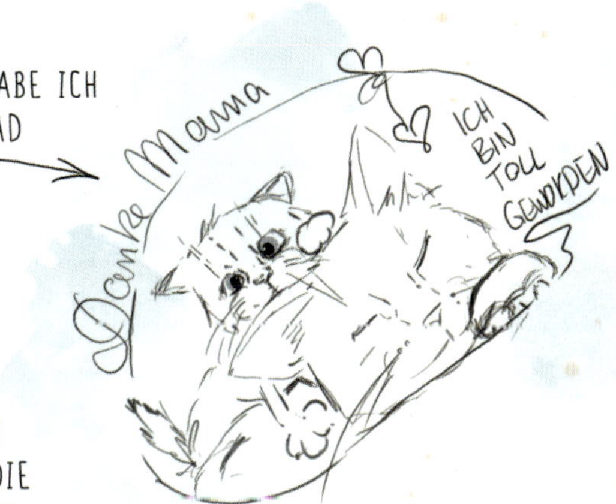

ZEICHNE MIT DEM BLEISTIFT GROB DIE GRUNDFORMEN VOR.

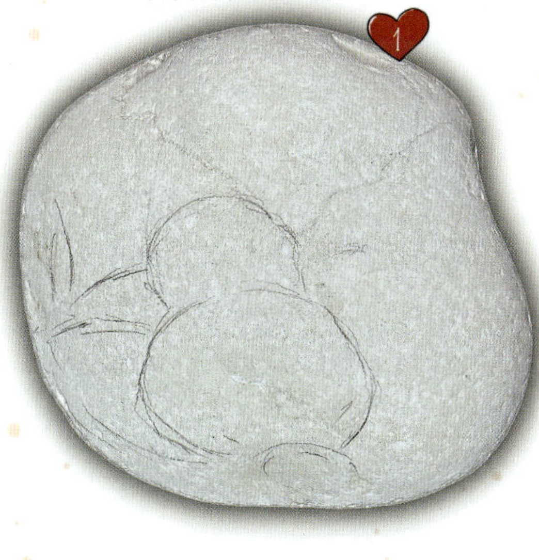

SKIZZIERE WEITERE DETAILS WIE OHREN, AUGEN, NASEN, TATZEN ...

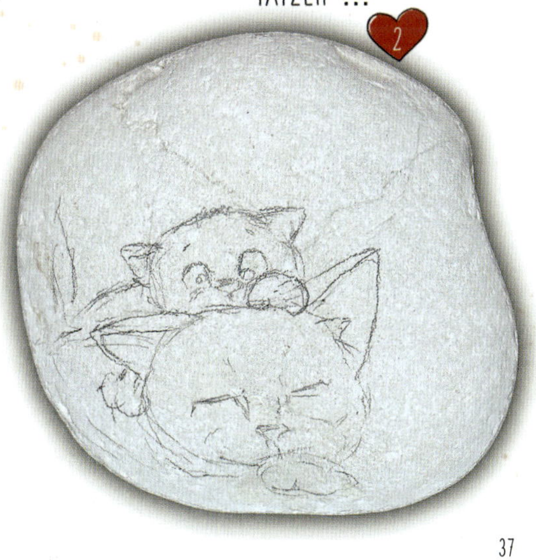

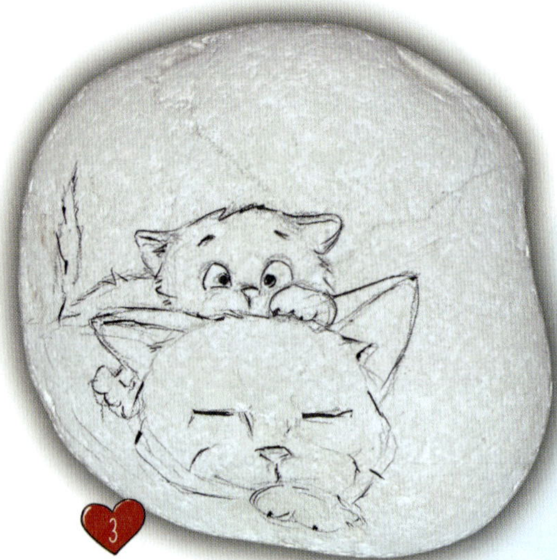

ALLE WICHTIGEN LINIEN ZEICHNEST DU MIT SCHWARZER AIRBRUSHFARBE NACH.

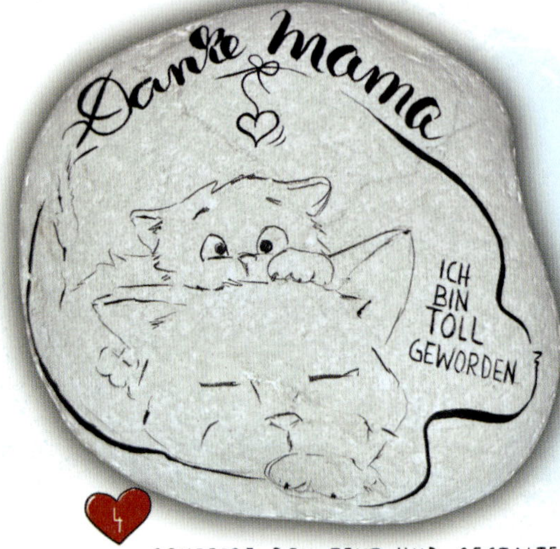

SCHREIBE DEN TEXT UND GESTALTE DEN RAND EBENFALLS MIT SCHWARZER AIRBRUSHFARBE.

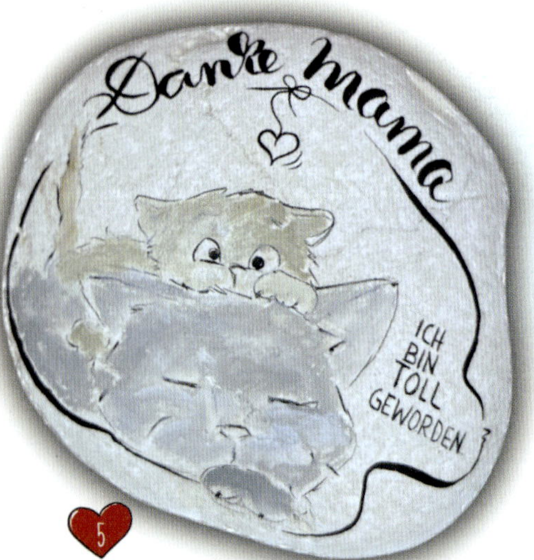

MISCHE WEISS+SEPIA ZU VERSCHIEDENEN GRAUTÖNEN. DU KANNST AUCH ETWAS BRAUN DAZU GEBEN. DAMIT MALST DU DIE KATZEN AUS.

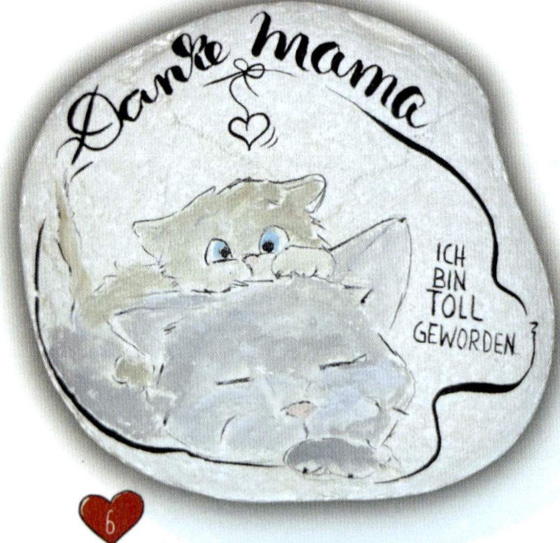

FÜR DIE NASEN MISCHST DU WEISS+TERRA ROSSA UND FÜR DIE AUGEN DES KATZENBABYS WEISS+CYAN.

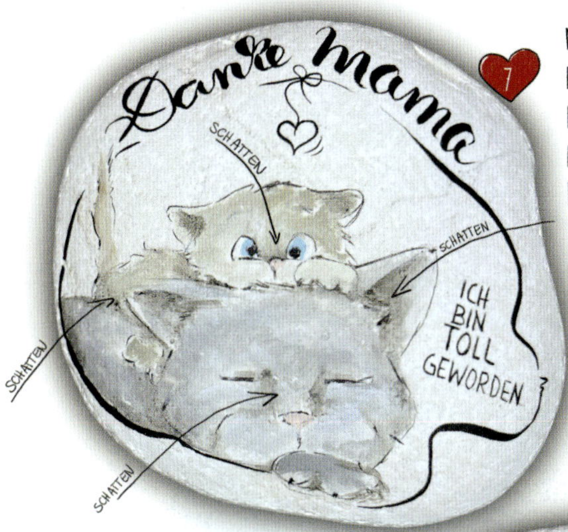

7 NIMM SEPIA AUF DEINEN PINSEL UND DRÜCKE IHN KURZ AUF DEINEN FEUCHTEN MALSCHWAMM. DAMIT MALST DU DIE SCHATTEN.

8 ZEICHNE FEHLENDE KONTUREN UND SCHNURRHAARE.

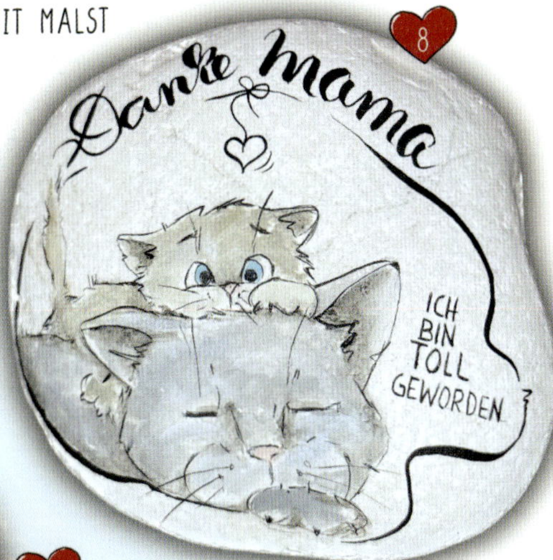

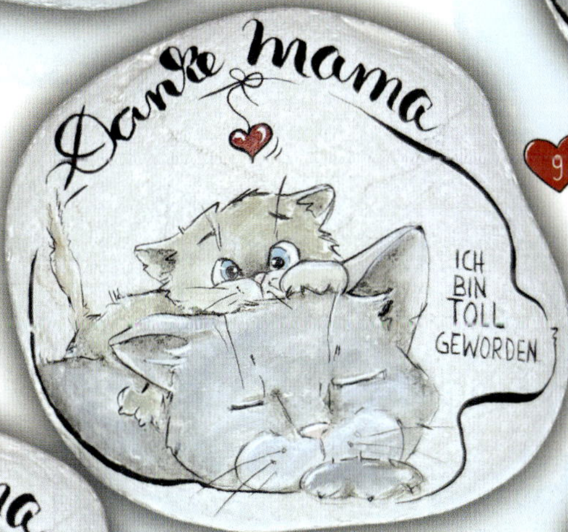

9 SIEHST DU DIE WEISSEN LICHTPUNKTE? PUPILLEN, NASEN, OHREN, IM FELL UND HERZCHEN SEHEN DADURCH LEBENDIGER AUS.

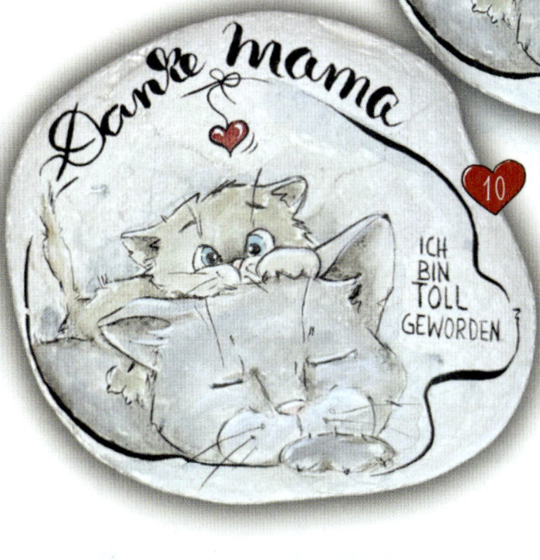

10 GESTALTE DEN HINTERGRUND MIT AQUARELLBLAU.

11 BEENDE DEN STEIN FÜR DIE BESTE MAMA DER WELT MIT SCHNÖKEN, DÖKEN UND GEDÖNS.

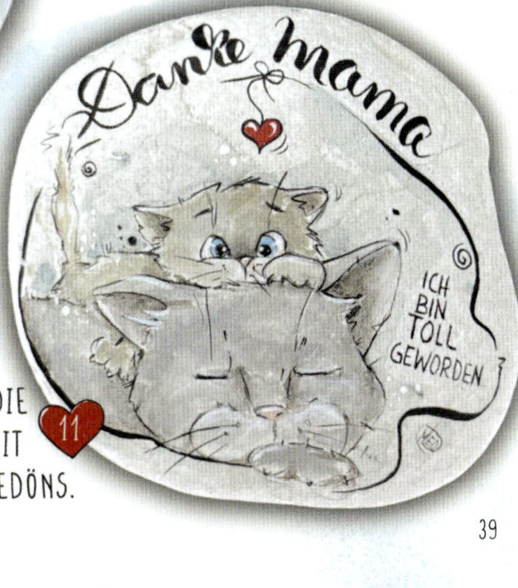

Vitamin Sea

DIESE FARBEN BENÖTIGST DU:

AIRBRUSHFARBEN
- SCHWARZ
- WEISS
- BRAUN
- ULTRAMARIN
- CYAN
- ROT
- GELB
- TERRA ROSSA

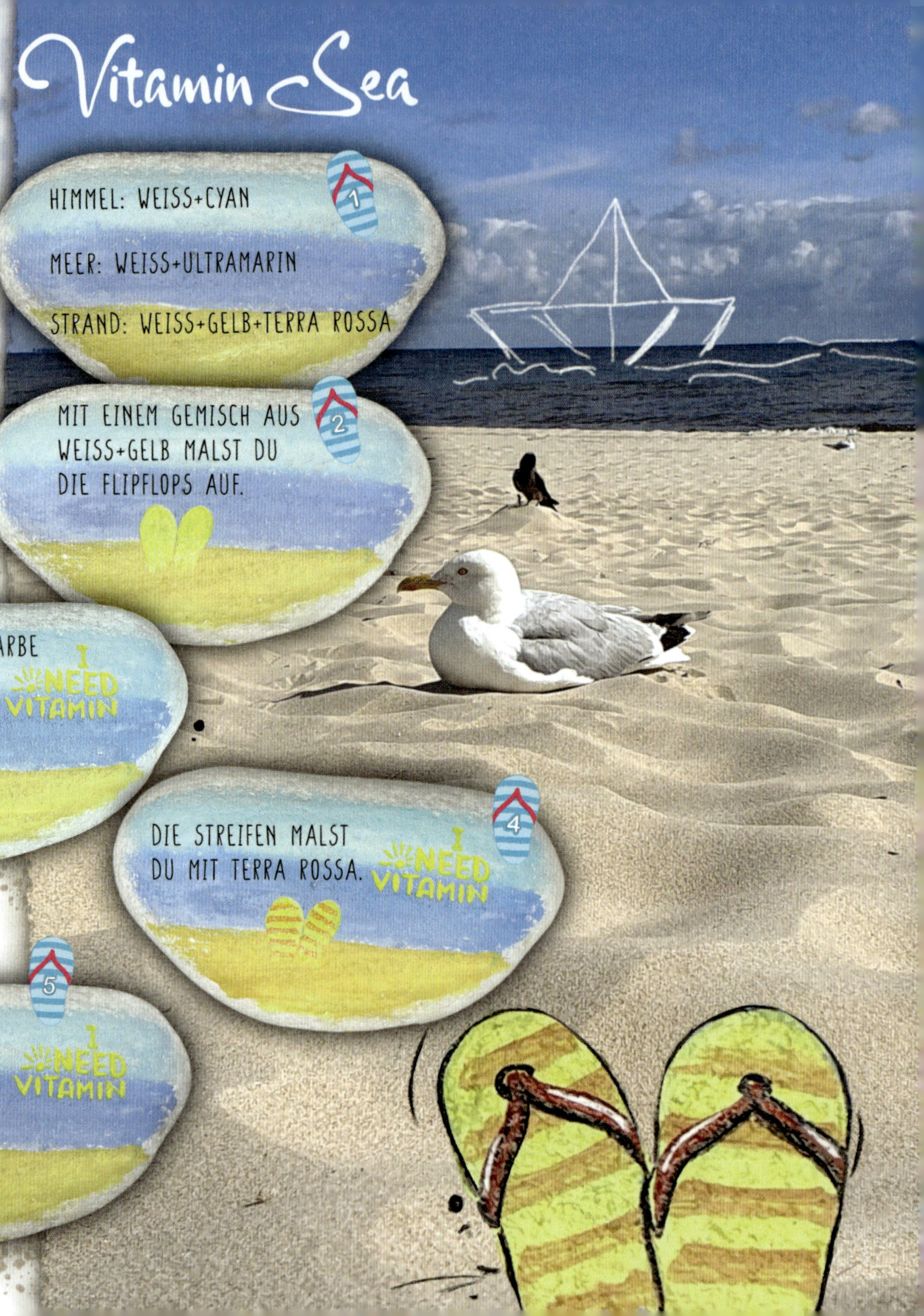

1. HIMMEL: WEISS+CYAN
   MEER: WEISS+ULTRAMARIN
   STRAND: WEISS+GELB+TERRA ROSSA
2. MIT EINEM GEMISCH AUS WEISS+GELB MALST DU DIE FLIPFLOPS AUF.
3. MIT DERSELBEN FARBE SCHREIBST DU -›› I NEED VITAMIN
4. DIE STREIFEN MALST DU MIT TERRA ROSSA.
5. DEN ZEHENSTEG MALST DU MIT ROT.

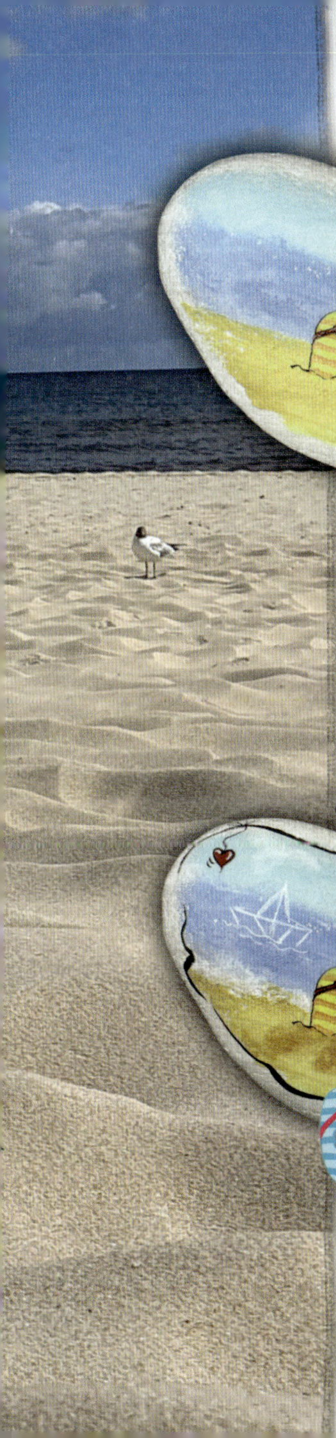

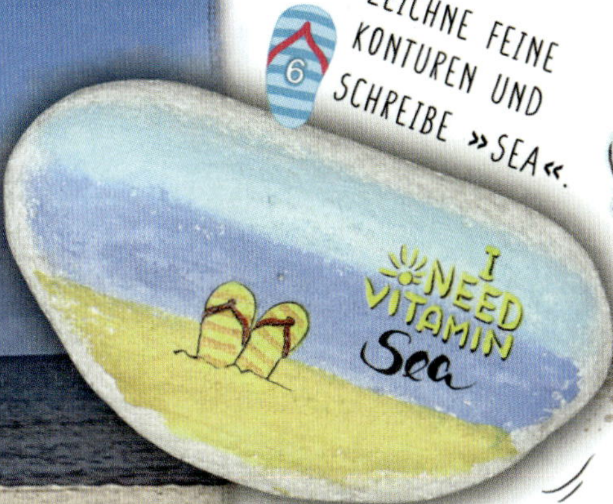

ZEICHNE FEINE KONTUREN UND SCHREIBE »SEA«.

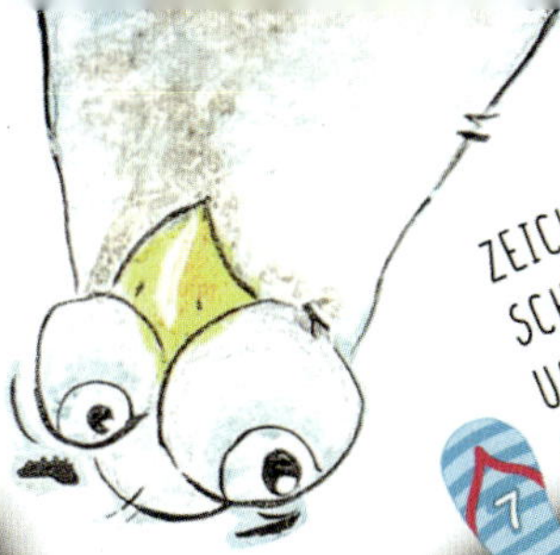

ZEICHNE EINE SCHWUNGVOLLE UMRANDUNG AUCH MIT SCHWARZ.

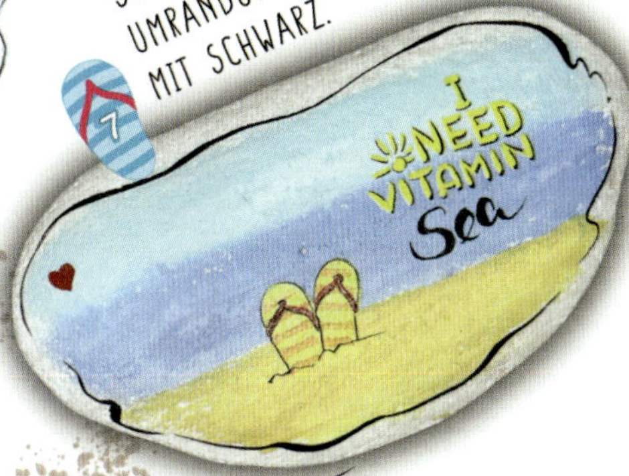

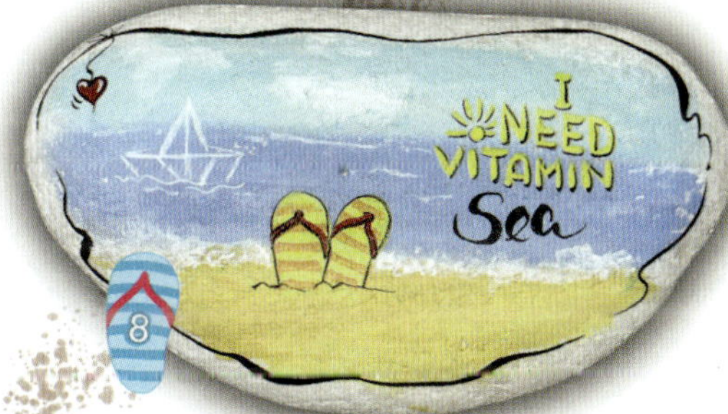

EIN SCHIFFCHEN, WOLKEN, WELLEN UND GISCHT ZEICHNEST DU MIT WEISS.

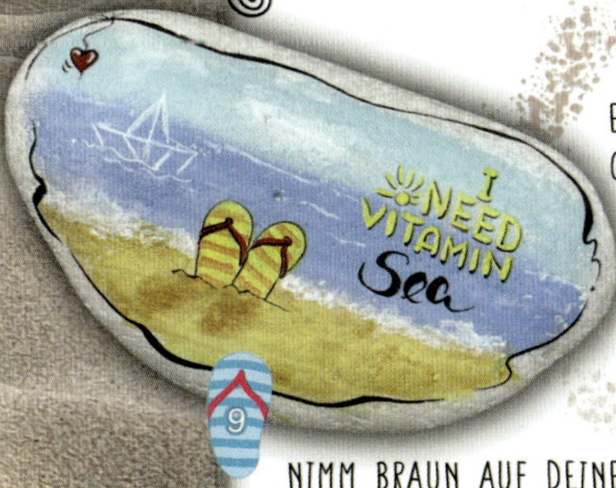

NIMM BRAUN AUF DEINEN PINSEL UND DRÜCKE IHN KURZ AUF DEINEN FEUCHTEN MALSCHWAMM. DAMIT MALST DU SCHATTEN IN DEN SAND.

SCHNÖKEN, DÖKEN UND GEDÖNS – FERTIG!

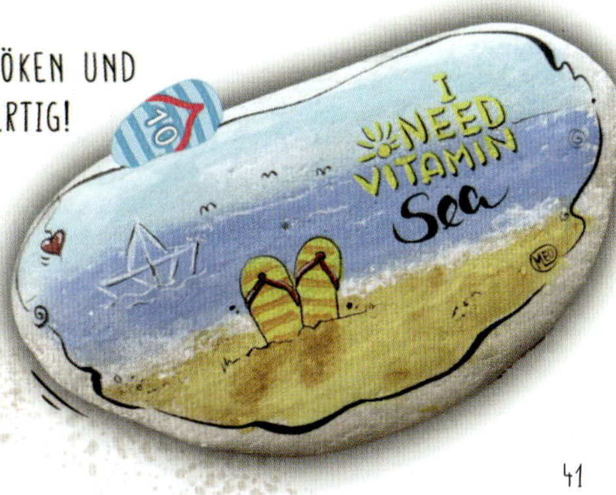

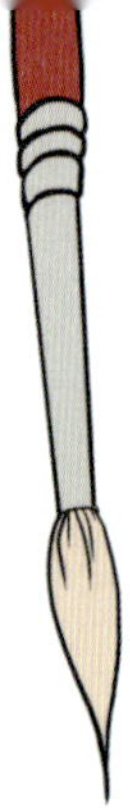

DIESE FARBEN BENÖTIGST DU:

<u>AIRBRUSHFARBEN</u>

- SCHWARZ
- WEISS
- CYAN
- ROT
- GELB

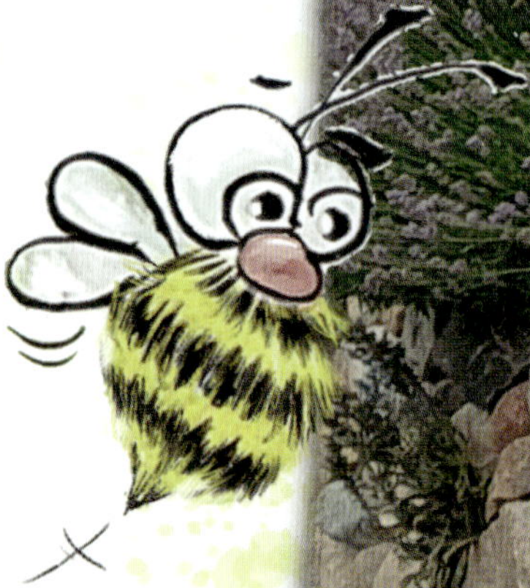

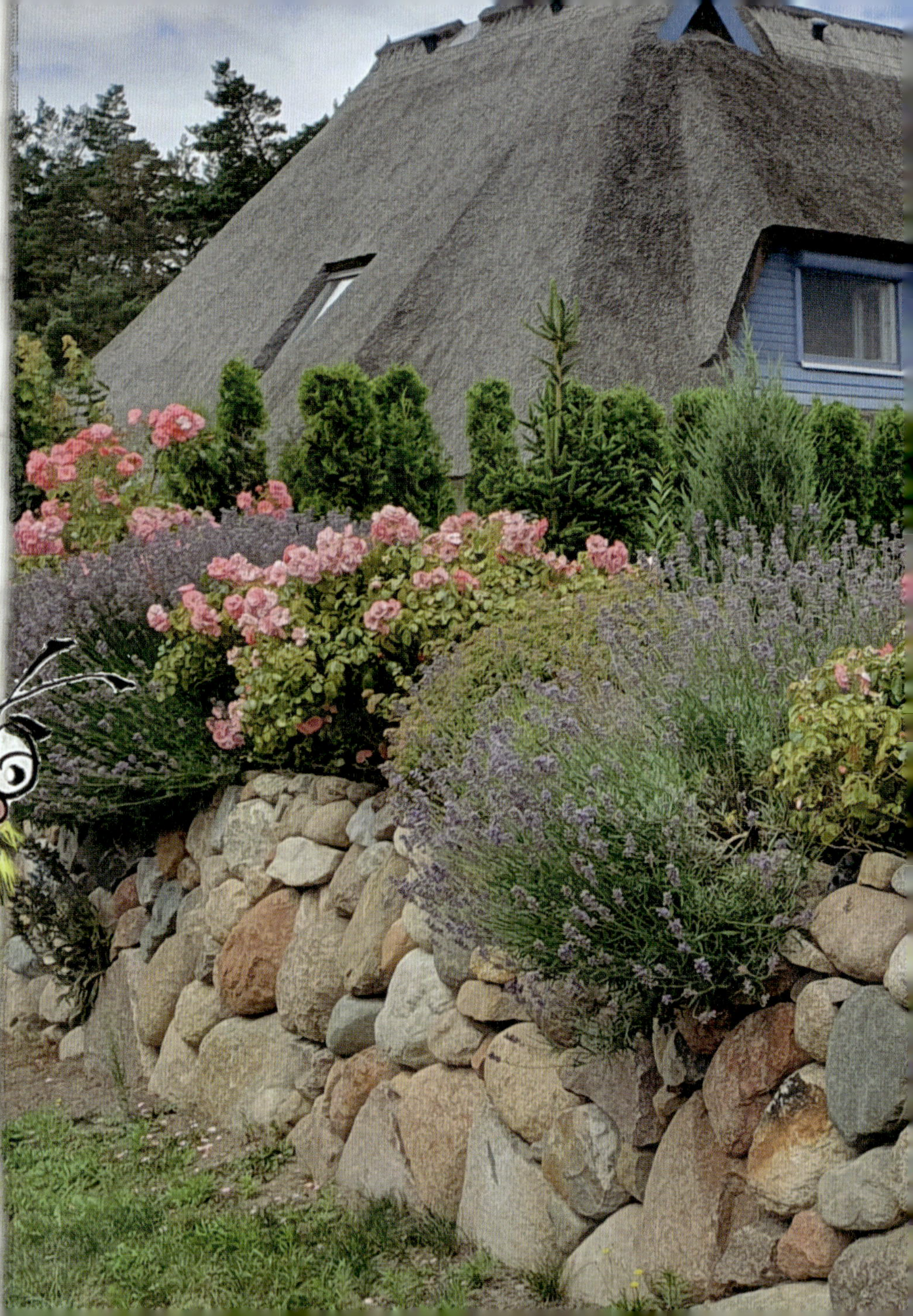

… mit den Hummeln bummeln …

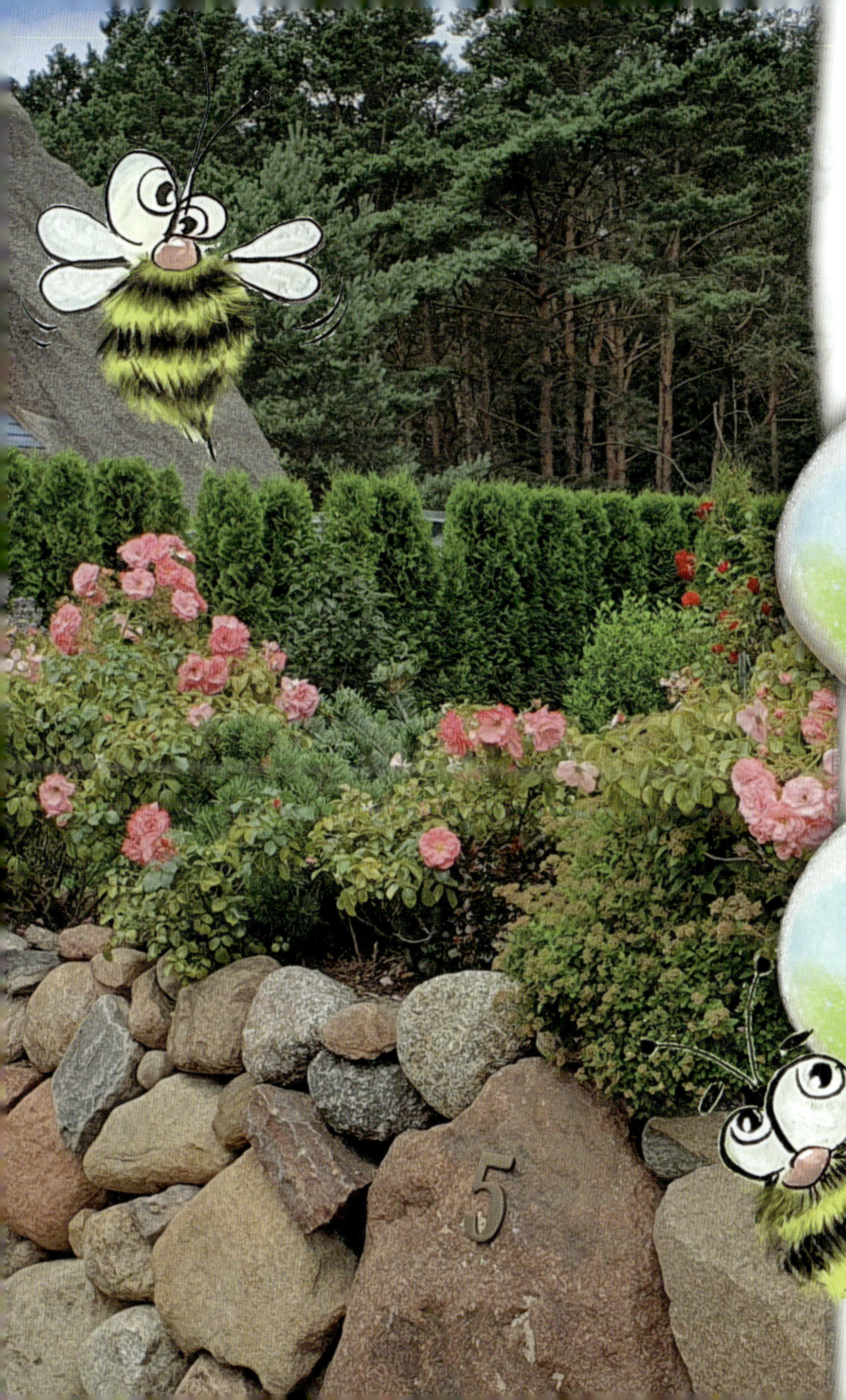

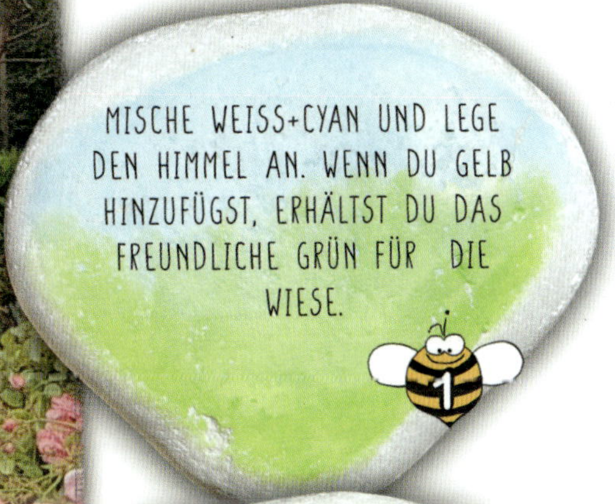

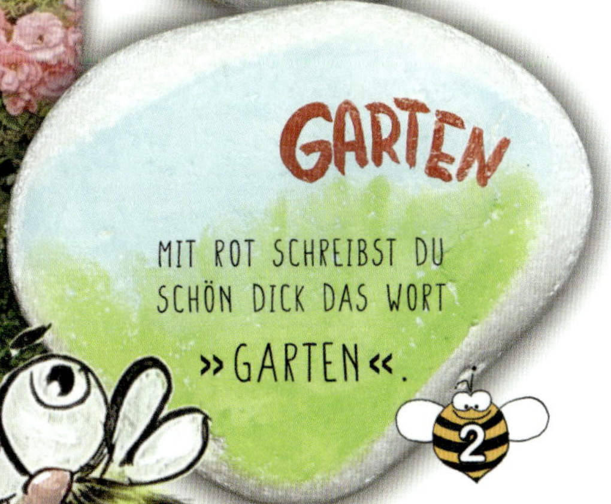

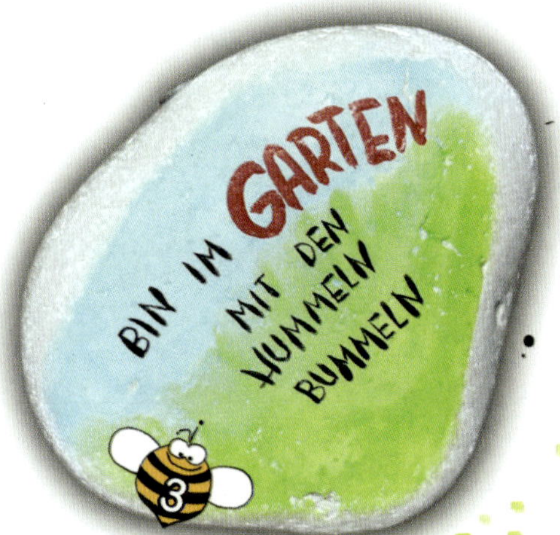

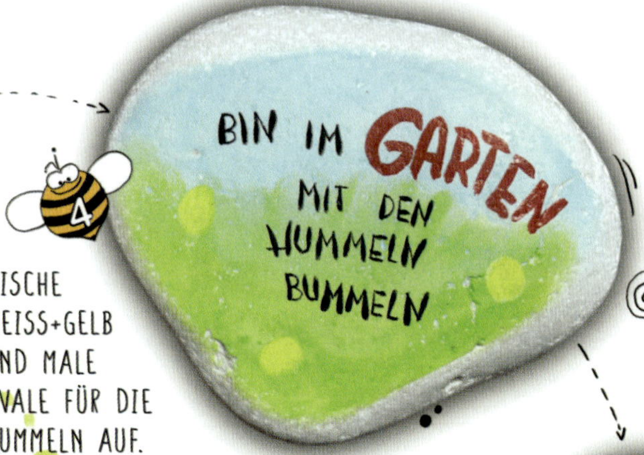

MISCHE WEISS+GELB UND MALE OVALE FÜR DIE HUMMELN AUF.

MIT SCHWARZ SCHREIBST DU DEN RESTLICHEN TEXT.

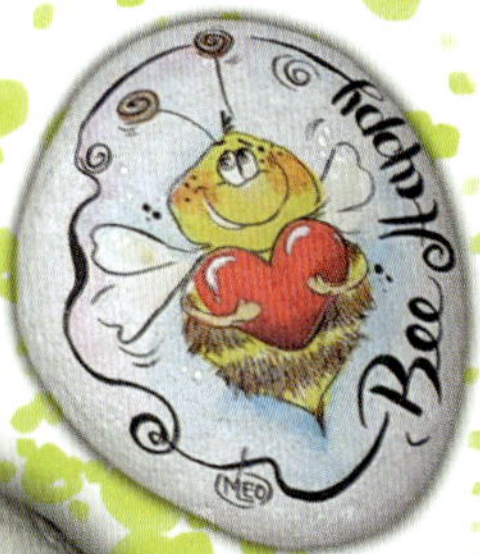

MIT UNTERSCHIEDLICH GROSSEN, WEISSEN PUNKTEN DEKORIERST DU DAS WORT

»GARTEN«.

MIT DER GLEICHEN FARBE MALST DU AUGEN, FLÜGEL UND BLÜMCHEN.

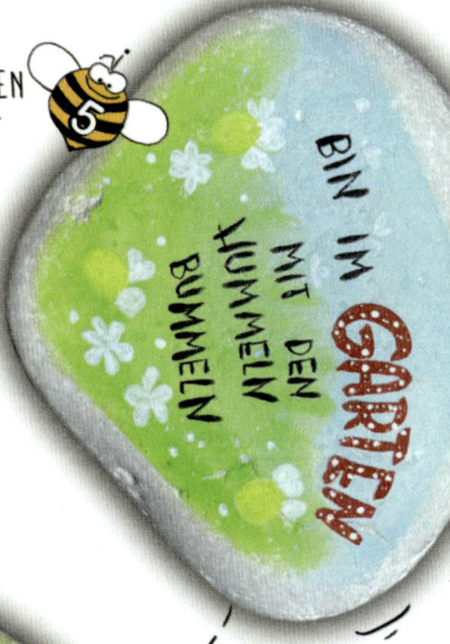

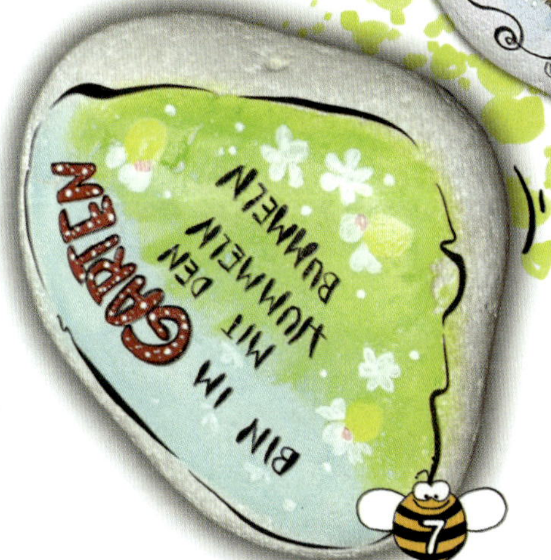

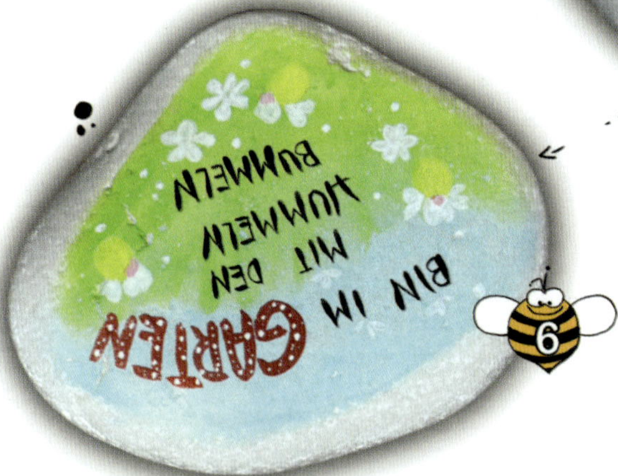

UNSERE HUMMELN BEKOMMEN ROSA NASEN. MISCHE DAFÜR WEISS+ROT.

ZEICHNE MIT SCHWARZ EINE SCHWUNGVOLLE UMRANDUNG UND KONTURIERE DAS WORT »GARTEN«.

JETZT ERHALTEN DIE FLÜGEL, AUGEN UND BLÜMCHEN MIT SCHWARZ IHRE KONTUREN.

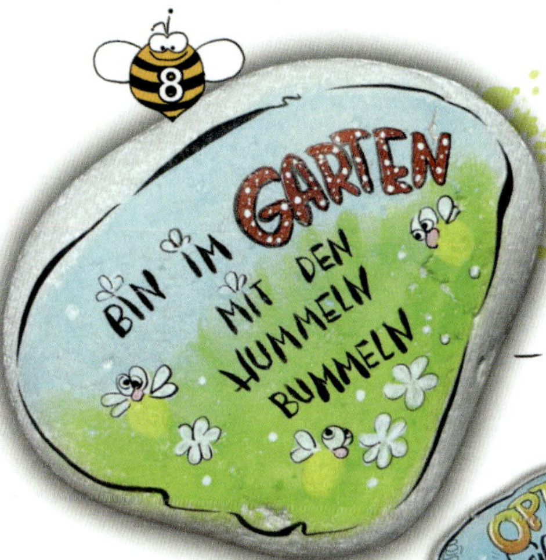

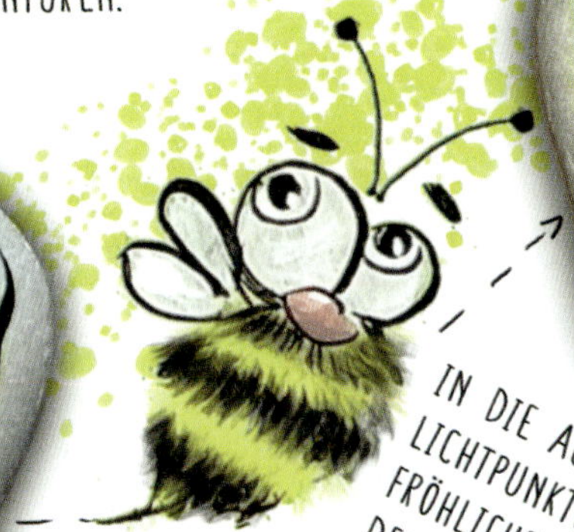

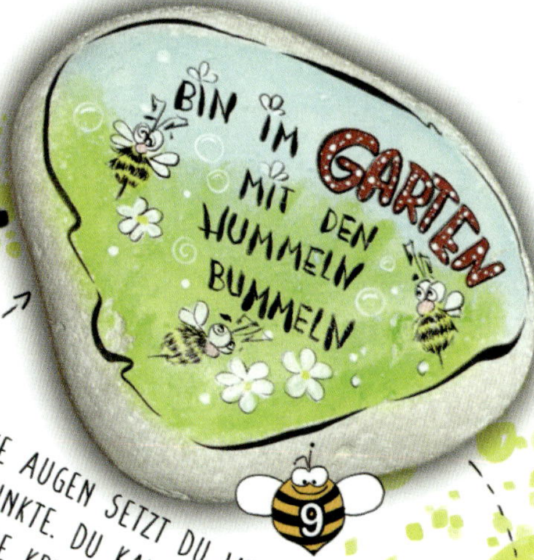

IN DIE AUGEN SETZT DU WEISSE LICHTPUNKTE. DU KANNST NOCH EIN PAAR FRÖHLICHE KRINGEL UND BLASEN ZEICHNEN. DEN HUMMELN ZEICHNEST DU MIT FEINEN SCHWARZEN STRICHEN DIE TYPISCHEN STREIFEN.

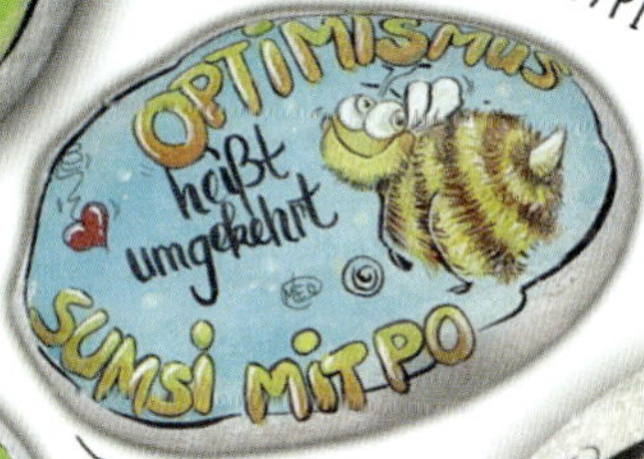

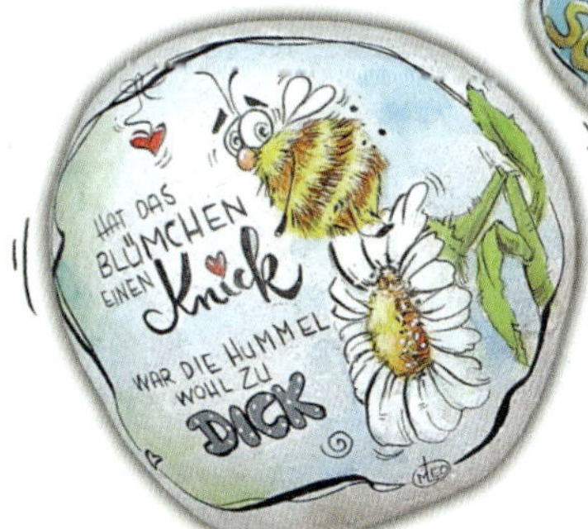

BEENDE DEIN KUNSTWERK MIT SCHNÖKEN, DÖKEN UND GEDÖNS. DAS KLEINE ROTE HERZ MALE ICH FAST AUF JEDEN STEIN. DESHALB ERKLÄRE ICH ES DIR VORNE IM BUCH.

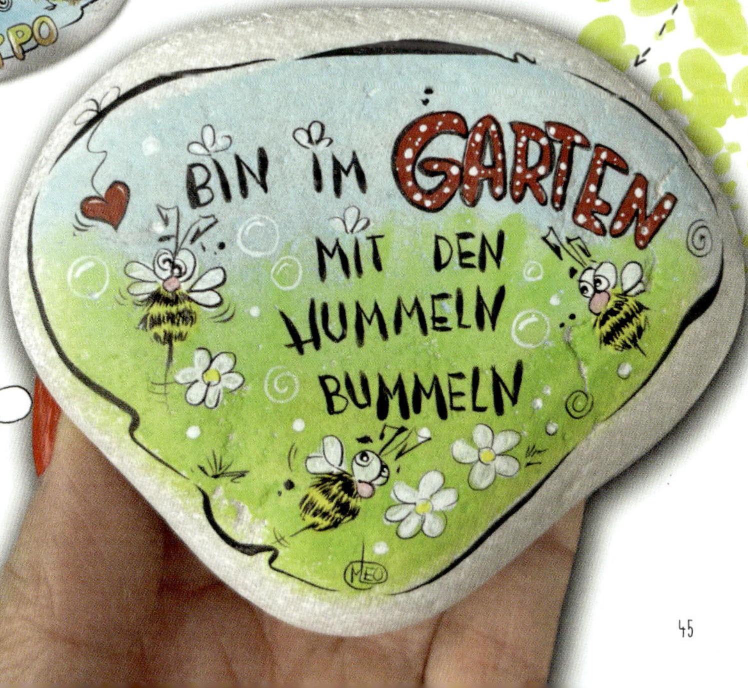

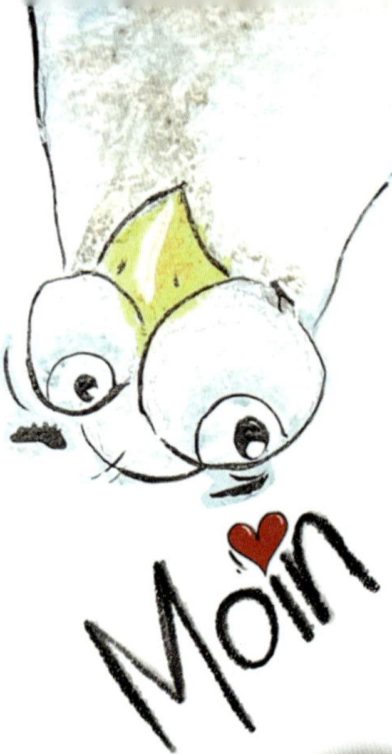

1

MISCHE WEISS+CYAN FÜR DEN HIMMEL UND WEISS+ULTRAMARIN FÜR DAS MEER.
TRAGE DIESE FARBEN SEHR DÜNN MIT EINEN DICKEN PINSEL AUF DEINEN STEIN AUF.

2

SKIZZIERE MIT DEM BLEISTIFT DAS MOTIV GROB VOR.

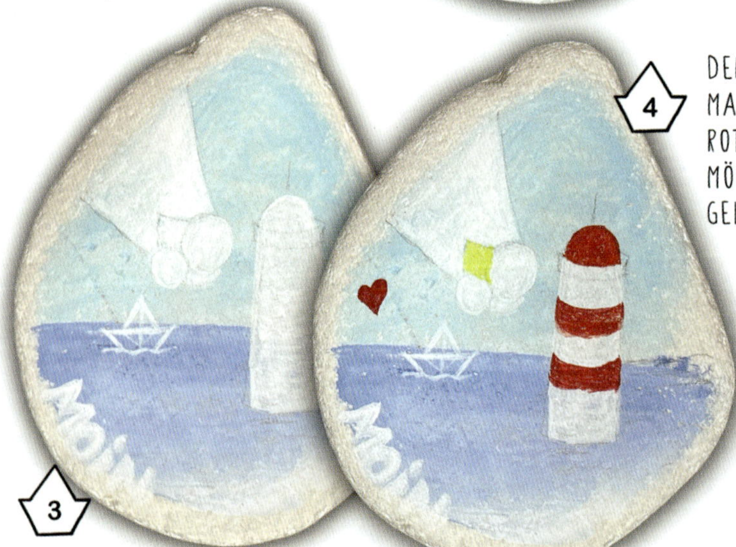

3

MALE DIE MÖWE UND DEN LEUCHTTURM WEISS AUS UND SCHREIBE »MOIN« IN DICKEN BUCHSTABEN AN DEN RAND. AUCH DAS SCHIFF KANNST DU SCHON ZEICHNEN.

4

DEM LEUCHTTURM MALST DU DICKE, ROTE STREIFEN, DER MÖWE EINEN GELBEN SCHNABEL.

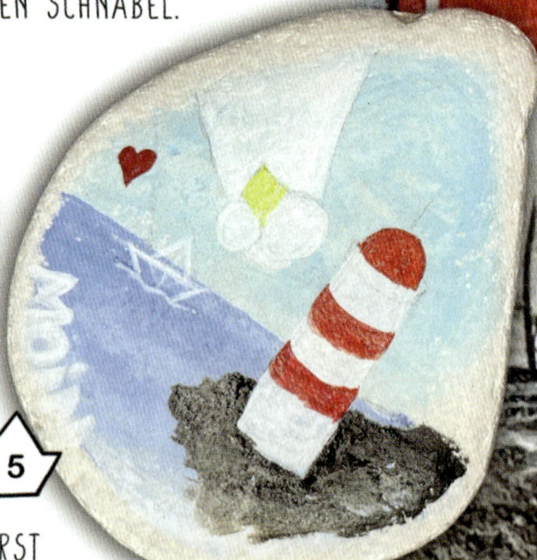

5

MIT SEPIA KREIERST DU DIE LANDSCHAFT UM DEN LEUCHTTURM HERUM.

6

MIT SCHWARZER AIRBRUSHFARBE ZEICHNEST DU ALLE KONTUREN UND DIE UMRANDUNG.

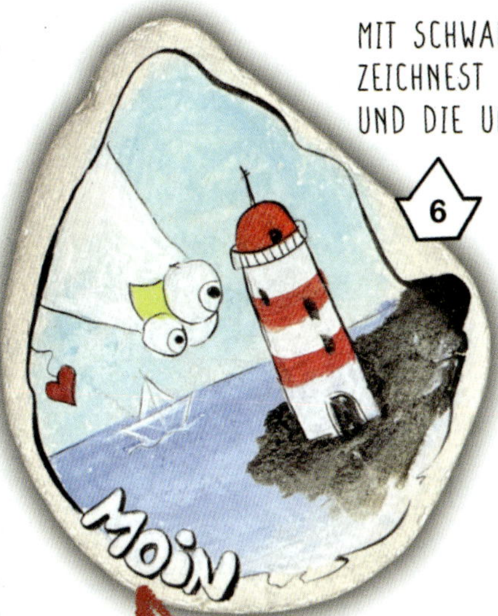

7

NIMM SEPIA AUF DEINEN PINSEL UND DRÜCKE IHN KURZ AUF DEINEN FEUCHTEN MALSCHWAMM.

DAMIT MALST DU DIE SCHATTEN IN DER MÖWE, IM LEUCHTTURM UND UNTERHALB DER LANDSCHAFT.

DEN SCHNABEL SCHATTIERST DU MIT TERRA ROSSA.

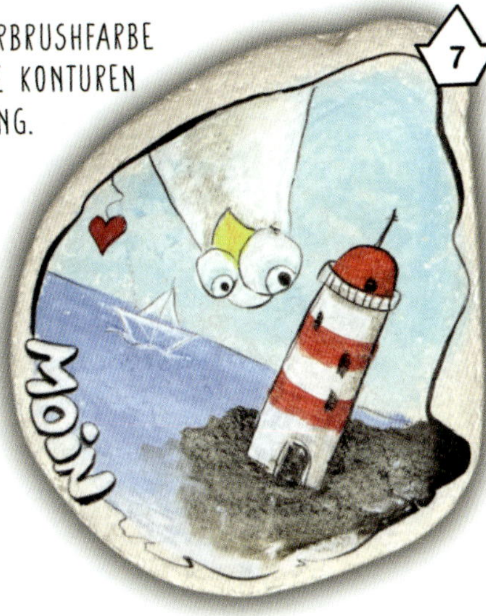

DAS WORT »MOIN« KANNST DU SCHATTIEREN, INDEM DU ALLE LINIEN RECHTS UND UNTERHALB STÄRKER ZIEHST.

8

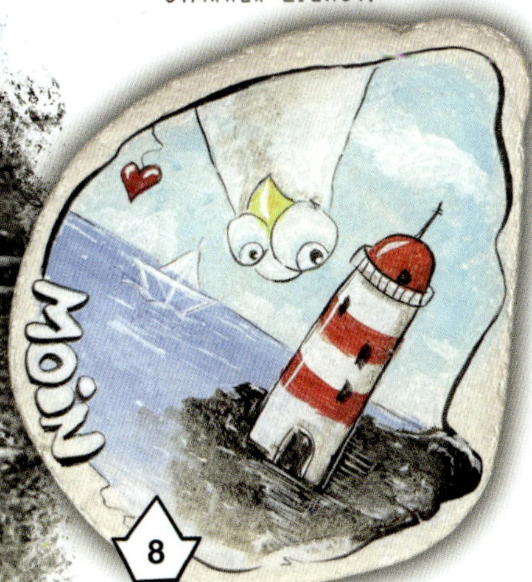

SIEHST DU DIE WEISSEN ELEMENTE? SCHNABEL, LEUCHTTURM, WASSER UND LANDSCHAFT WIRKEN DADURCH LEBENDIGER.

9

BEENDE DEIN KUNSTWERK MIT SCHNÖKEN, DÖKEN UND GEDÖNS.

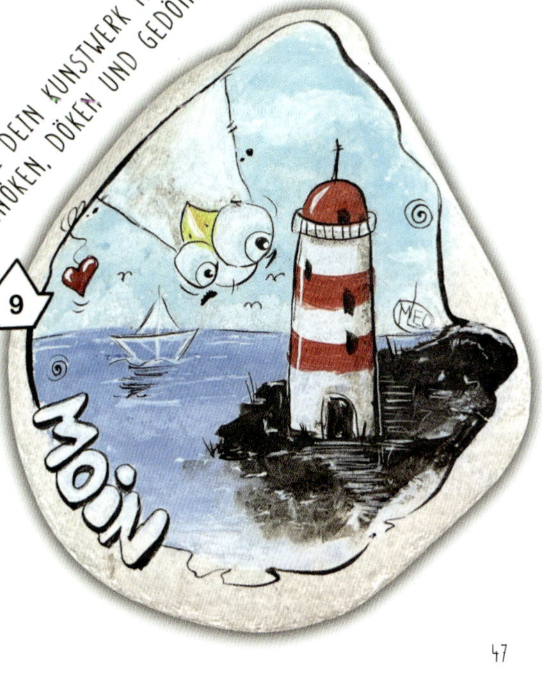

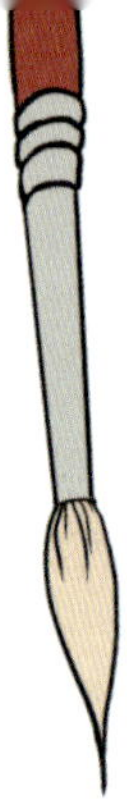

DIESE FARBEN BENÖTIGST DU:

AIRBRUSHFARBEN
- SCHWARZ
- WEISS
- SEPIA
- BRAUN
- ROT
- GELB
- TERRA ROSSA

AQUARELLFARBEN
-BLAU

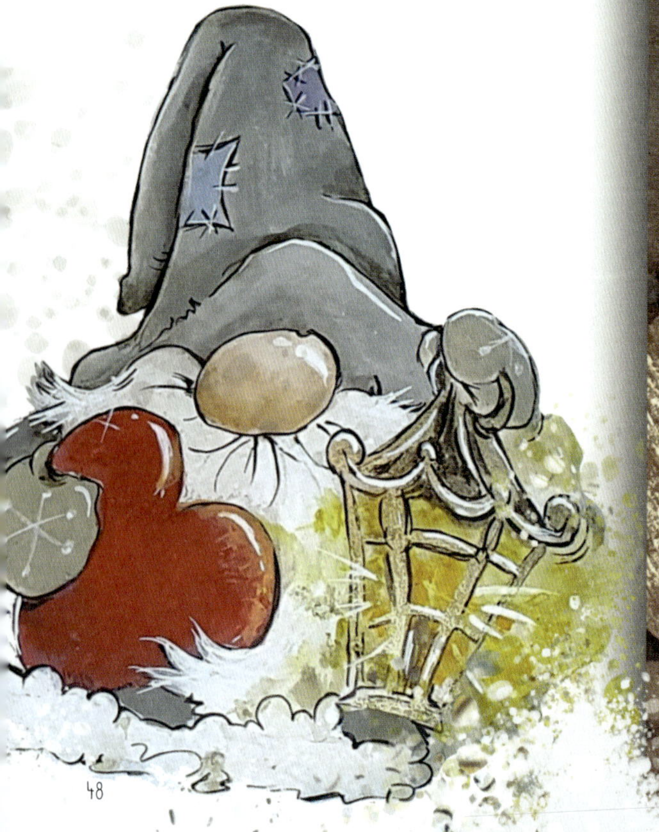

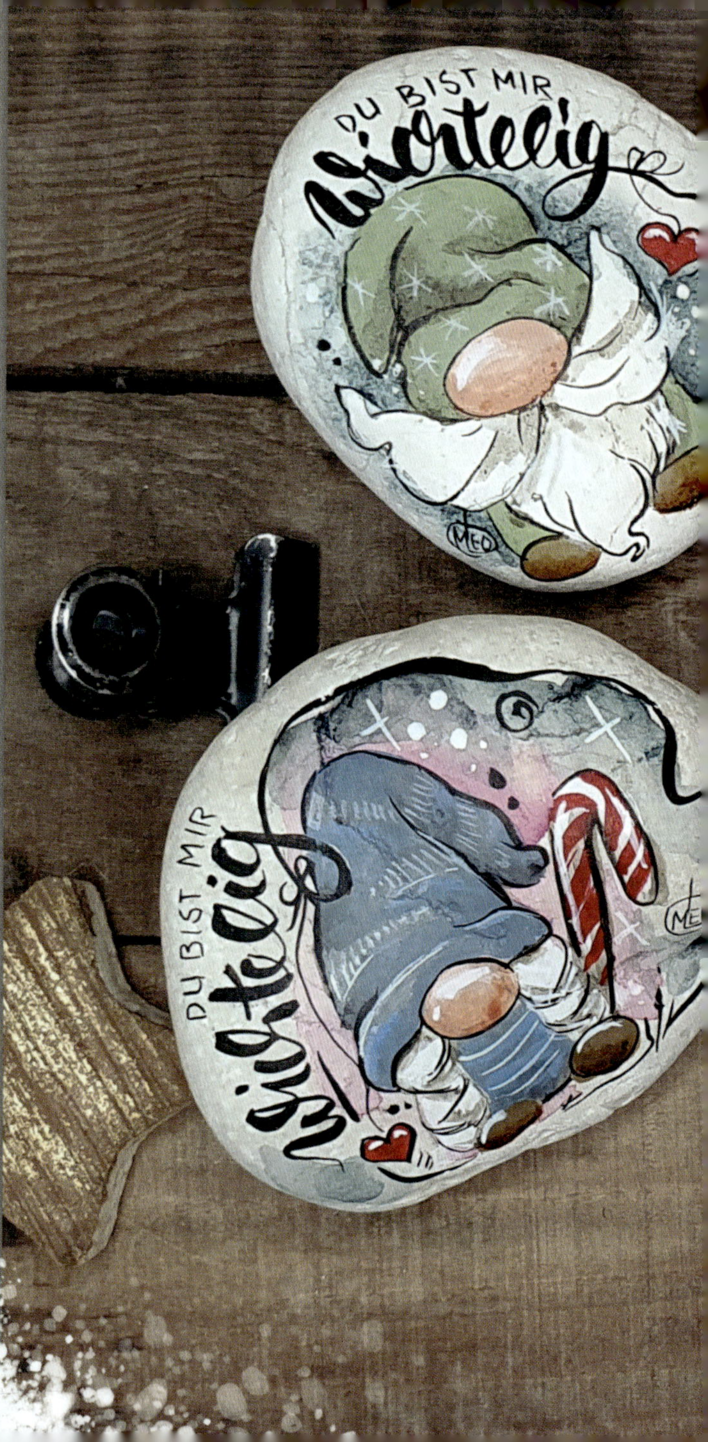

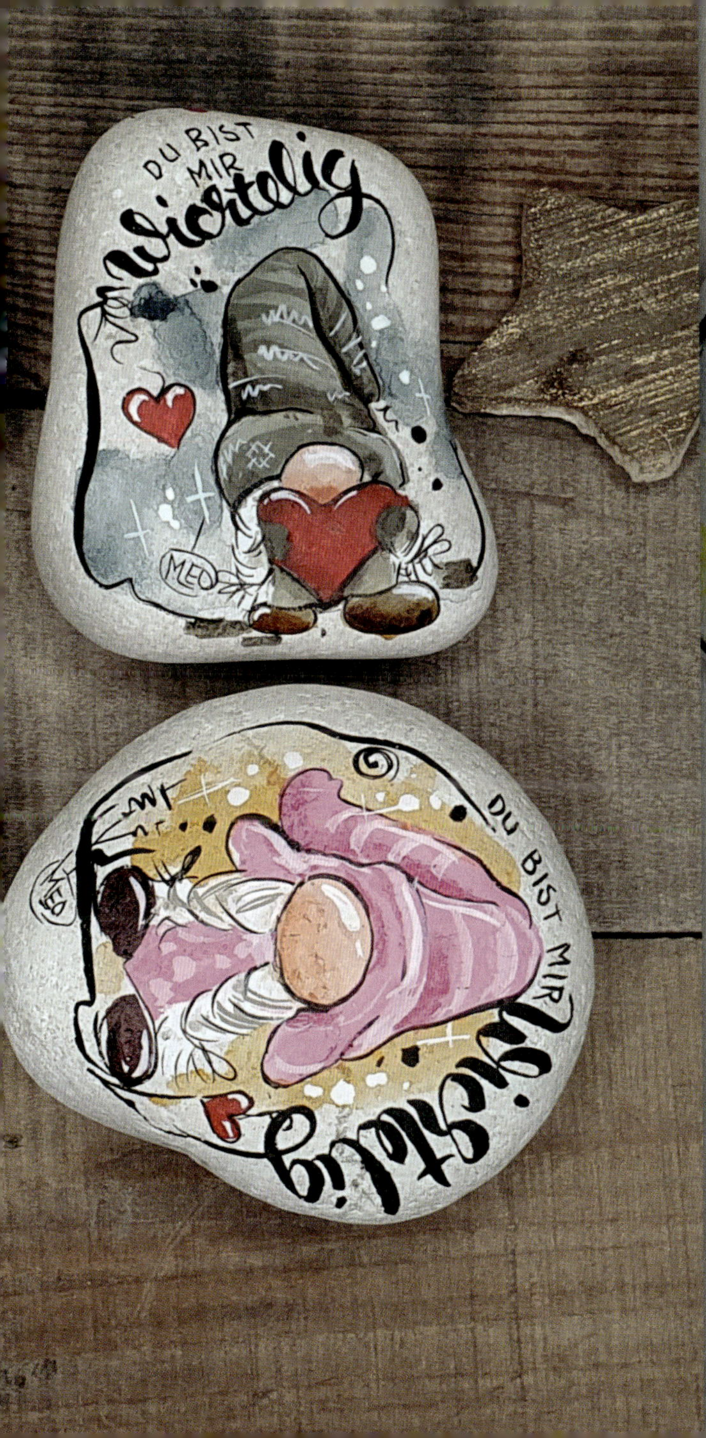

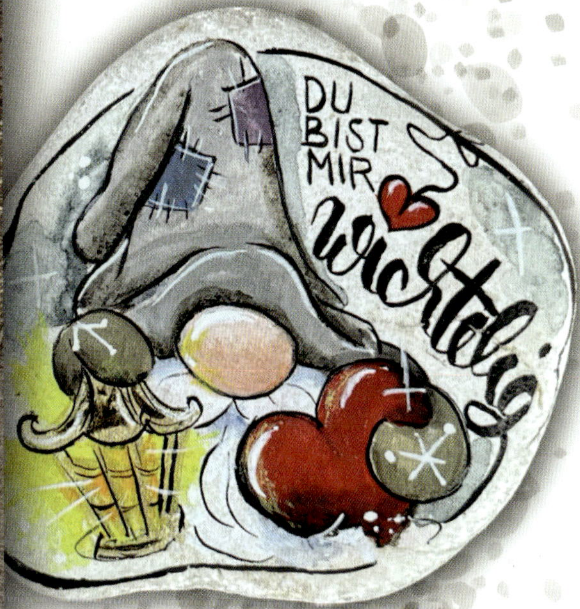

GANZ WICHTELIG!
BEI YOUTUBE FINDEST
DU EIN VIDEO DAZU.

1 ZEICHNE MIT DEM BLEISTIFT DIE NASE UND DIE LAMPE VOR.

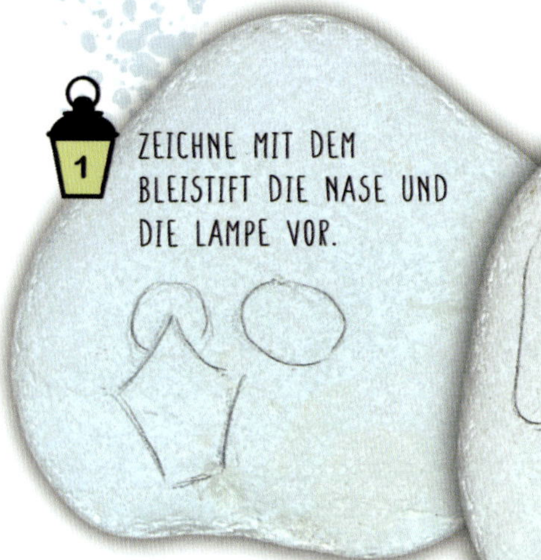

2 SKIZZIERE EBENFALLS DAS HERZ, DIE MÜTZE UND DEN HANDSCHUH.

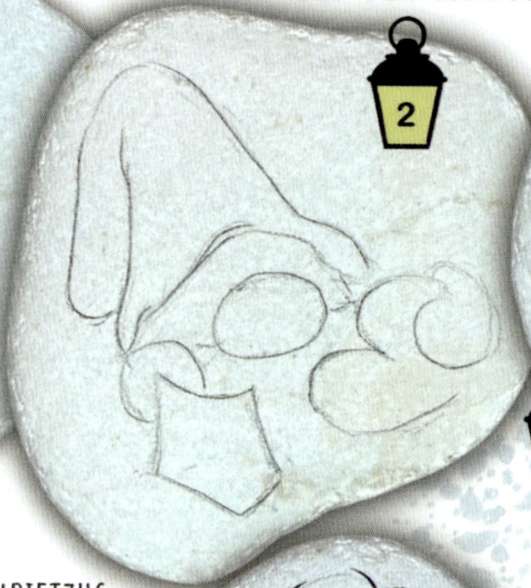

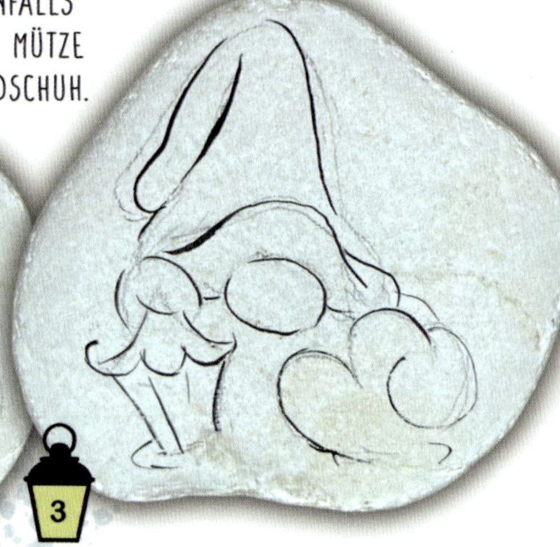

3 ALLE WICHTIGEN LINIEN ZEICHNEST DU MIT SCHWARZER AIRBRUSHFARBE NACH.

4 SCHREIBE DEN SCHRIFTZUG SO, DASS ER SICH HARMONISCH IN DIE UMRANDUNG EINFÜGT.

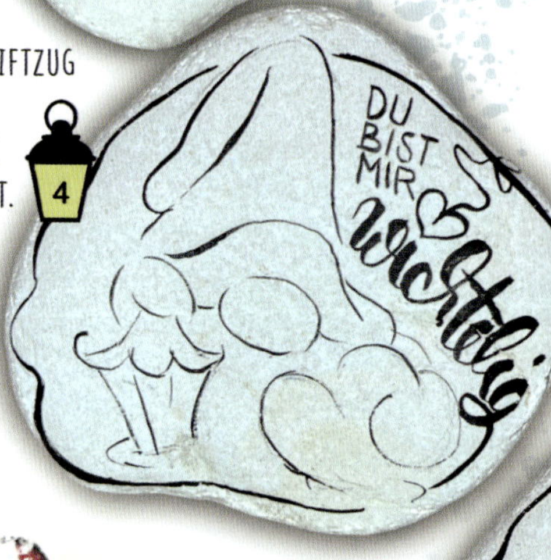

5 MIT EINEM GEMISCH AUS WEISS+SEPIA MALST DU DIE MÜTZE AUS.

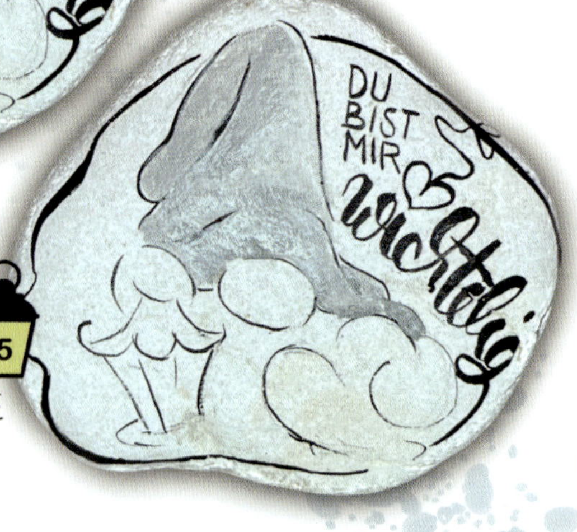

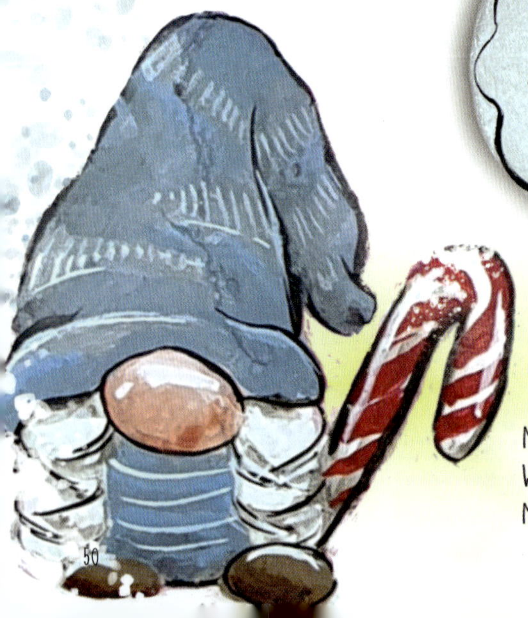

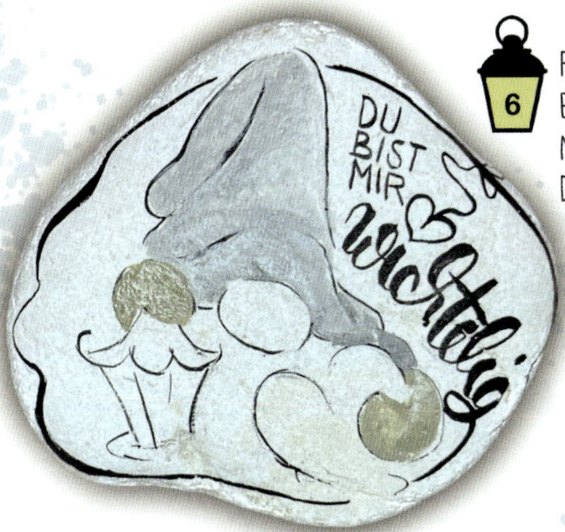

6

FÜGE DEINEM GRAUTON ETWAS BRAUN HINZU UND MALE DIE HANDSCHUHE DAMIT AUS.

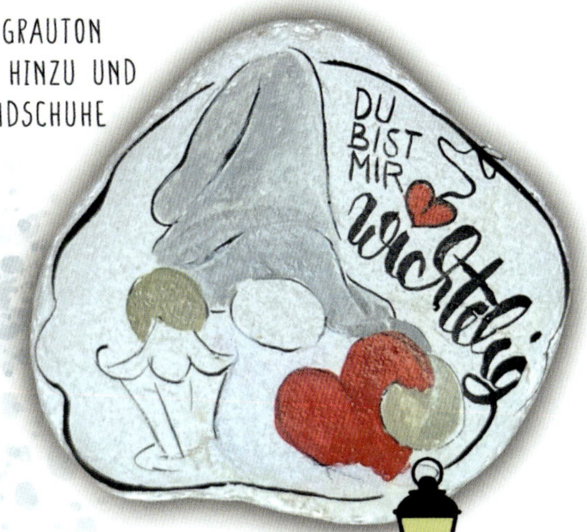

7

MIT WEISS MALST DU DEN BART UND MIT ROT DAS HERZ AUS.

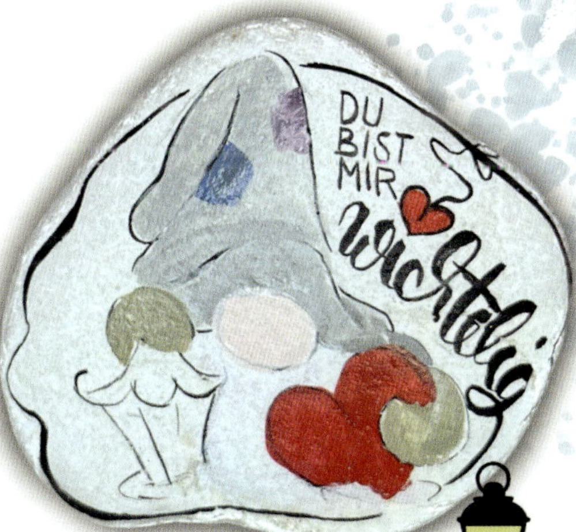

8

FÜR DIE NASE MISCHST DU WEISS+TERRA ROSSA. MIT VERSCHIEDENEN MISCHFARBEN MALST DU FLICKEN AUF DER MÜTZE.

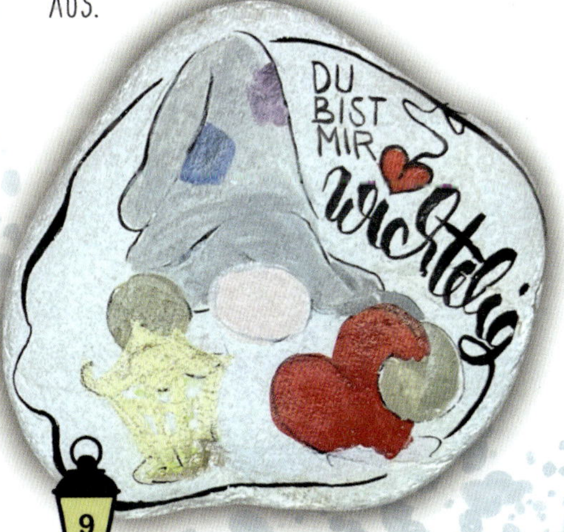

9

DIE LATERNE BEKOMMT EINE GOLDENE FARBE.

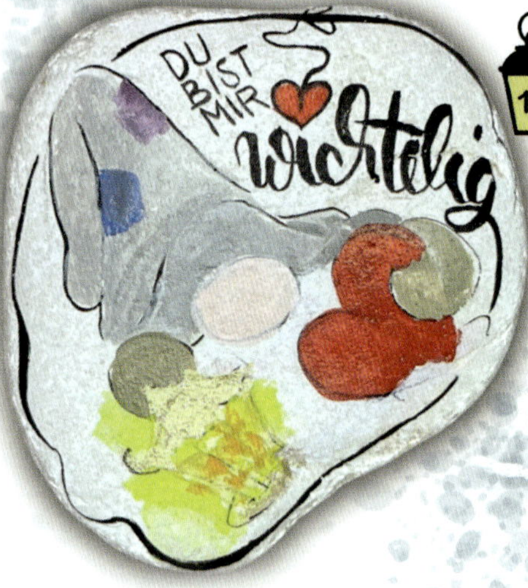

10 MIT GELBER AQUARELLFARBE ZÜNDEST DU DIE LATERNE AN. TUPFE NOCH ETWAS ORANGE AQUARELLFARBE IN DIE MITTE DER LATERNE.

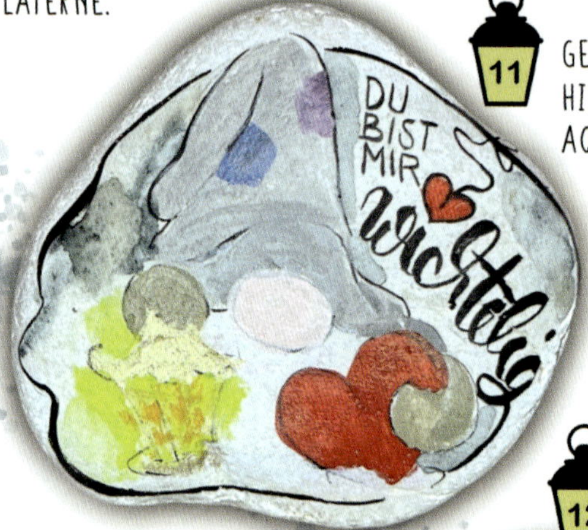

11 GESTALTE DEN HINTERGRUND MIT AQUARELLBLAU.

WER IST DIR WICHTELIG?

12 ZEICHNE FEHLENDE KONTUREN NACH.

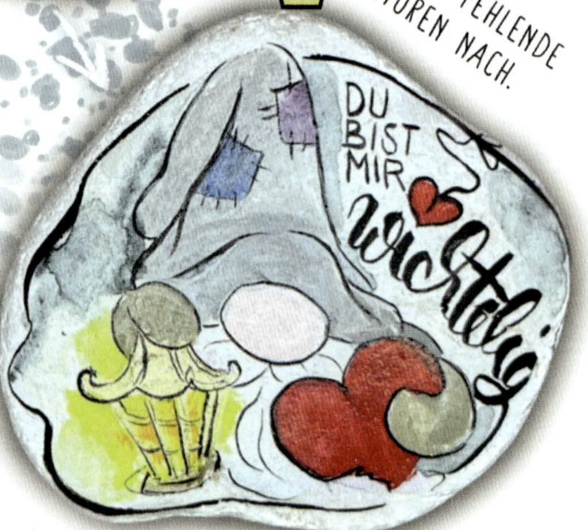

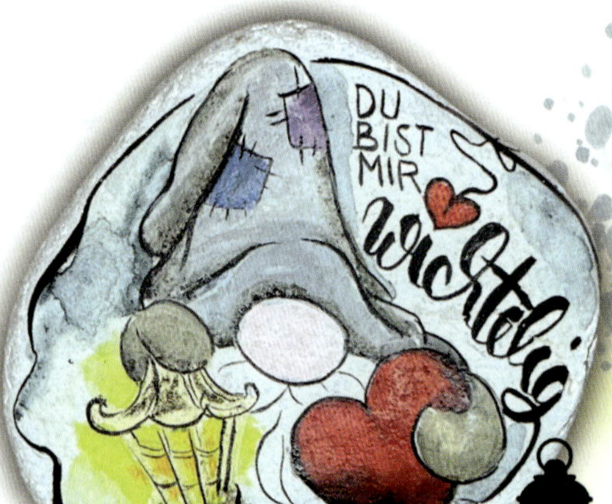

13 NIMM SEPIA AUF DEINEN PINSEL UND DRÜCKE IHN KURZ AUF DEINEN FEUCHTEN MALSCHWAMM. DAMIT MALST DU DIE SCHATTEN IN DER MÜTZE, DEM HERZ UND DER LATERNE.

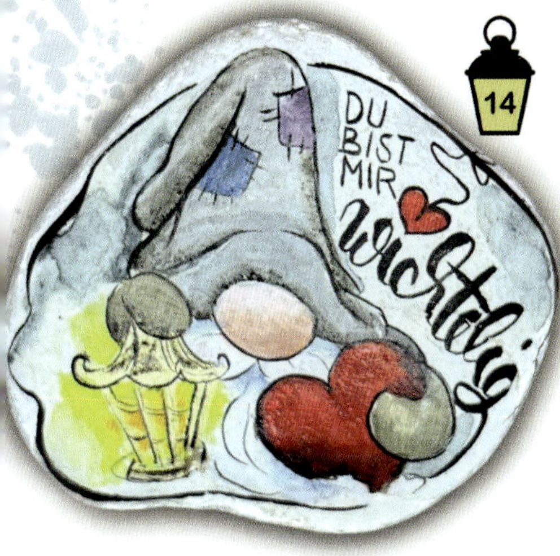

14 WIEDERHOLE DIESEN SCHRITT MIT TERRA ROSSA UND SCHATTIERE DIE DICKE NASE.

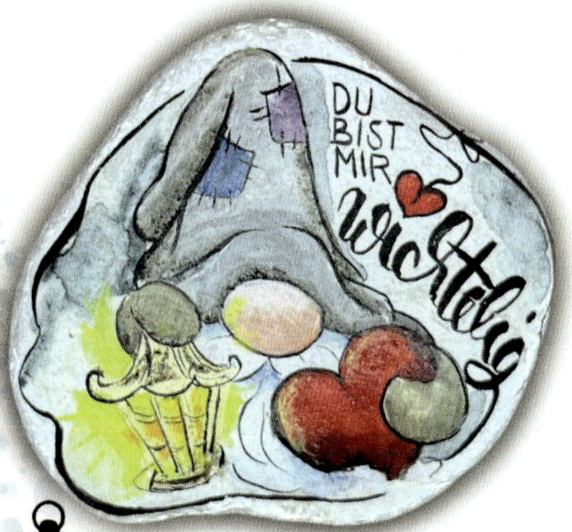

15 EINE MISCHUNG AUS WEISS+GELB NIMMST DU, UM EINEN LICHTSCHEIN AUF DIE NASE UND DAS HERZ ZU MALEN.

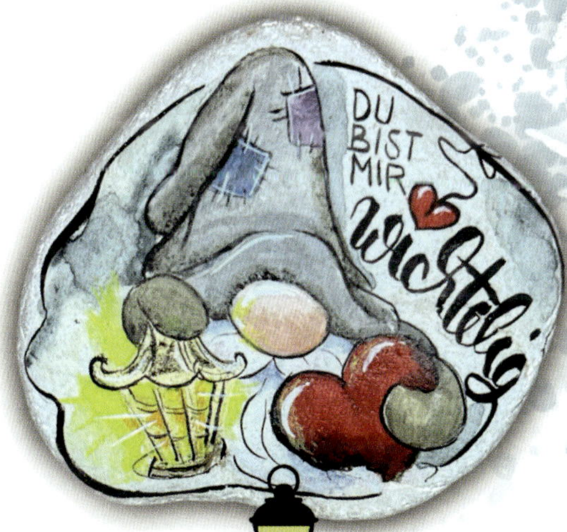

16 SIEHST DU DIE WEISSEN LICHTPUNKTE? LATERNE, HERZ, NASE, MÜTZE SEHEN DADURCH LEBENDIGER AUS.

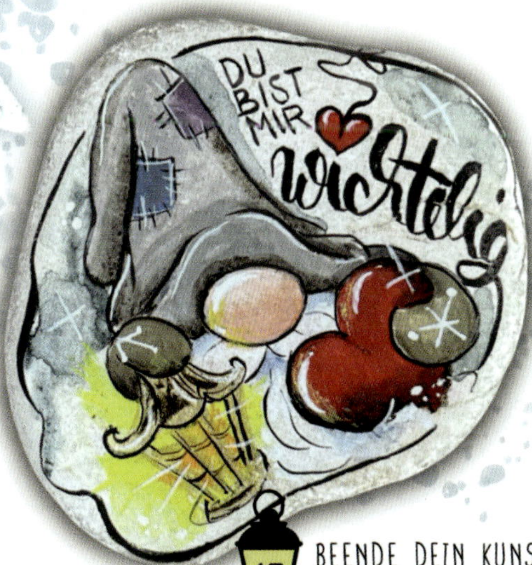

17 BEENDE DEIN KUNSTWERK MIT SCHNÖKEN, DÖKEN UND GEDÖNS, HIER Z.B. MUSTER DER HANDSCHUHE, FLICKEN, STERNCHEN, PÜNKTCHEN ...

DIESE FARBEN BENÖTIGST DU:

AIRBRUSHFARBEN
- SCHWARZ
- WEISS
- SEPIA
- BRAUN
- GELB
- TERRA ROSSA

AQUARELLFARBEN
- BLAU
- GELB

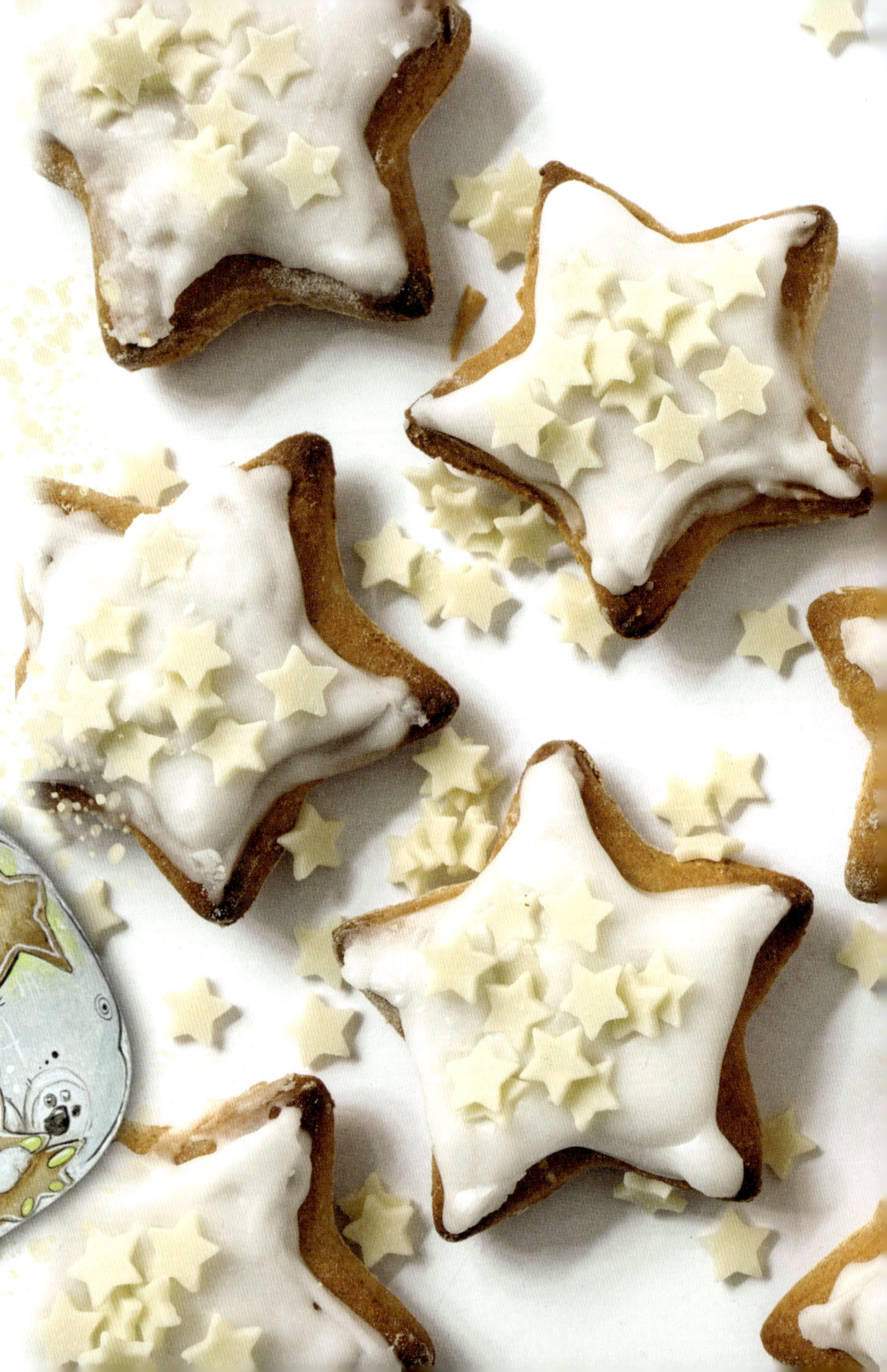

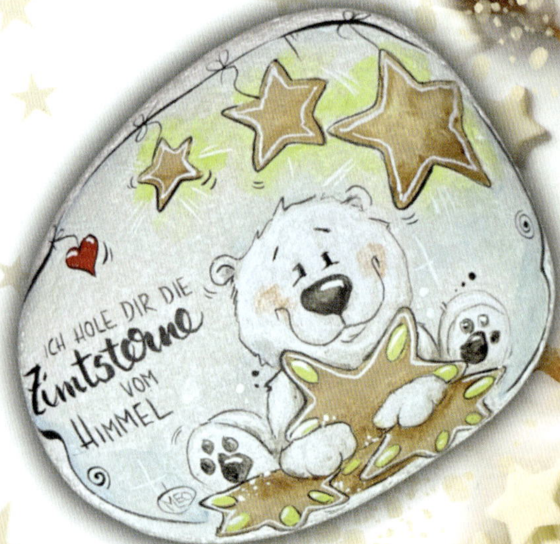

ICH HOLE
DIR DIE
Zimtsterne
VOM
HIMMEL

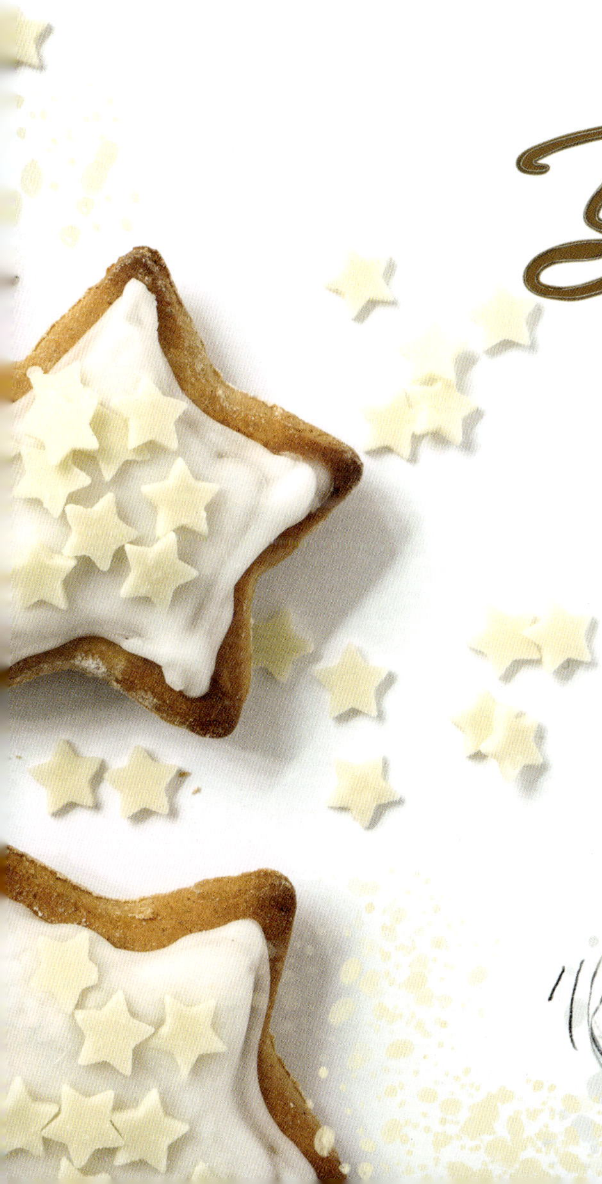

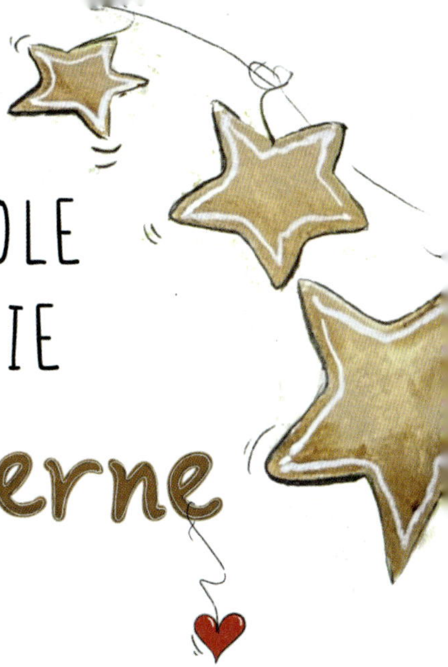

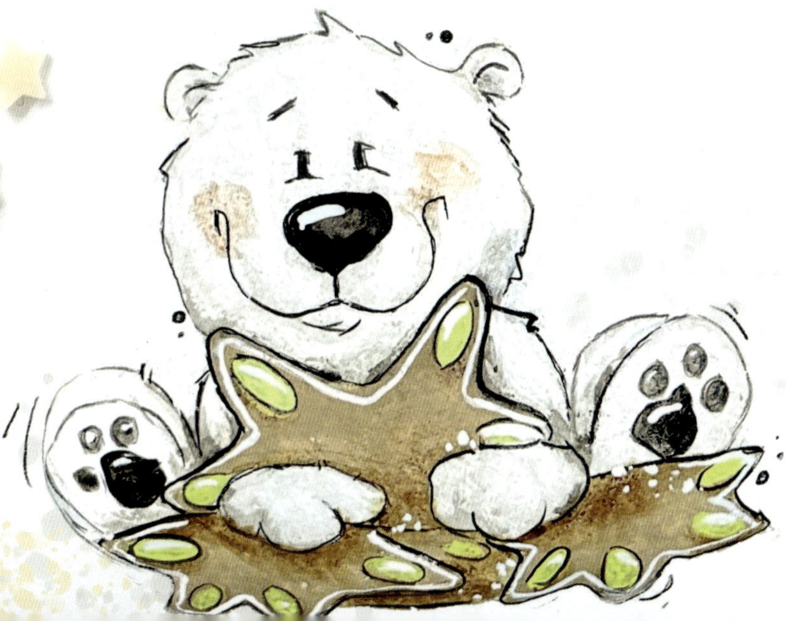

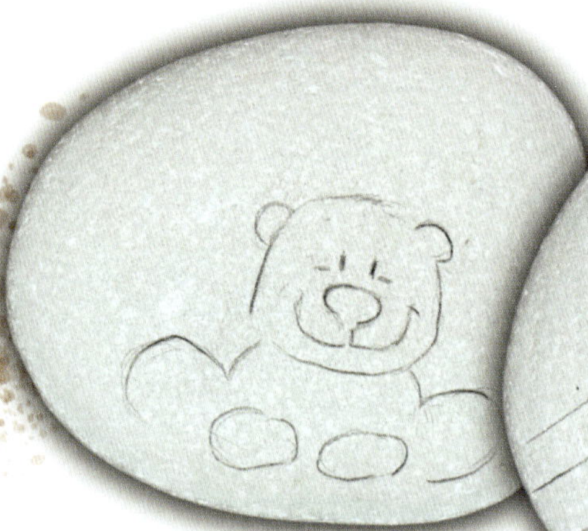

1 SKIZZIERE MIT DEM BLEISTIFT DAS MOTIV GROB VOR.

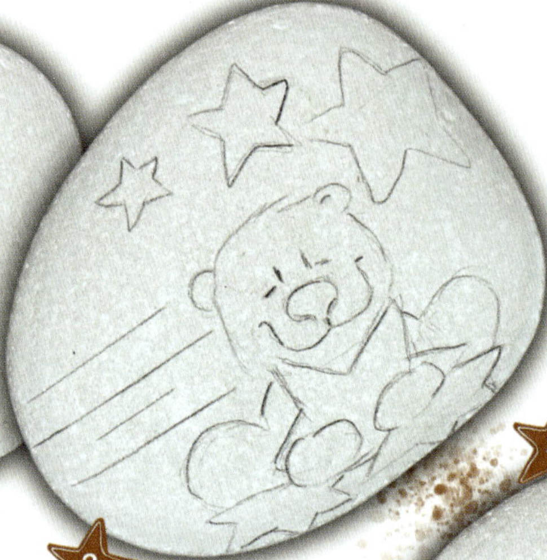

2 ZIEHE AUCH FÜR DEN TEXT HILFSLINIEN.

3 ZEICHNE ALLE WICHTIGEN LINIEN MIT SCHWARZER AIRBRUSHFARBE NACH.

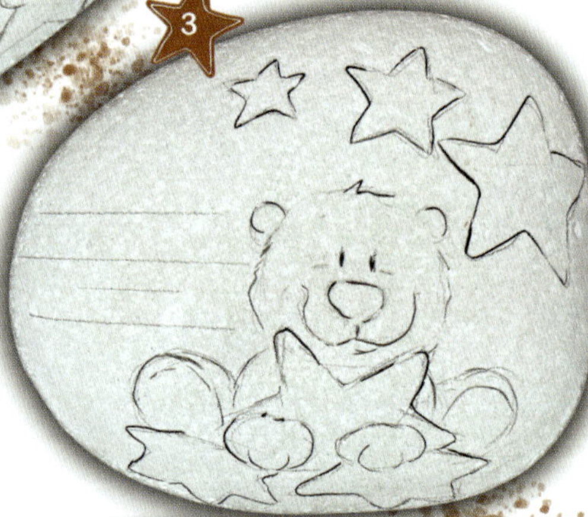

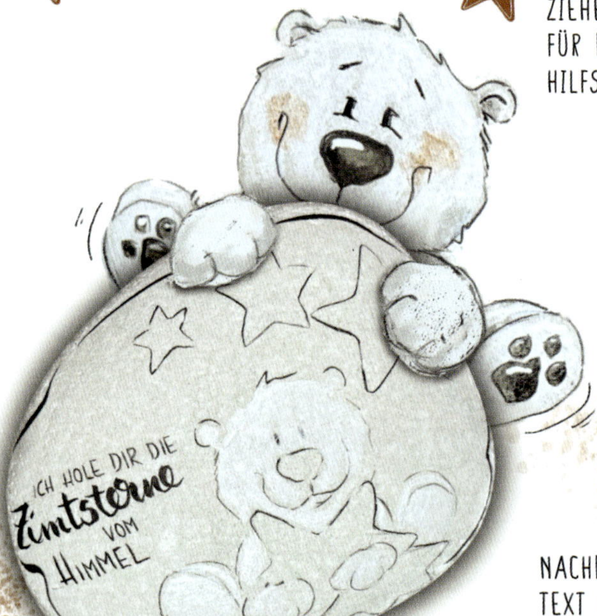

5 MIT WEISS MALST DU DEN BÄREN AUS.

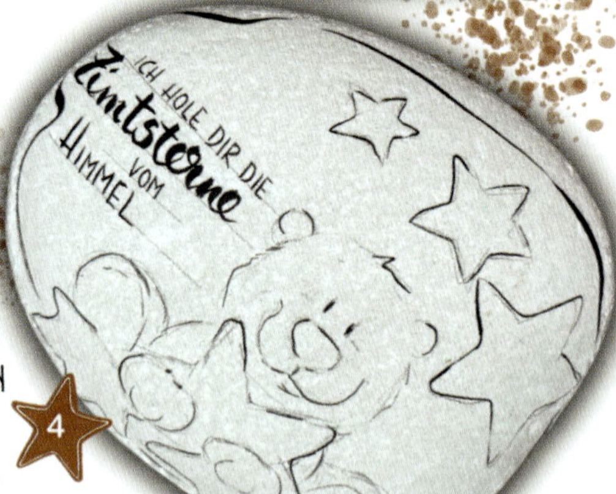

4 NACHDEM DU DEN TEXT GESCHRIEBEN UND DEN RAND GEZEICHNET HAST, RADIERE DIE BLEISTIFTLINIEN WEG.

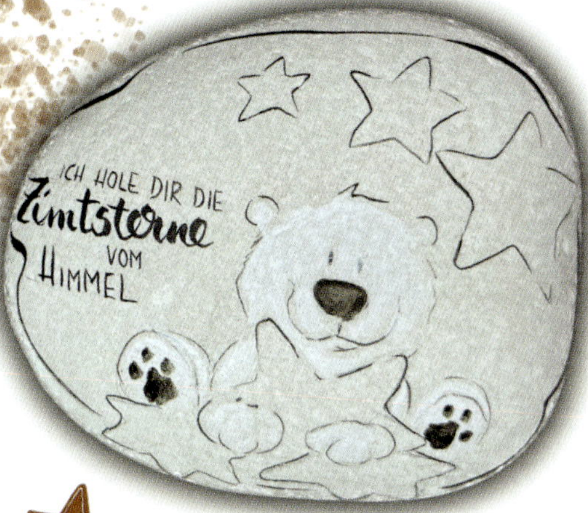

6

MIT SEPIA MALST DU DIE NASE AUS UND TATZEN AUF.

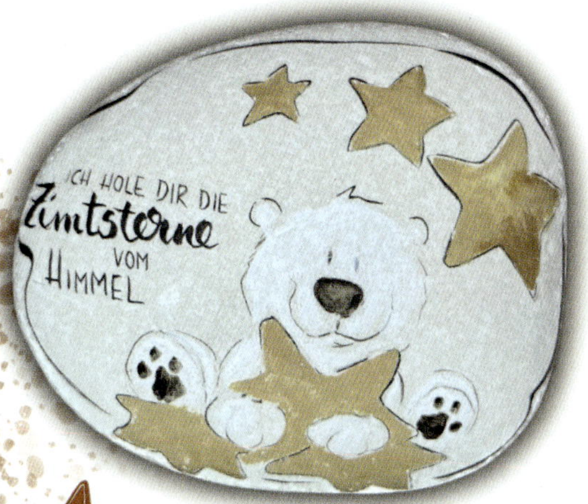

7

MISCHE WEISS+BRAUN FÜR DIE ZIMTSTERNE.

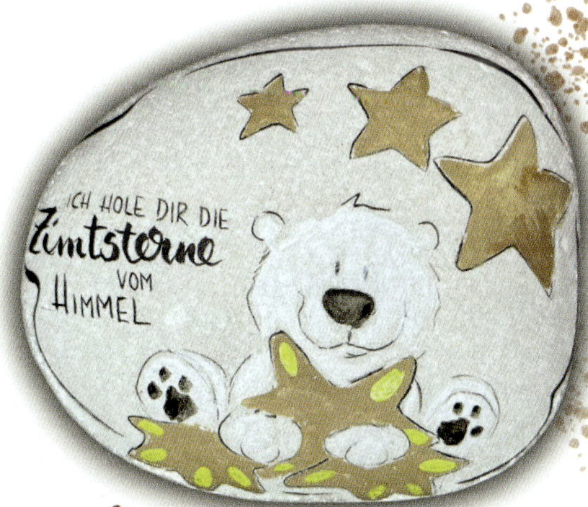

8

MISCHE WEISS+GELB FÜR DIE MANDELN.

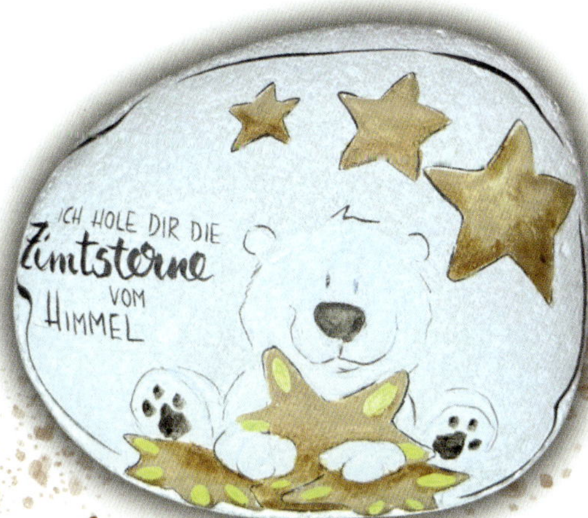

9

NIMM BRAUN AUF DEINEN PINSEL UND DRÜCKE IHN KURZ AUF DEINEN FEUCHTEN MALSCHWAMM. DAMIT MALST DU DIE SCHATTEN.

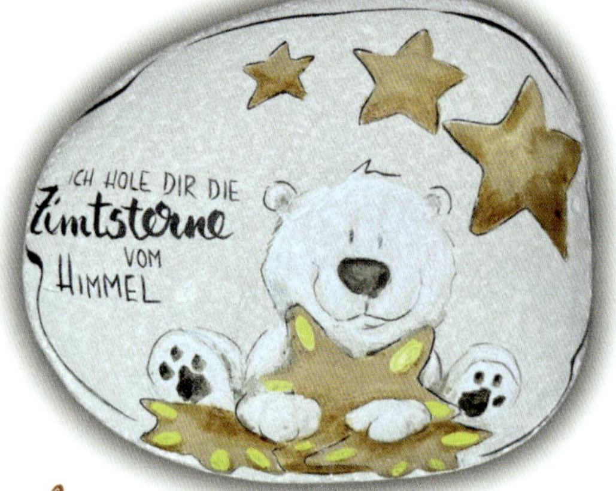

10 NIMM SEPIA AUF DEINEN PINSEL UND DRÜCKE IHN KURZ AUF DEINEN FEUCHTEN MALSCHWAMM. DAMIT MALST DU DIE SCHATTEN IM BÄREN.

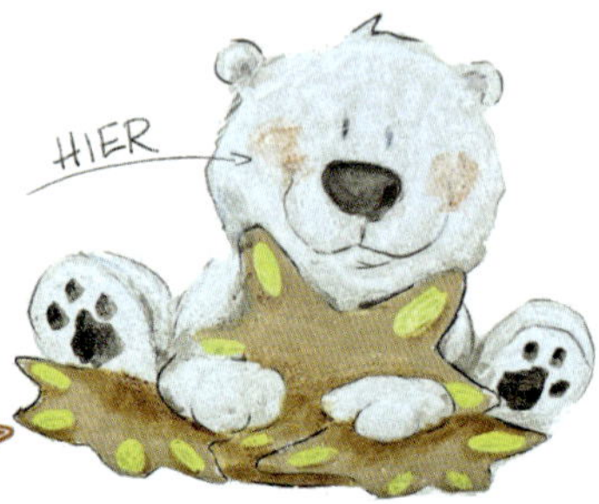

11 AUCH TERRA ROSSA VERDÜNNST DU AUF DIESE WEISE UND MALST DIE BÄCKCHEN DAMIT.

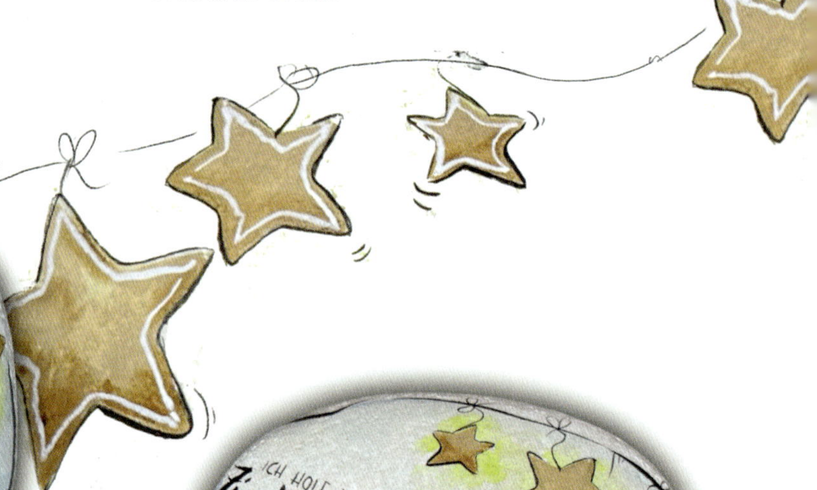

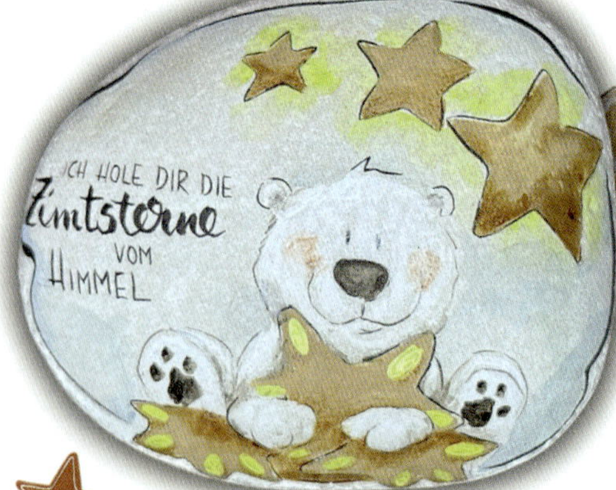

12 PINSEL DEN HINTERGRUND MIT WASSER EIN UND LEGE GELBE AQUARELLFARBE UM DIE STERNE. DEN REST GESTALTEST DU MIT BLAUER AQUARELLFARBE.

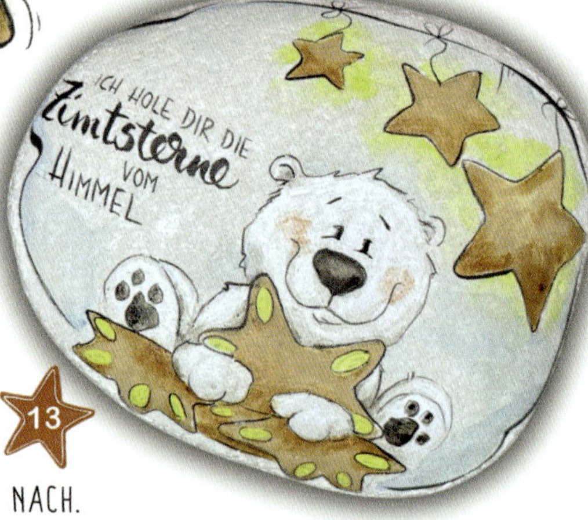

13 ZEICHNE FEHLENDE KONTUREN NACH.

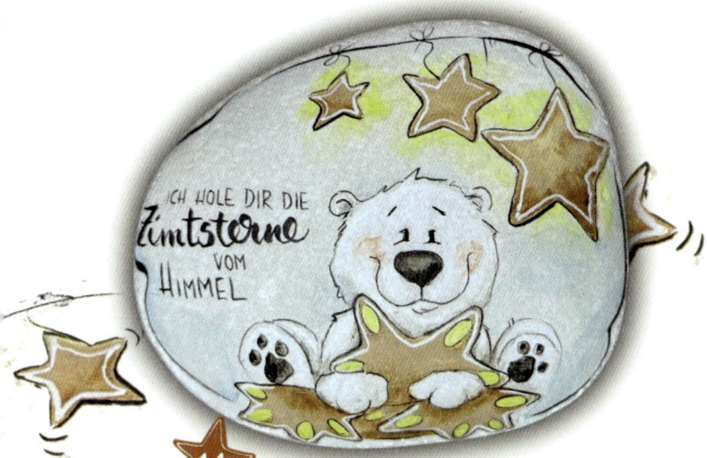

14

MIT EINER FEINEN WEISSEN LINIE DEKORIERST DU DIE ZIMTSTERNE.

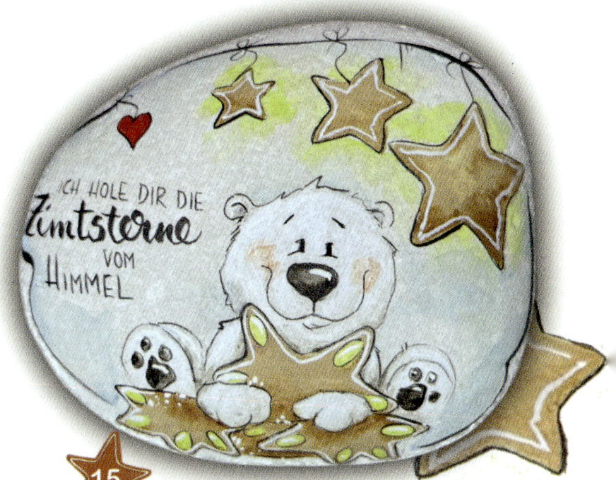

15

MIT KLEINEN WEISSEN PÜNKTCHEN STREUST DU ZUCKER AUF DIE ZIMTSTERNE.

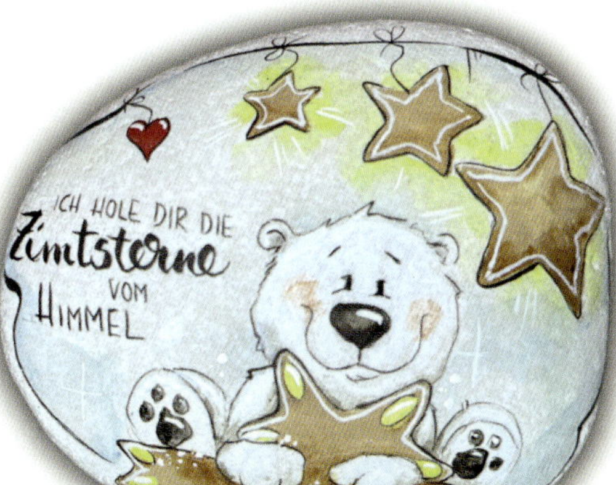

16

EBENFALLS MIT WEISS ZEICHNEST DU LICHTSSTREIFEN UM DIE ZIMTSTERNE.

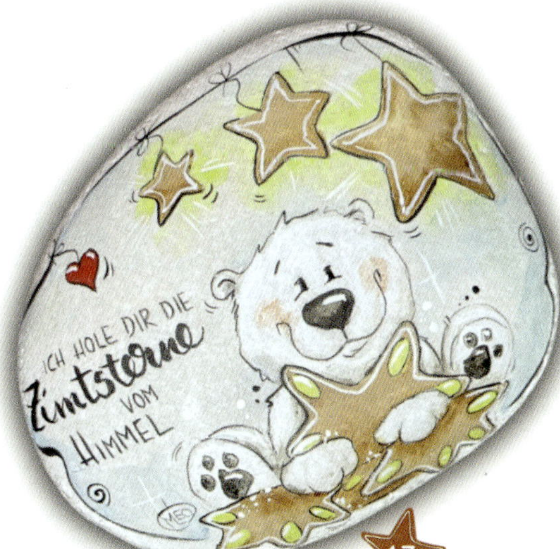

17

MIT SCHNÖKEN, DÖKEN UND GEDÖNS BEENDEST DU DEIN FRÖHLICHES KUNSTWERK.

DIESE FARBEN BENÖTIGST DU:

AIRBRUSHFARBEN
- SCHWARZ
- WEISS
- SEPIA
- BRAUN
- GELB

AQUARELLFARBEN
- BLAU

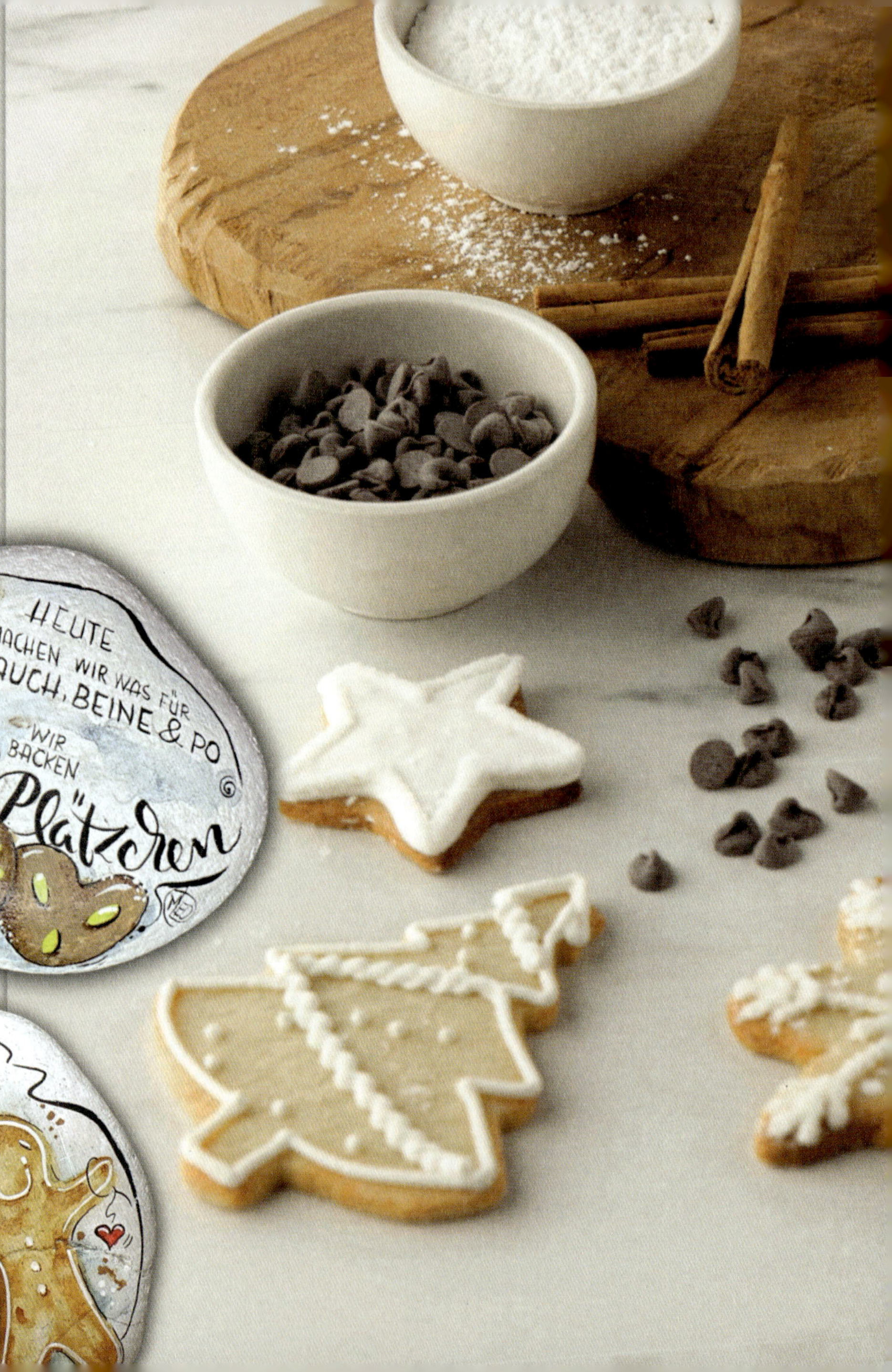

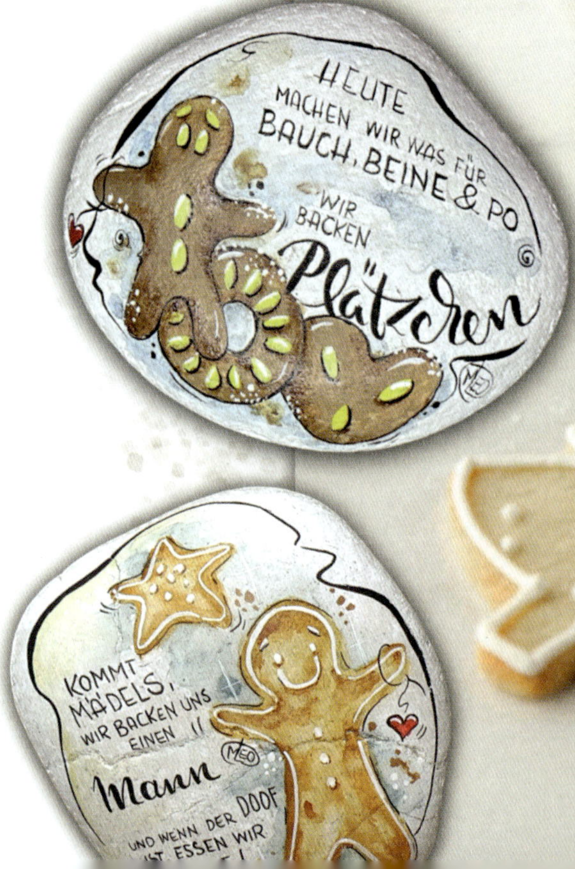

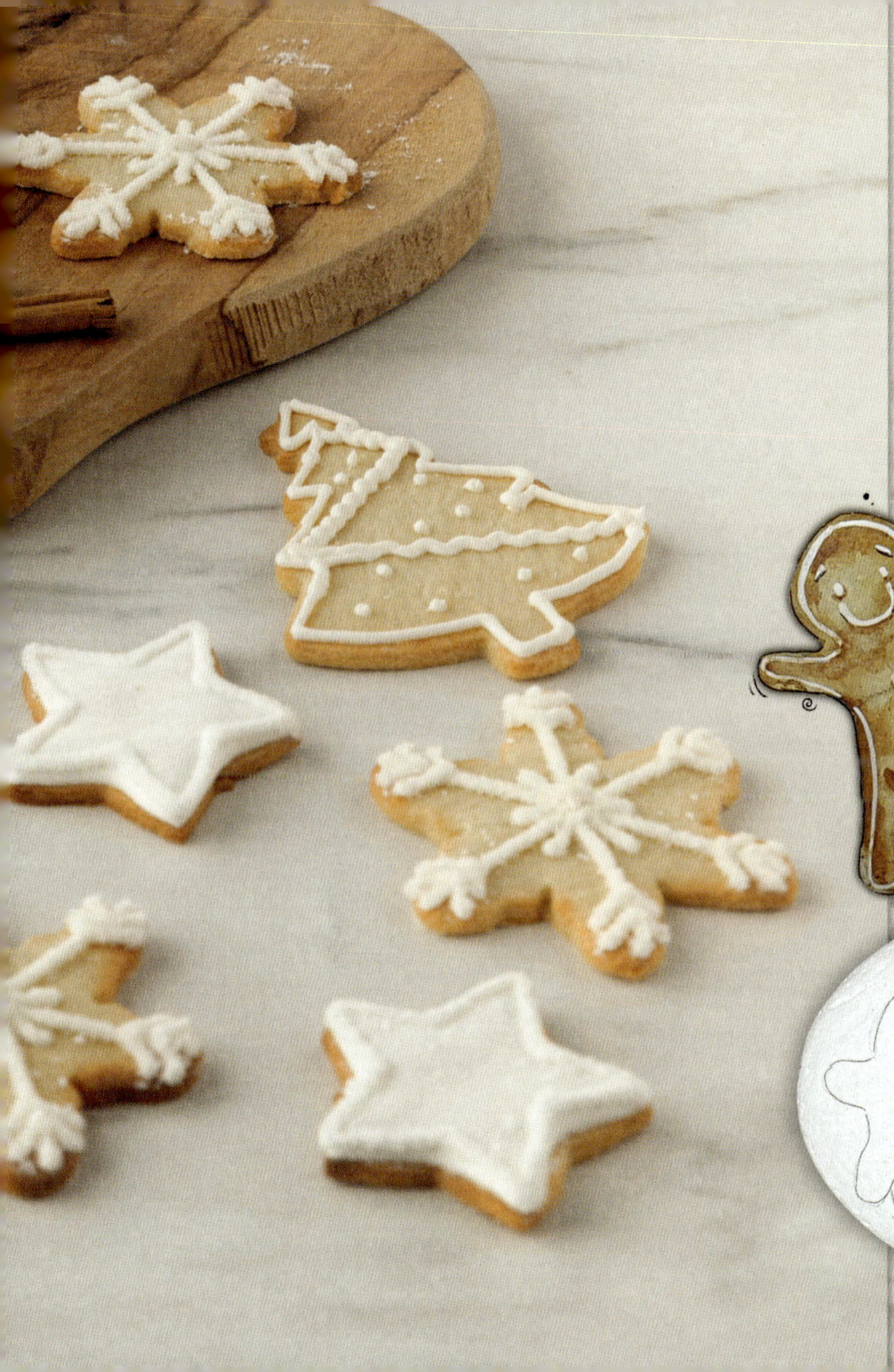

HEUTE MACHEN WIR WAS FÜR

Bauch, Beine & Po

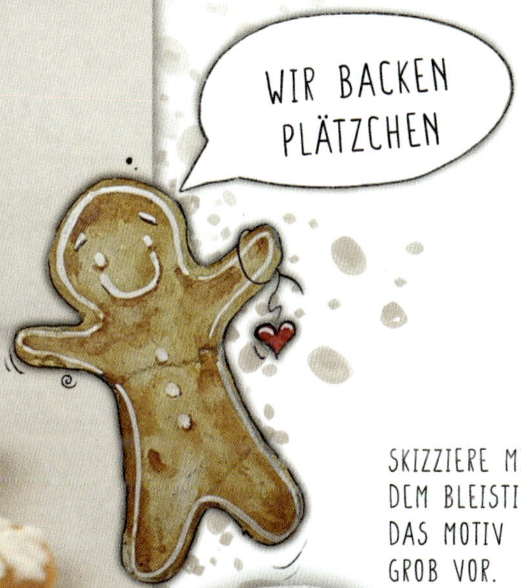

SKIZZIERE MIT DEM BLEISTIFT DAS MOTIV GROB VOR.

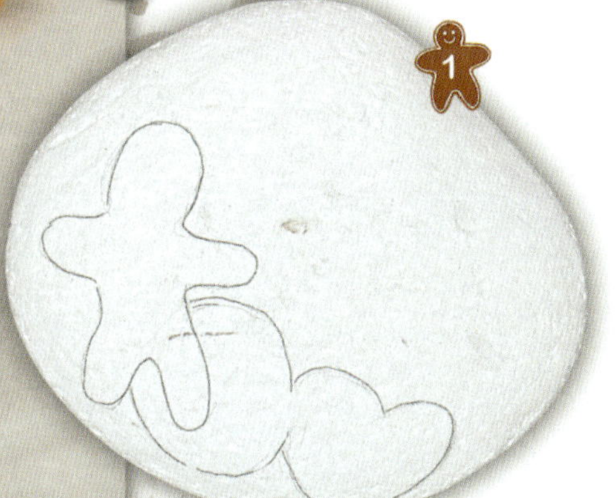

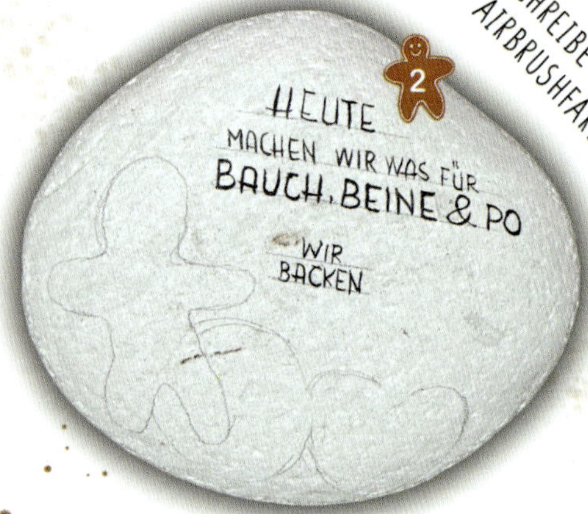

2 SCHREIBE MIT SCHWARZER AIRBRUSHFARBE DEN TEXT.

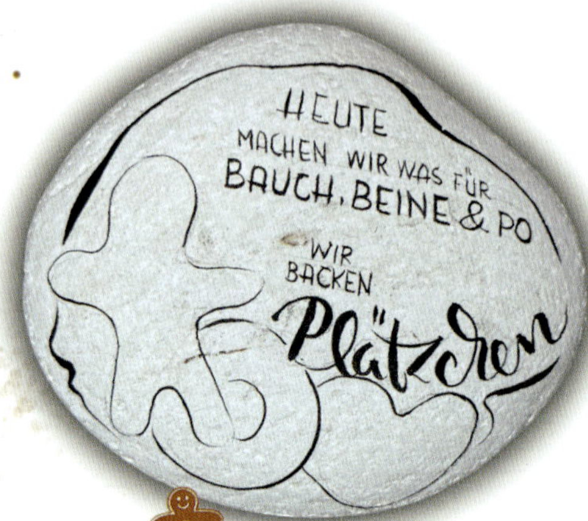

3 ZEICHNE ALLE WICHTIGEN LINIEN UND DIE UMRANDUNG EBENFALLS MIT SCHWARZER AIRBRUSHFARBE NACH.

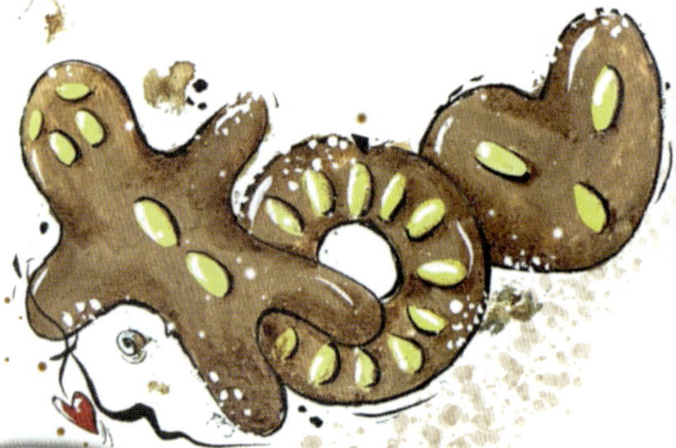

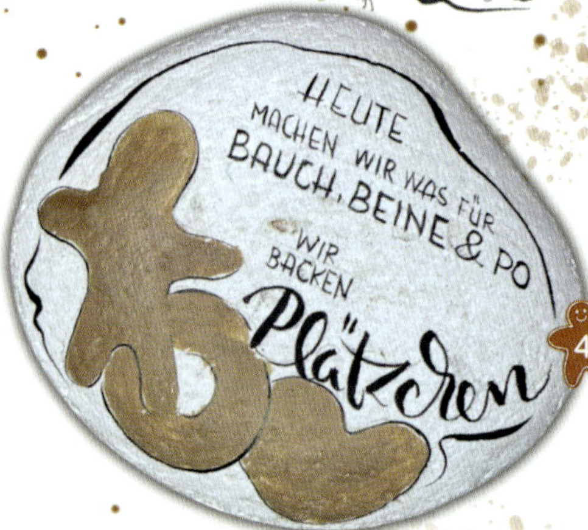

4 MIT EINEM GEMISCH AUS WEISS+BRAUN MALST DU DIE PLÄTZCHEN AUS.

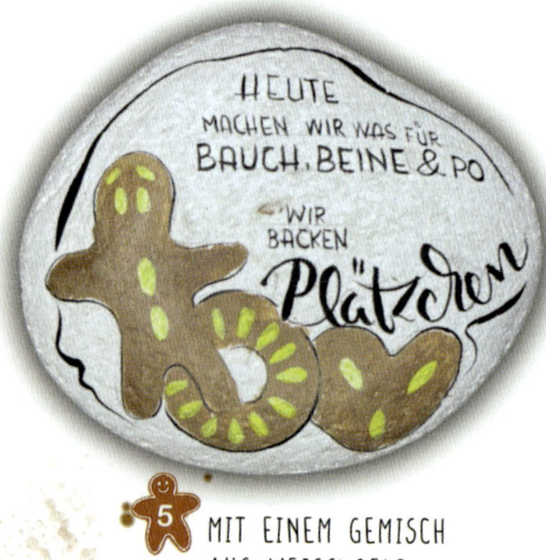

5 MIT EINEM GEMISCH AUS WEISS+GELB MALST DU DIE MANDELN.

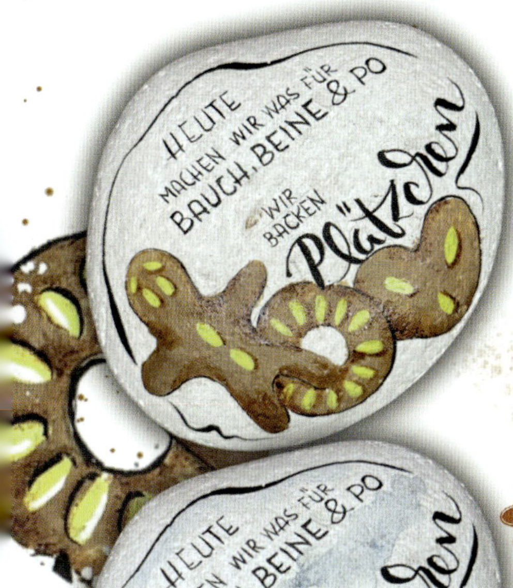

6

NIMM BRAUN AUF DEINEN PINSEL UND DRÜCKE IHN KURZ AUF DEINEN FEUCHTEN MALSCHWAMM. DAMIT MALST DU DIE SCHATTEN.

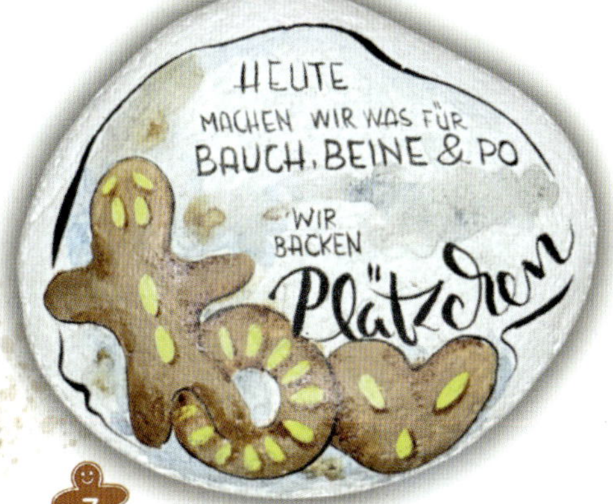

7

GESTALTE DEN HINTERGRUND MIT BLAUER AQUARELLFARBE UND TUPFE IN DIE NOCH NASSE FARBE ETWAS VON DEM BRAUN HINEIN. DAS BELEBT DAS MOTIV.

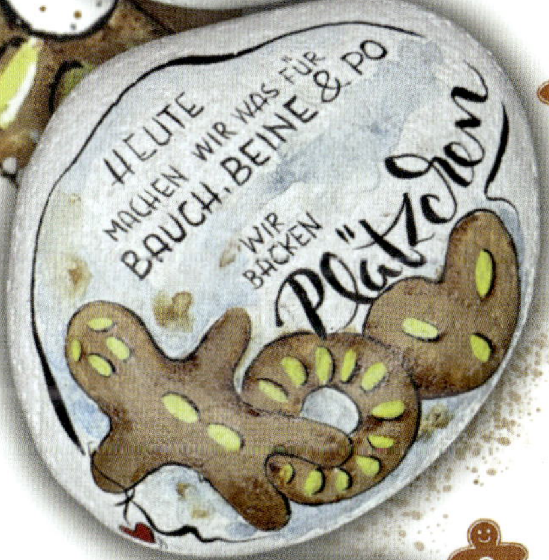

8

ZEICHNE FEHLENDE KONTUREN NACH.

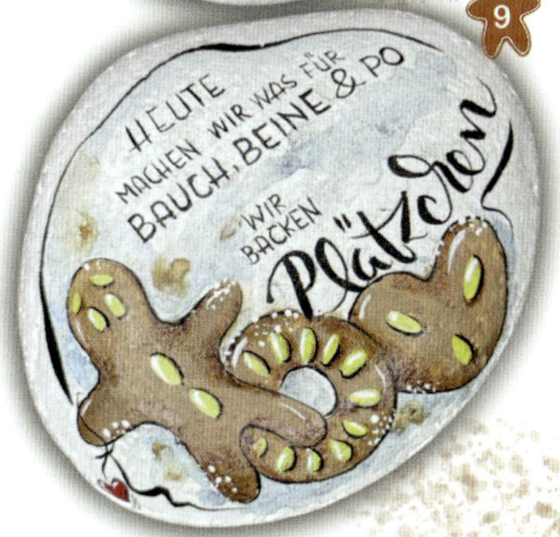

9

WEISSE LICHTSTREIFEN AUF DEN PLÄTZCHEN UND ZUCKERPÜNKTCHEN LASSEN DEINE PLÄTZCHEN RICHTIG LECKER AUSSEHEN.

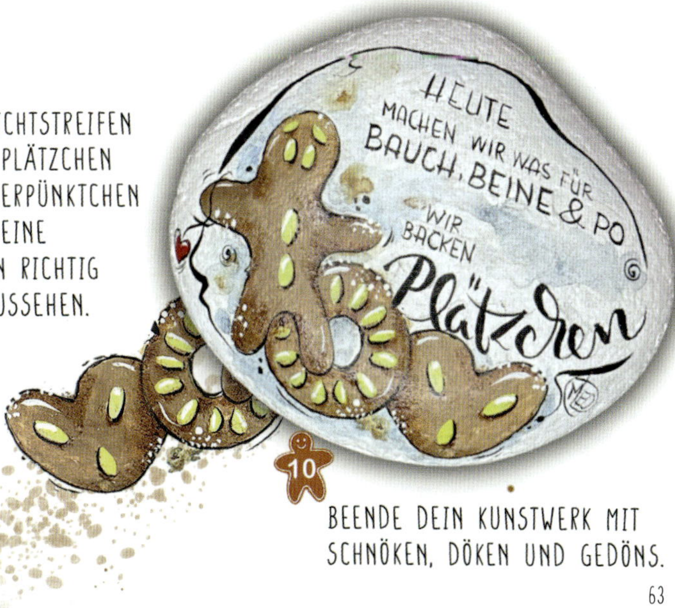

10

BEENDE DEIN KUNSTWERK MIT SCHNÖKEN, DÖKEN UND GEDÖNS.

DIESE FARBEN BENÖTIGST DU:

<u>AIRBRUSHFARBEN</u>

- SCHWARZ
- WEISS
- SEPIA
- BRAUN
- MAGENTA
- ROT

<u>AQUARELLFARBEN</u>

- BLAU

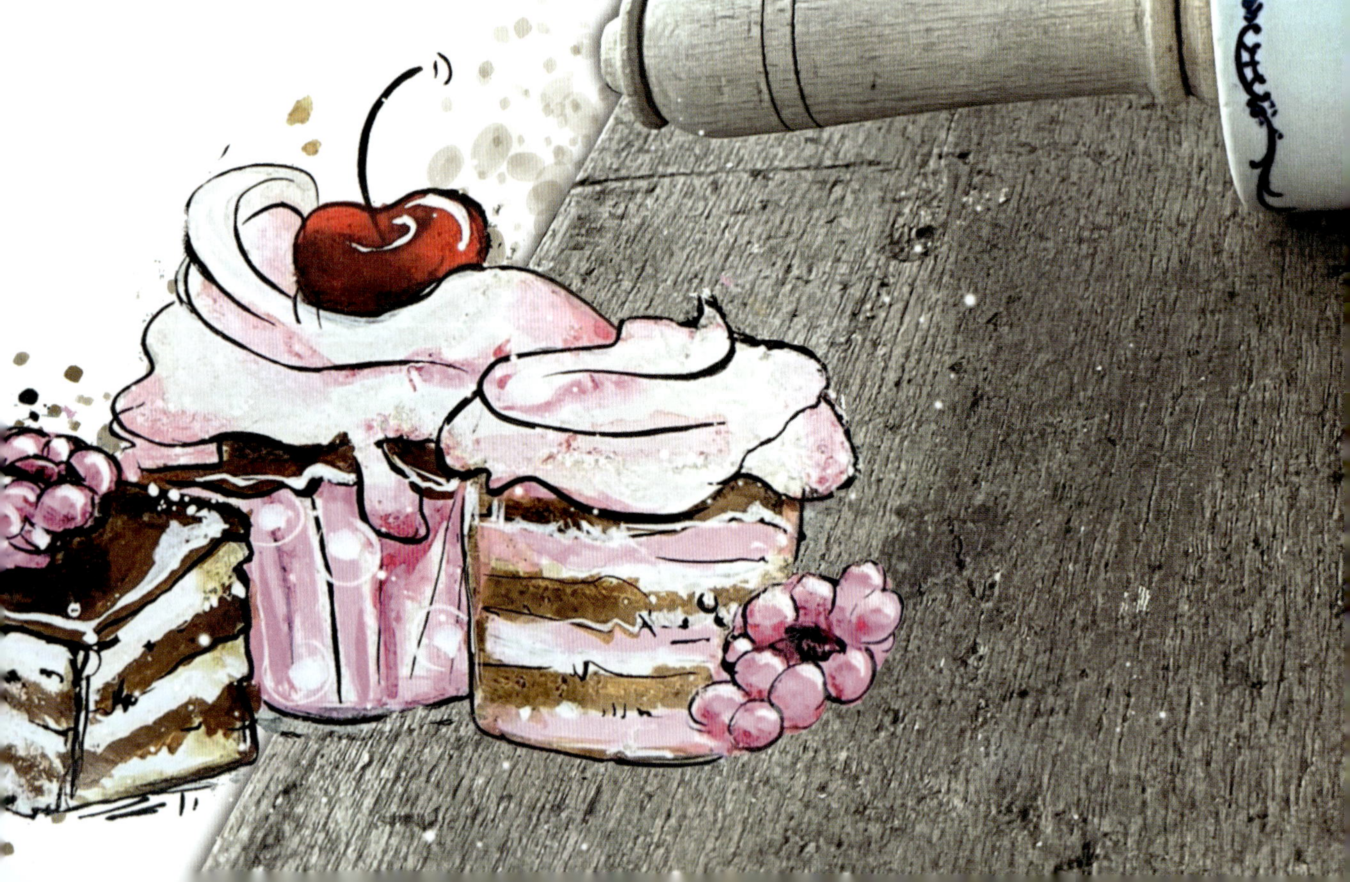

WÖRTCHEN ODER TÖRTCHEN?

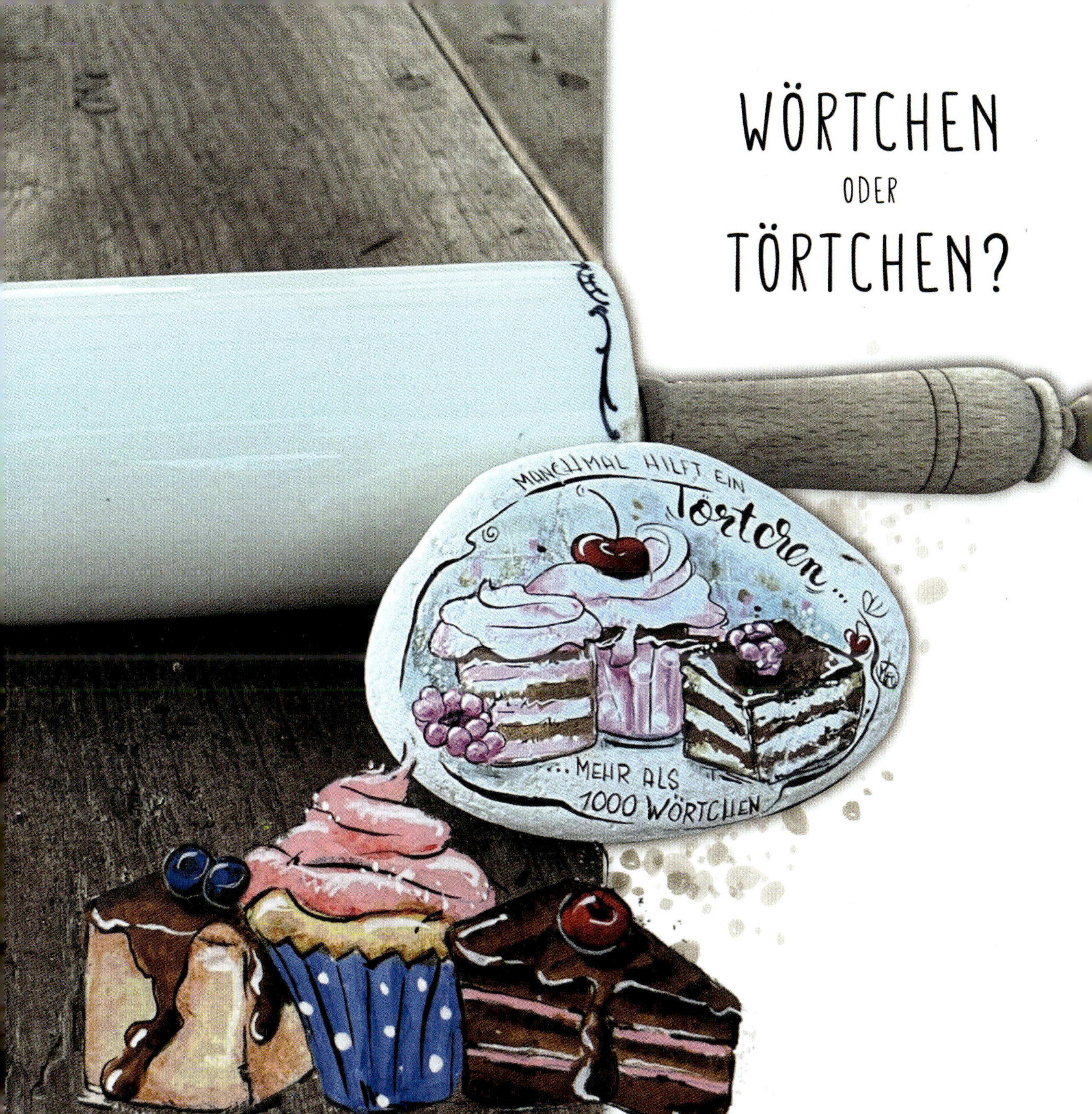

1 SKIZZIERE MIT DEM BLEISTIFT DIE GRUNDFORMEN DER TÖRTCHEN.

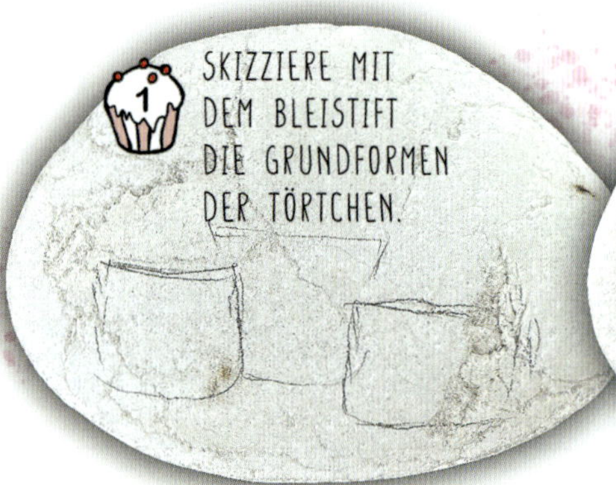

2 SAHNECREME UND KIRSCHE SKIZZIERST DU EBENFALLS GROB VOR.

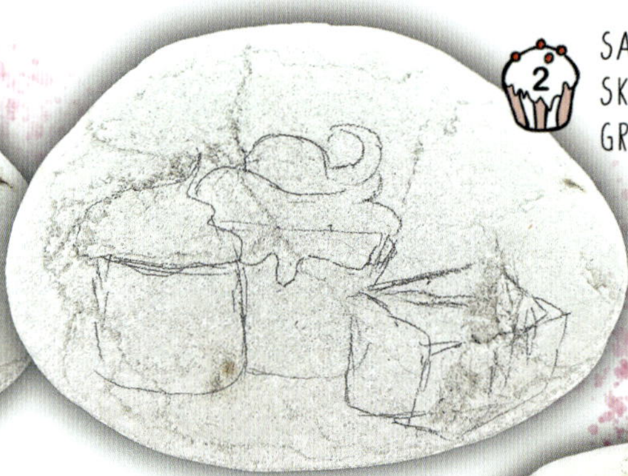

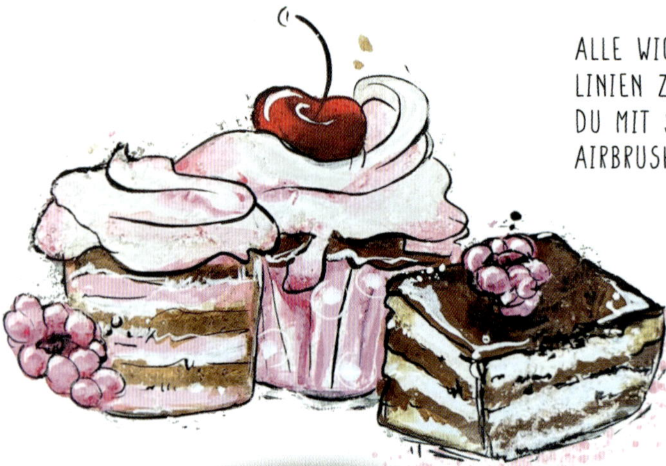

3 ALLE WICHTIGEN LINIEN ZIEHST DU MIT SCHWARZER AIRBRUSHFARBE NACH.

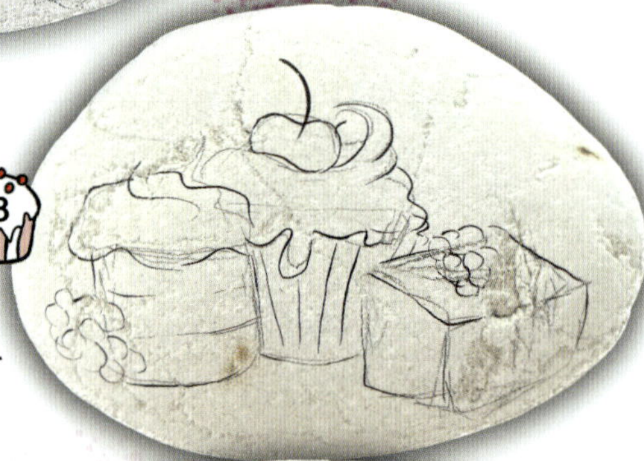

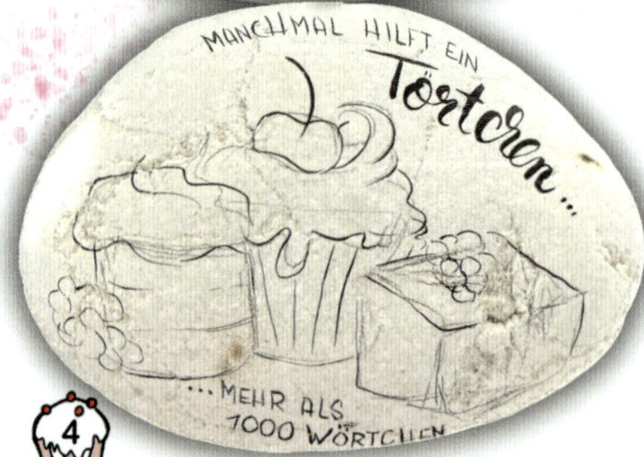

4 SCHREIBE DEN TEXT EBENFALLS MIT SCHWARZER AIRBRUSHFARBE.

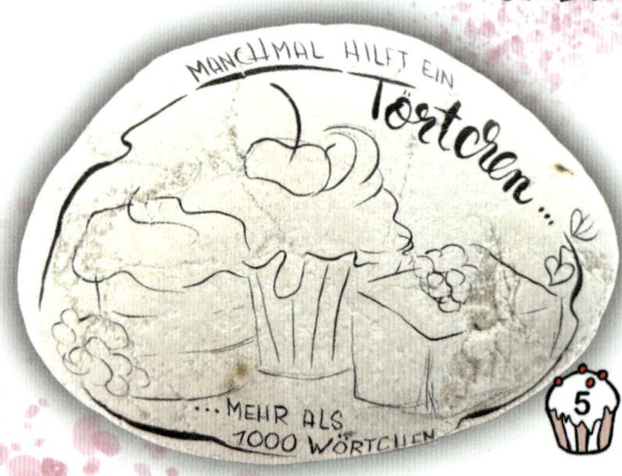

5 RADIERE DIE BLEISTIFTLINIEN WEG UND ZIEHE EINE SCHÖNE UMRANDUNG.

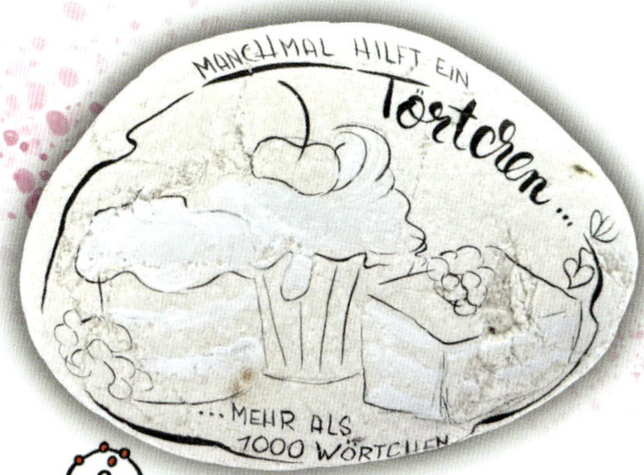

6

MIT WEISSER AIRBRUSHFARBE
MALST DU DIE SAHNECREME AUS.
AUCH EIN PAAR KUCHENSCHICHTEN
LEGST DU MIT WEISS AN.

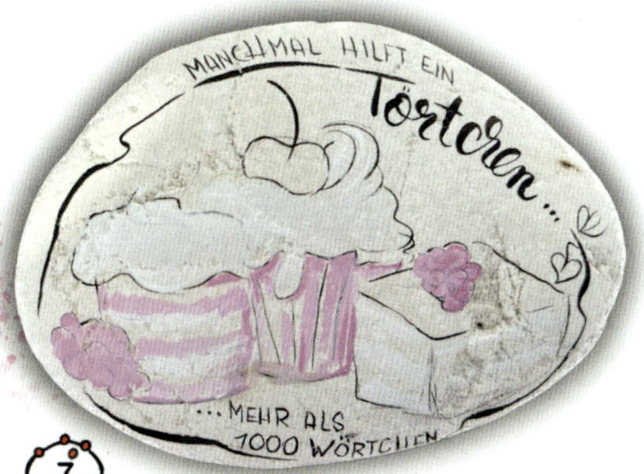

7

MISCHE WEISS+MAGENTA ZU EINEM
ZARTEN ROSA.
MALE DAMIT DIE HIMBEEREN AUS.
DAS CUPECAKEPAPIER UND WEITERE
TEIGSCHICHTEN WERDEN EBENSO ROSA.

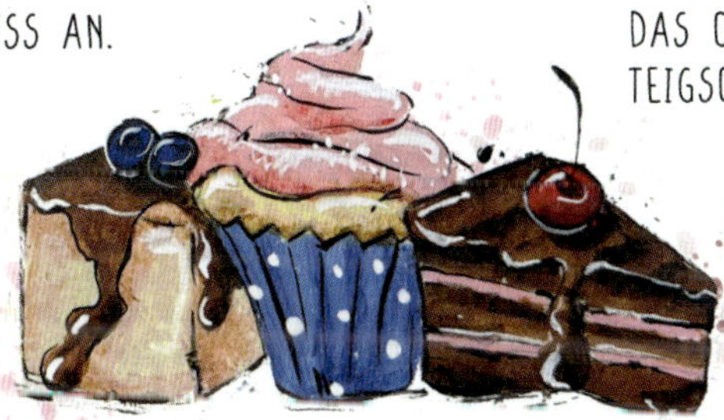

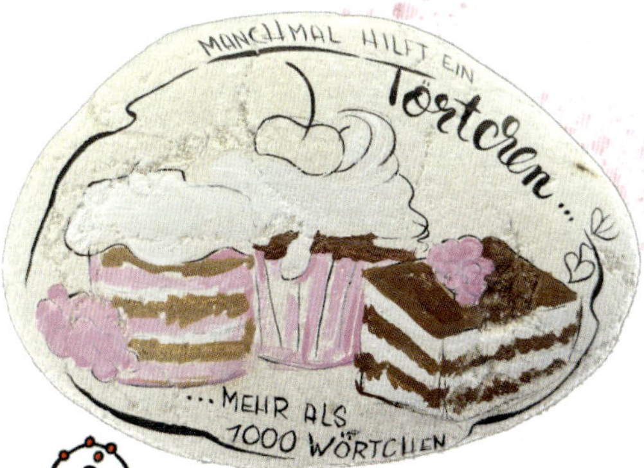

8

MISCHE WEISS+BRAUN IN VERSCHIEDENE
FARBTÖNE FÜR DIE KUCHENSCHICHTEN.

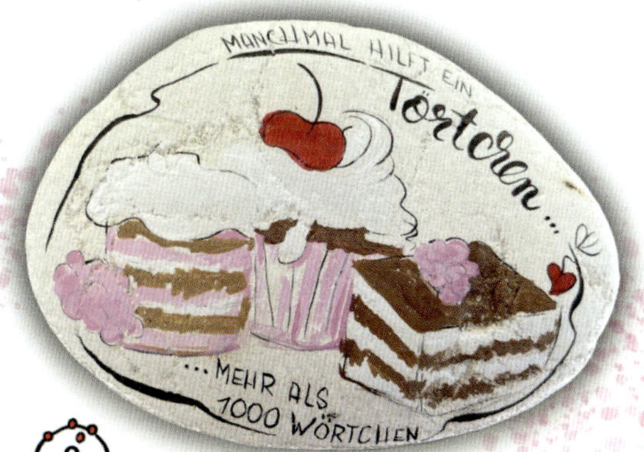

9

MALE NUN DIE KÖSTLICHE KIRSCHE
UND DAS HERZCHEN ROT AUS.

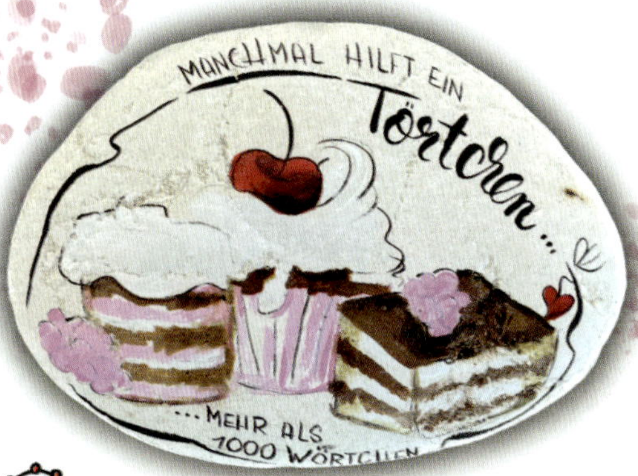

10

NIMM SEPIA+BRAUN AUF DEINEN PINSEL UND DRÜCKE IHN KURZ AUF DEINEN FEUCHTEN MALSCHWAMM. DAMIT MALST DU DIE SCHATTEN, Z.B. IN DER KIRSCHE, IM KUCHEN, IM HERZCHEN ...

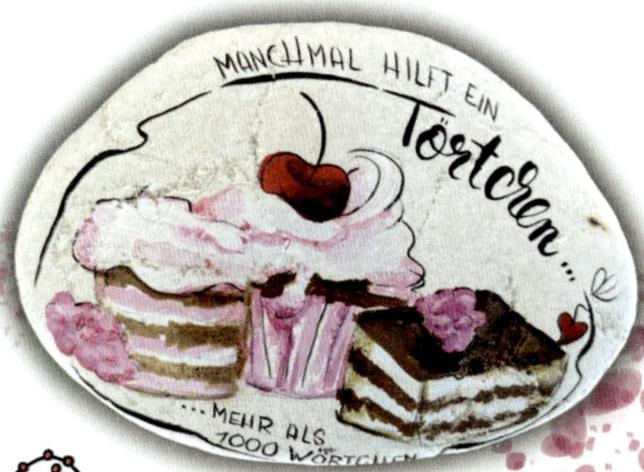

11

AUF DIE GLEICHE WEISE VERWENDEST DU MAGENTA UND SCHATTIERST DAMIT DIE HIMBEEREN, DIE SAHNECREME UND DAS TÖRTCHENPAPIER.

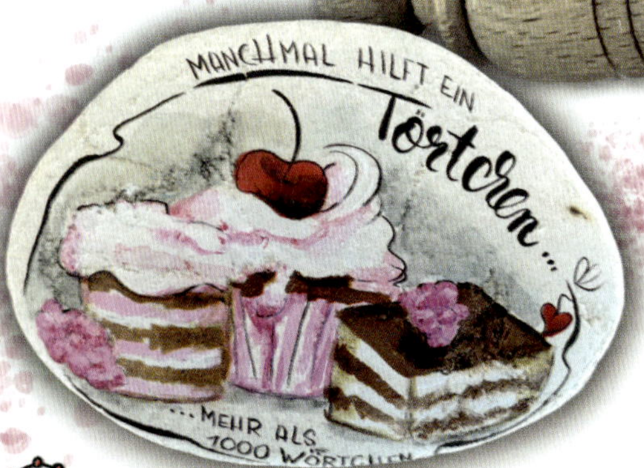

12

GESTALTE DEN HINTERGRUND MIT BLAUER AQUARELLFARBE.

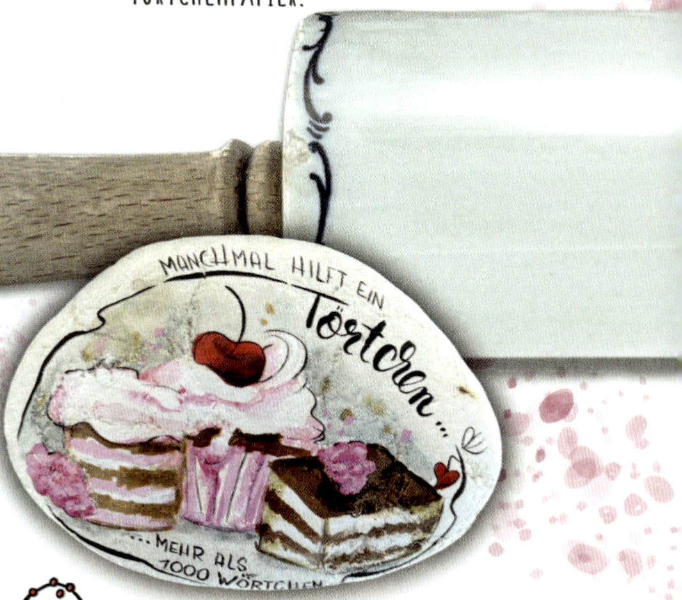

13

... UND TUPFE IN DIE NOCH NASSE FARBE ETWAS VON DEM BRAUN UND MAGENTA HINEIN. DAS BELEBT DAS MOTIV.

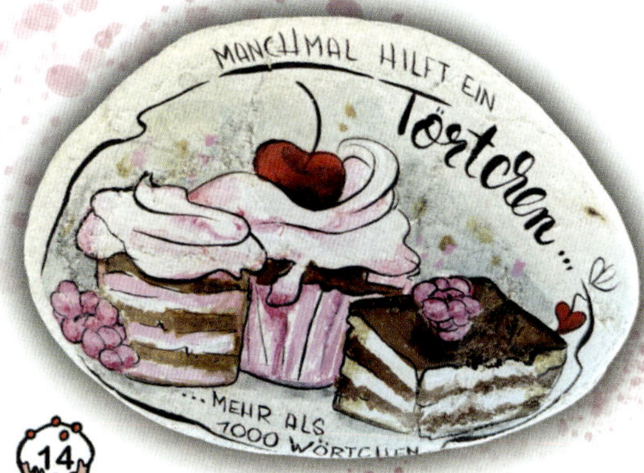

14

ZEICHNE FEHLENDE KONTUREN NACH.

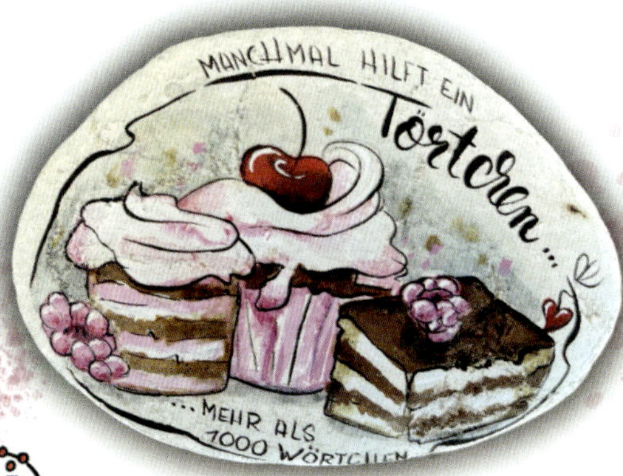

15

STELL DIR VOR, DASS DAS LICHT VON OBEN LINKS KOMMT. ZEICHNE ALSO DEMENTSPRECHEND WEISSE LICHTSTREIFEN AUF DIE KIRSCHE UND DIE HIMBEEREN.

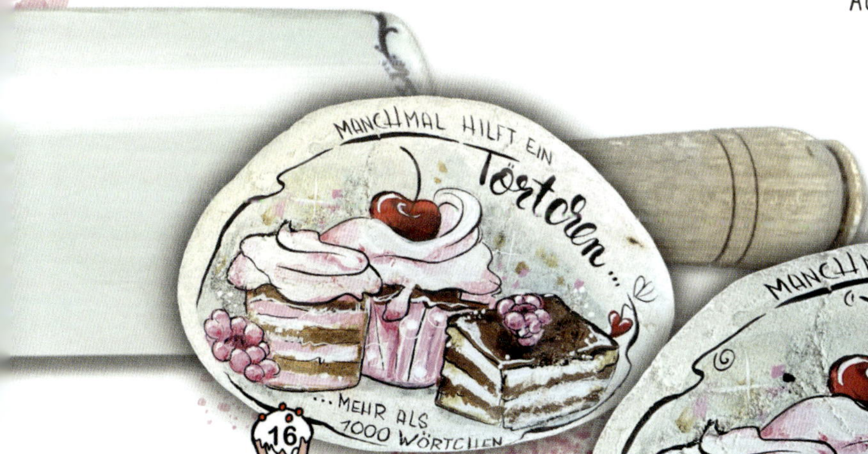

16

ZEICHNE WEITERE WEISSE STRICHE, STERNE, PÜNKTCHEN UND MUSTER IN DIE LECKEREN TÖRTCHEN.

NOCH ETWAS SCHNÖKEN, DÖKEN UND GEDÖNS UND GUTEN APPETIT.

17

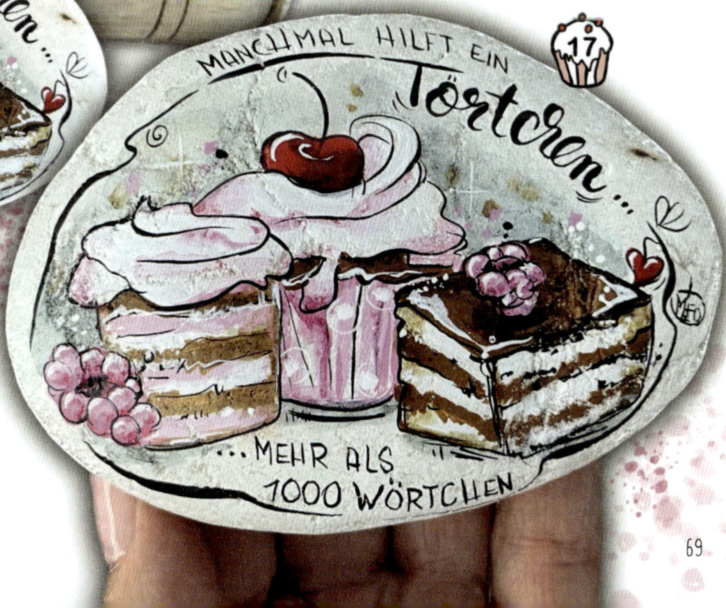

DIESE FARBEN BENÖTIGST DU:

AIRBRUSHFARBEN
- SCHWARZ
- WEISS

AQUARELLFARBEN
- ORANGE
- BEIGE
- BLAU

Whiskystein

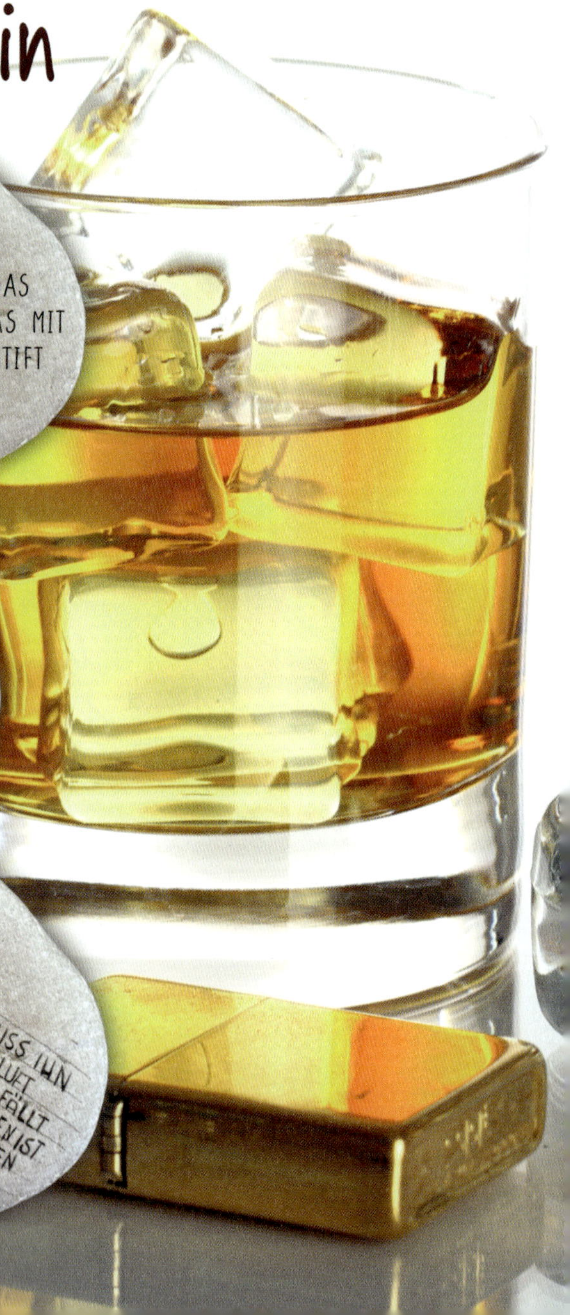

1 ZEICHNE DAS WHISKYGLAS MIT DEM BLEISTIFT VOR ...

2 ... UND EINIGE EISWÜRFEL DAZU.

3 ZIEHE EIN PAAR HILFSLINIEN FÜR DEN TEXT. ICH NEHME AM LIEBSTEN 4 MM ABSTAND.

4 SCHREIBE MIT SCHWARZER AIRBRUSHFARBE DEN TEXT UND ZIEHE DIE WICHTIGSTEN KONTUREN.

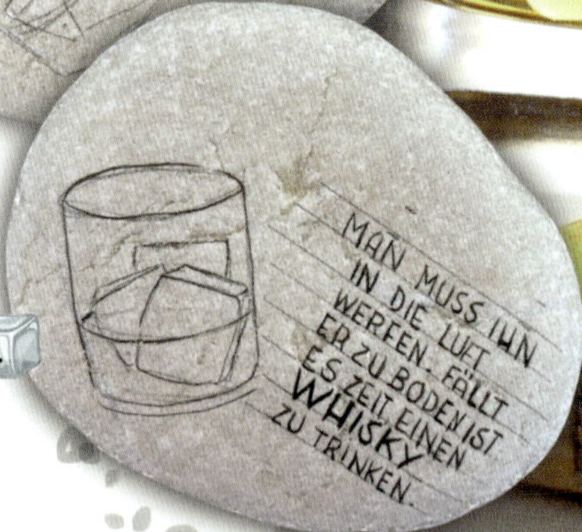

JETZT SCHREIBST DU IN SCHÖNSCHRIFT DAS WORT

»WHISKYSTEIN«

UND ZIEHST EINE UMRANDUNG.

5

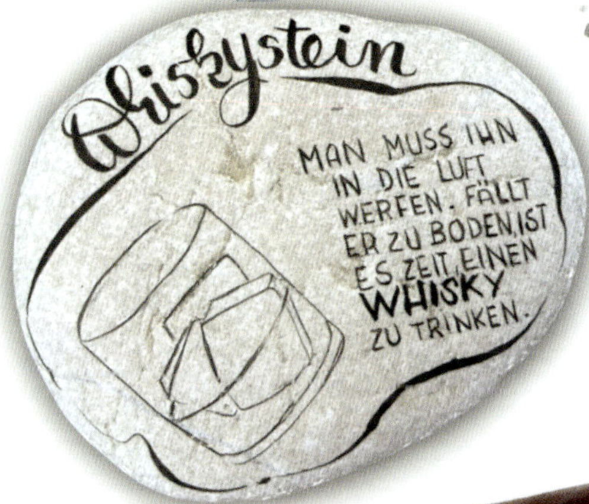

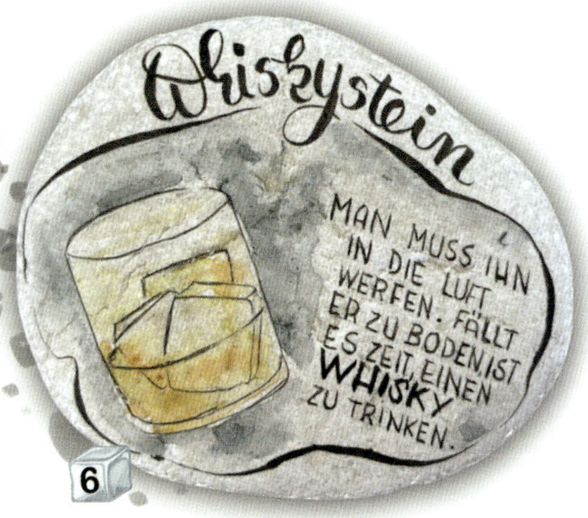

6

MIT BLAUER AQUARELLFARBE GESTALTEST DU DEN HINTERGRUND. FÜR DIE FARBE DES WHISKYS BENUTZT DU EBENFALLS AQUARELL IN BEIGE UND ORANGE.

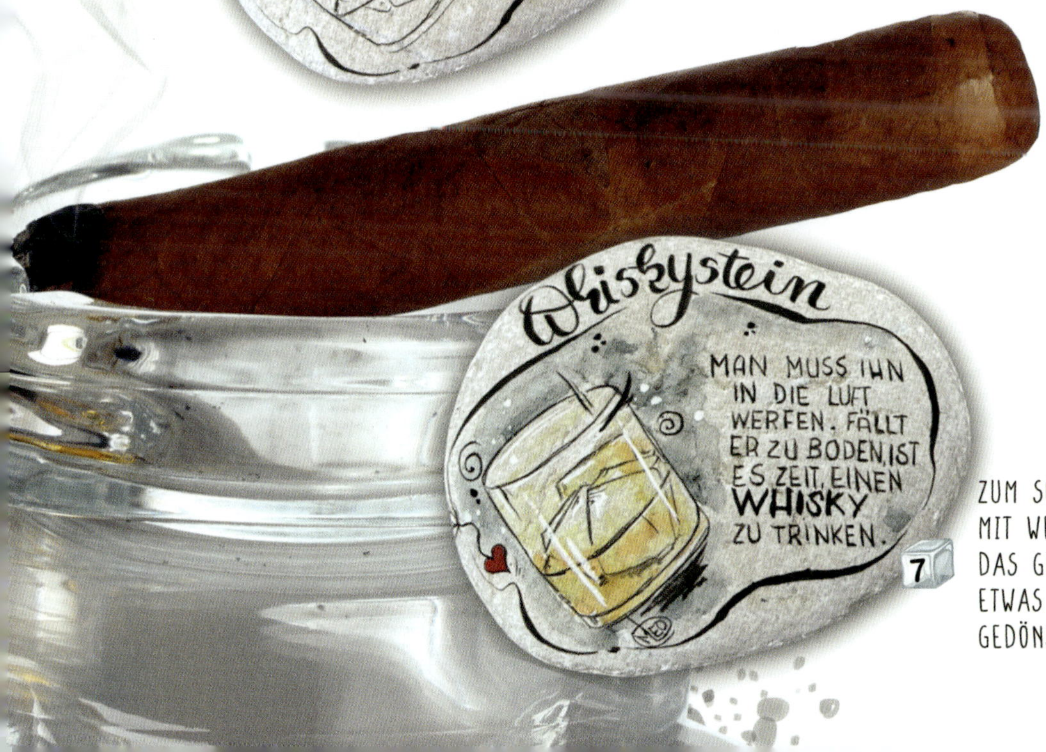

7

ZUM SCHLUSS ZEICHNEST DU MIT WEISS LICHTSTREIFEN IN DAS GLAS UND MIT SCHWARZ ETWAS SCHNÖKEN, DÖKEN UND GEDÖNS.

DIESE FARBEN BENÖTIGST DU:

<u>AIRBRUSHFARBEN</u>

- SCHWARZ
- WEISS
- SEPIA
- BRAUN
- ULTRAMARIN
- ROT
- GELB
- TERRA ROSSA

<u>AQUARELLFARBEN</u>

- BLAU
- BRAUN

DIESE FARBEN SIND FÜR MEIN GEZEIGTES BEISPIEL, DEM KLEINEN JUNGEN MIT BLONDEN HAAREN UND EINEM BLAUEN STRAMPLER. DU KANNST DIE FARBEN NATÜRLICH JEDERZEIT AN DEINE WÜNSCHE ANPASSEN.

HERZLICH WILLKOMMEN IM Leben

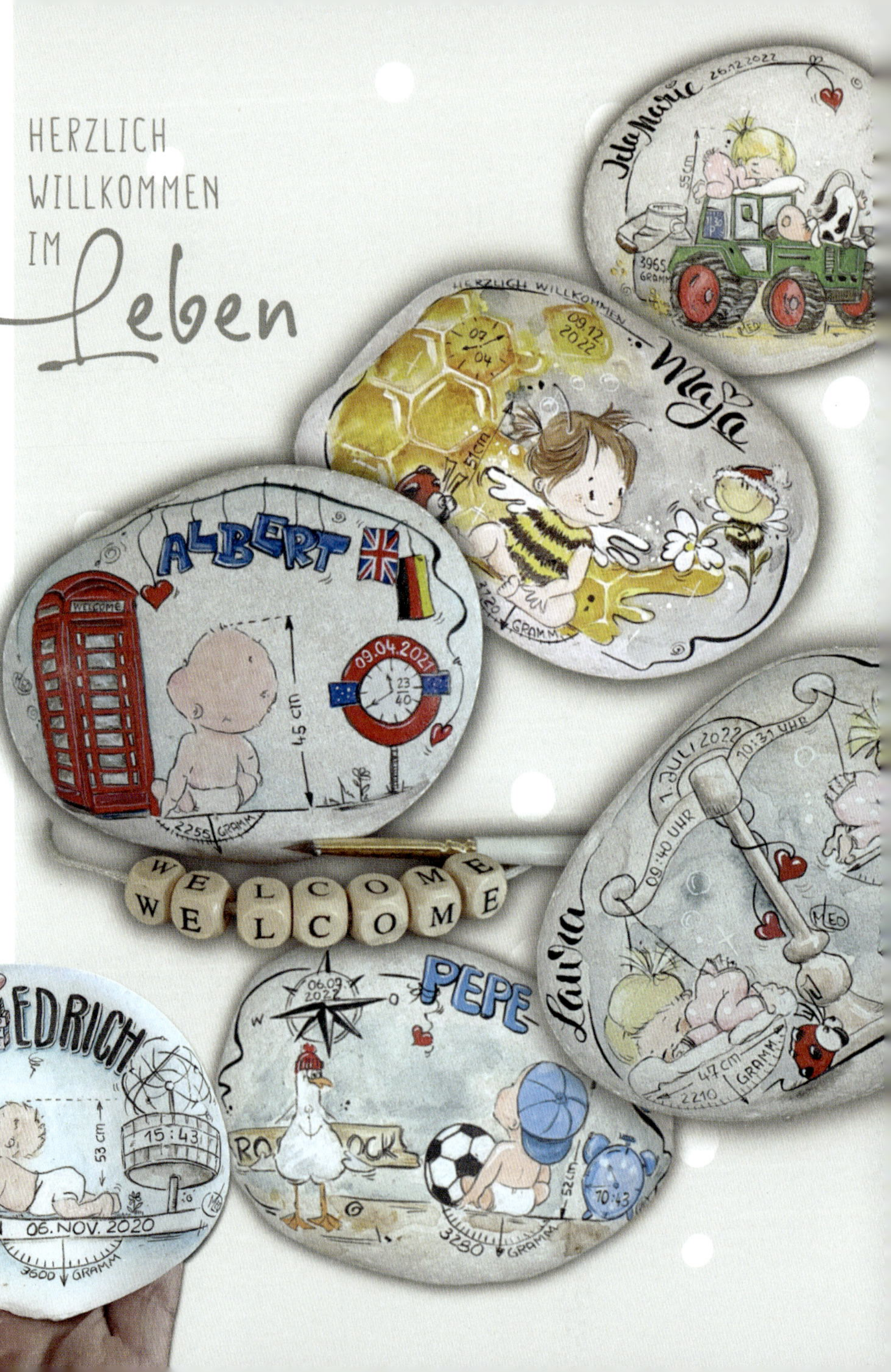

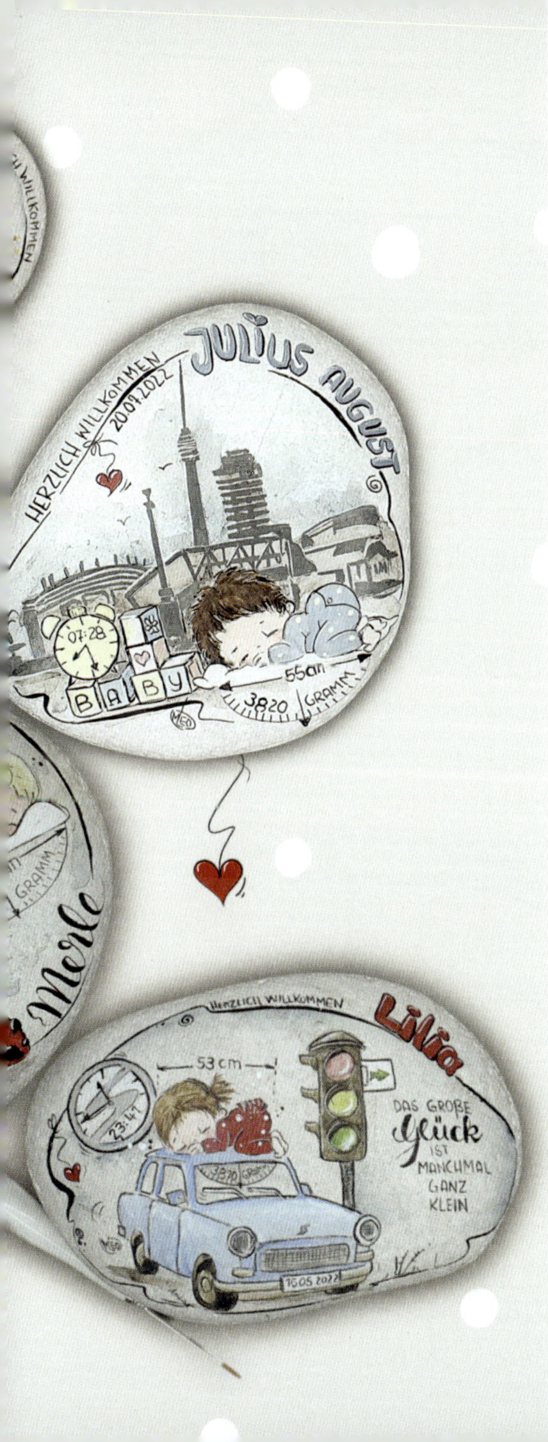

SKIZZIERE MIT DEM BLEISTIFT EINE GROBE GRUNDFORM VON KOPF, ARM UND PO.

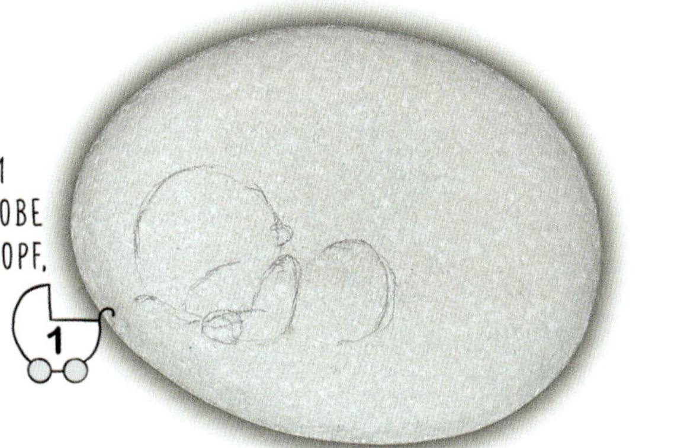

ZEICHNE WEITERE DETAILS WIE BEIN, BAUKLÖTZE, WECKER, KALENDER …

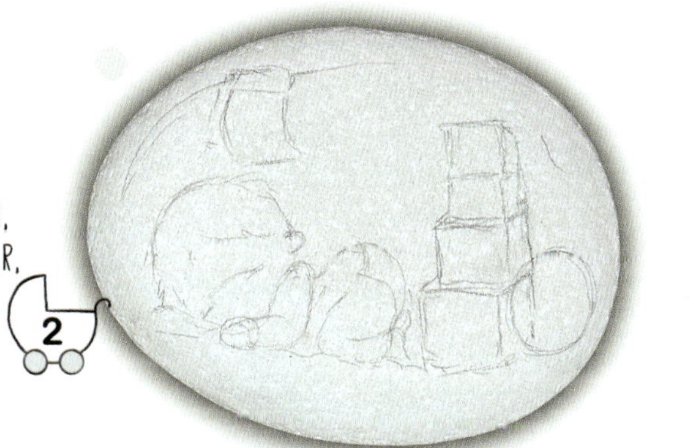

DIE WICHTIGSTEN LINIEN ZIEHST DU MIT SCHWARZER AIRBRUSHFARBE NACH.

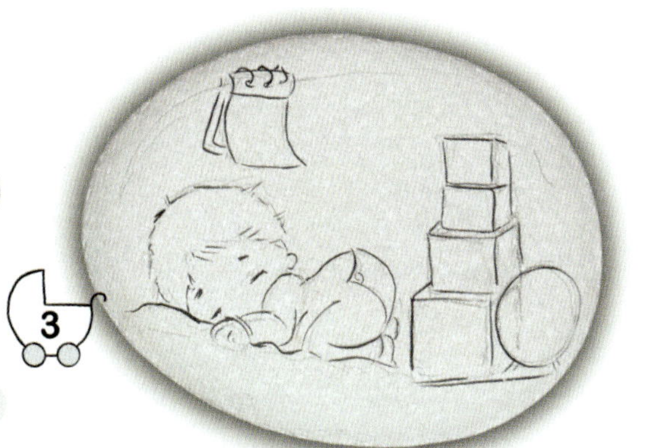

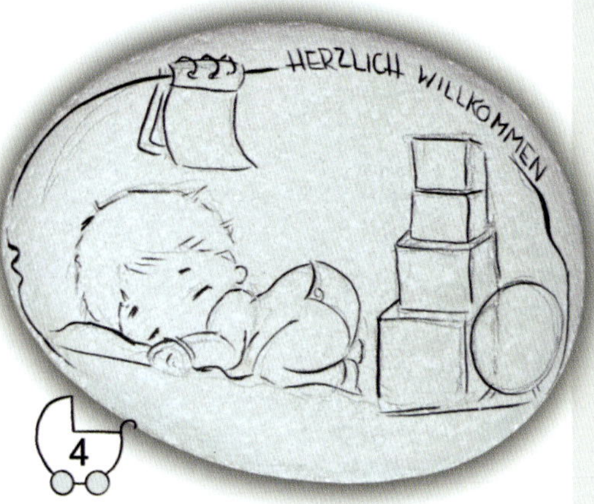

JETZT SCHREIBST DU »HERZLICH WILLKOMMEN« UND ZIEHST EINEN RAHMEN UM DEIN MOTIV.

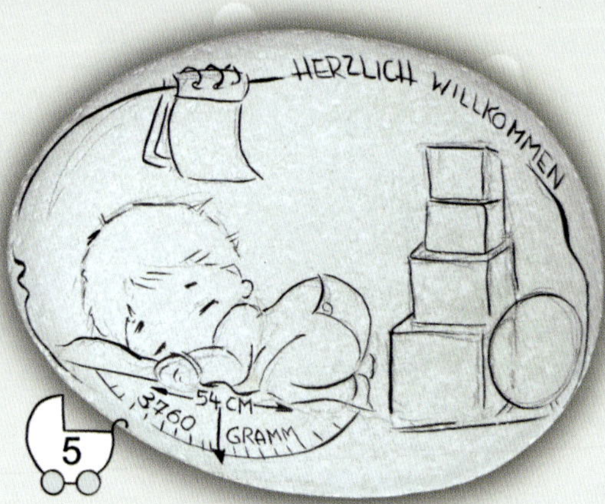

UNTER DEM BABY PLATZIERST DU DIE DATEN FÜR GEWICHT UND GRÖSSE.

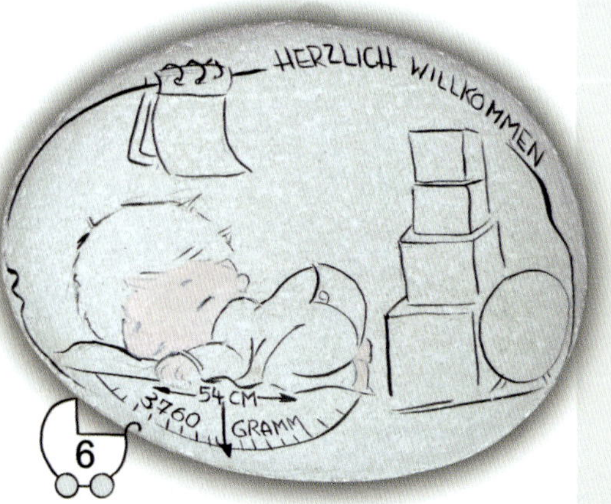

MIT EINEM GEMISCH AUS WEISS+TERRA ROSSA MALST DU DAS GESICHT UND DIE FÜSSCHEN AUS.

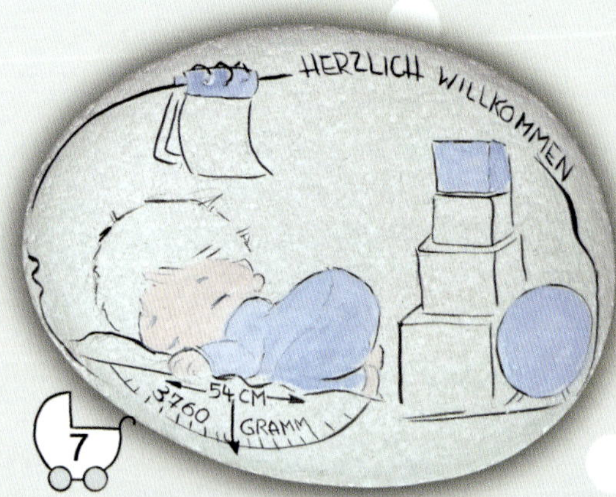

FÜR STRAMPLER, WECKER UND WEITERE DETAILS MISCHST DU WEISS+ULTRAMARIN.

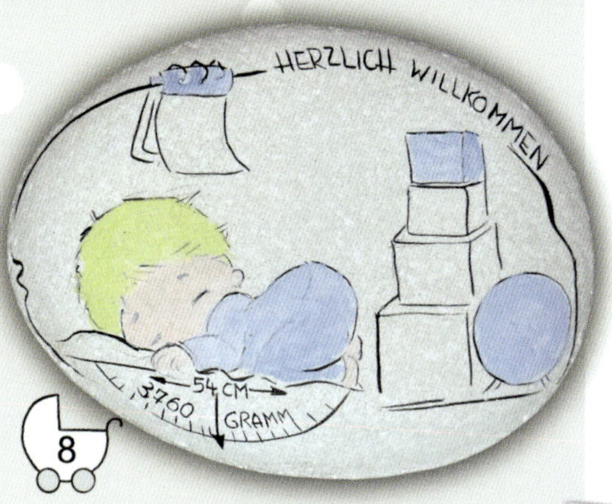

WEISS+GELB NIMMST DU, UM DEM KLEINEN DIE HAARE AUSZUMALEN.

FÜR DIE BAUKLÖTZE MISCHST DU WEISS MIT TERRA ROSSA, BRAUN ODER SEPIA ZU VERSCHIEDENEN NUANCEN.

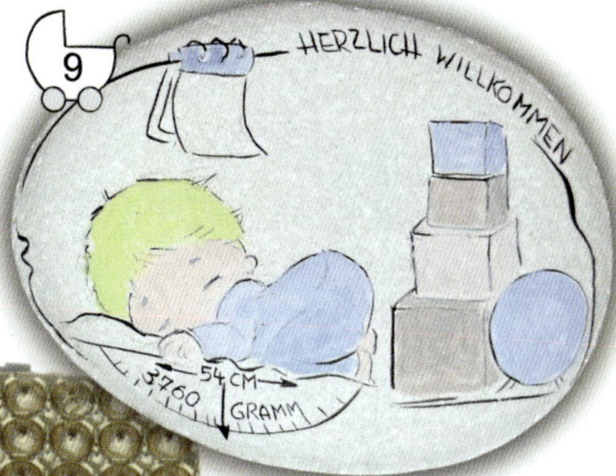

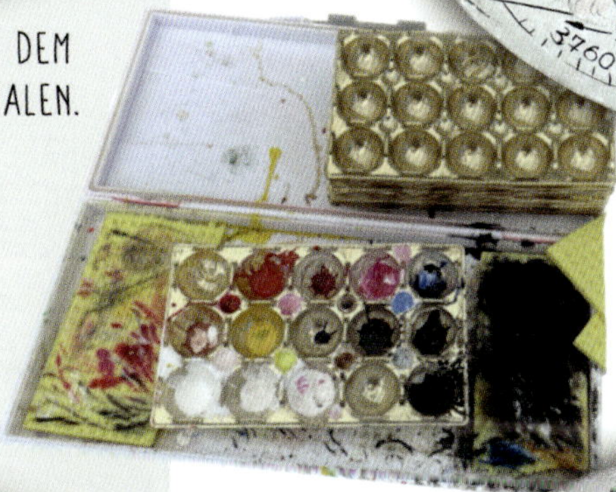

ICH BENUTZE ZUM MISCHEN VON FARBEN AUCH GERNE MEINEN »PALETTENDRECK«.

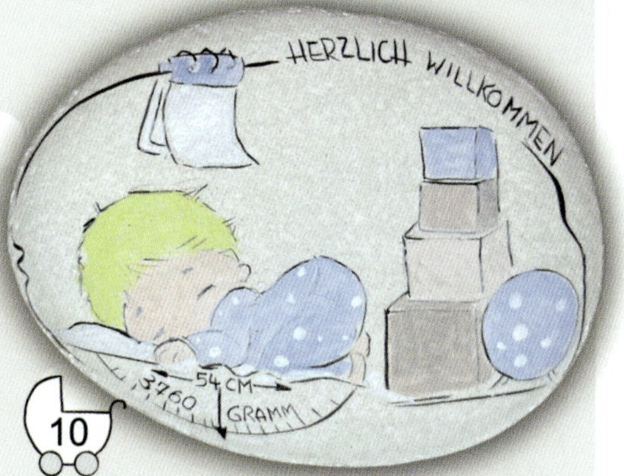

DER STRAMPLER UND DAS ZIFFERBLATT DES WECKERS BEKOMMEN FRÖHLICHE WEISSE PUNKTE.

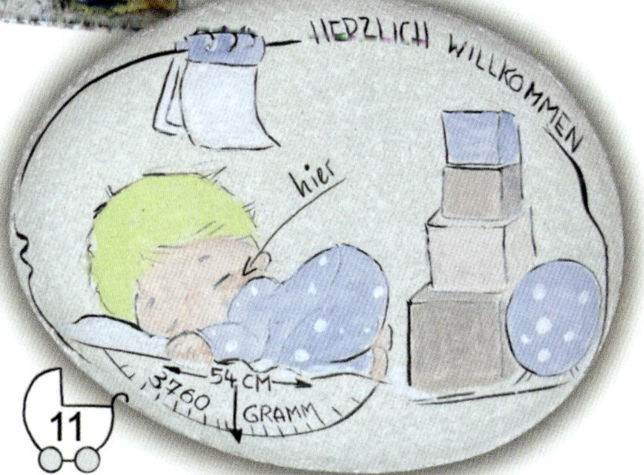

NIMM TERRA ROSSA AUF DEINEN PINSEL UND DRÜCKE IHN KURZ AUF DEINEN FEUCHTEN MALSCHWAMM. DAMIT MALST SCHLAFBÄCKCHEN.

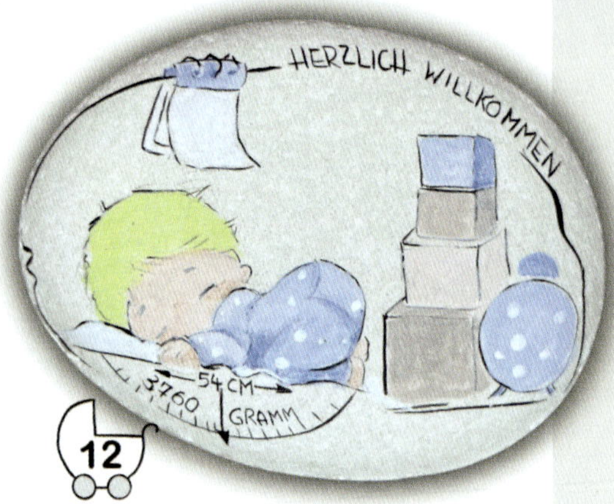

NIMM ULTRAMARIN AUF DEINEN PINSEL UND DRÜCKE IHN KURZ AUF DEINEN FEUCHTEN MALSCHWAMM. DAMIT MALST DU DIE SCHATTEN IM STRAMPLER.

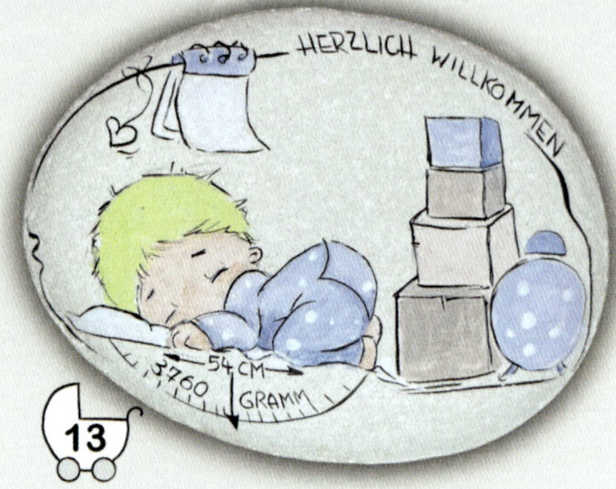

JETZT ZEICHNEST DU MIT SCHWARZ ALLE FEHLENDEN KONTUREN. AN DER STELLE HABE ICH DARAN GEDACHT, DAS HERZCHEN ZU ZEICHNEN.

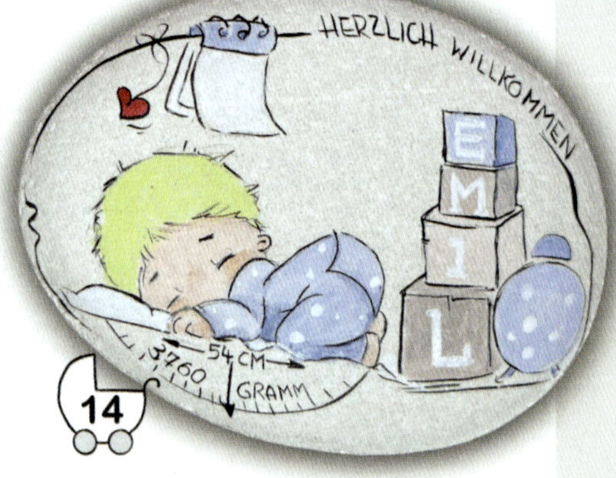

MIT WEISS SCHREIBST DU IN DICKEN LETTERN DEN NAMEN AUF DIE BAUKLÖTZE. DAS ROTE HERZCHEN BEKOMMT SEINE FARBE.

HIER IST ES »EMIL«. SOLLTE DEIN BABY EINEN LÄNGEREN NAMEN HABEN, PLATZIERE DIESEN AN EINER ANDEREN STELLE UND SCHREIBE AUF DIE BAUKLÖTZE »LOVE«.

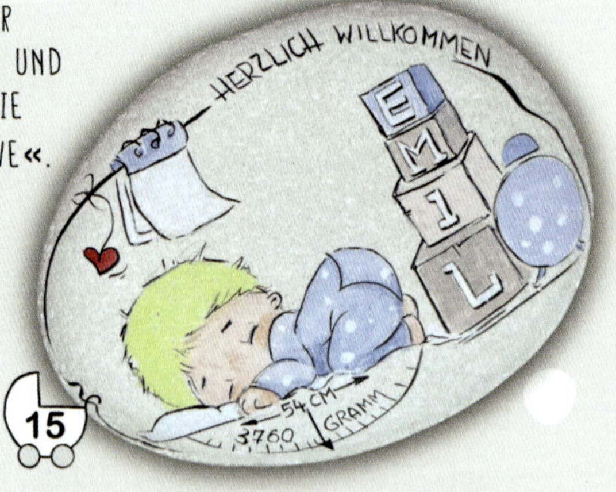

MIT ZARTER PINSELSPITZE ZIEHST DU SCHWARZE KONTUREN UM DEN NAMEN.

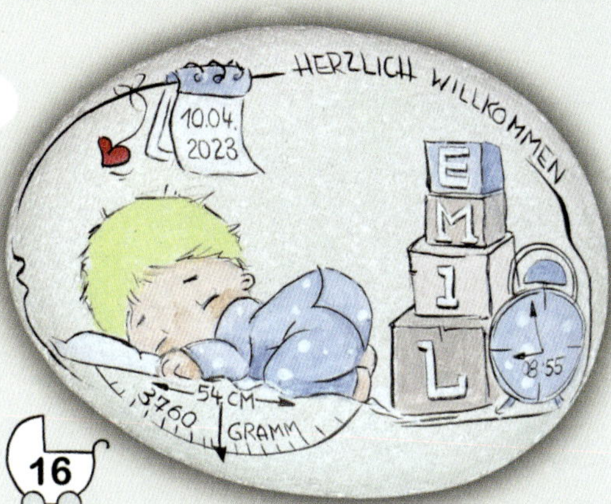

16

VERVOLLSTÄNDIGE DAS DATUM IM KALENDER UND DIE UHRZEIT IM WECKER.

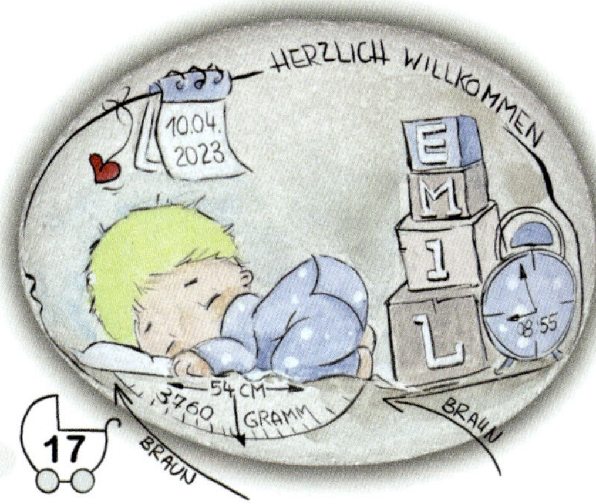

17

UNTER DAS MOTIV GEHST DU VORSICHTIG MIT BRAUNER AQUARELLFARBE LANG. MIT BLAUER AQUARELLFARBE GESTALTEST DU DEN HINTERGRUND.

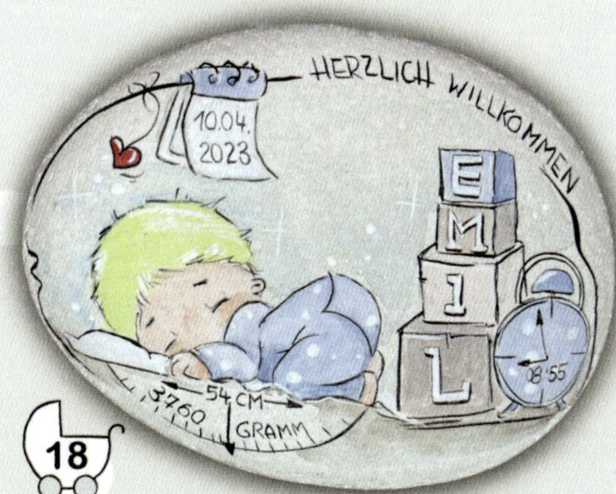

18

SIEHST DU DIE KLEINEN WEISSEN DETAILS WIE PÜNKTCHEN, STERNCHEN UND LICHTPUNKTE? VERGISS DIE LICHTSTREIFEN IM HERZCHEN NICHT.

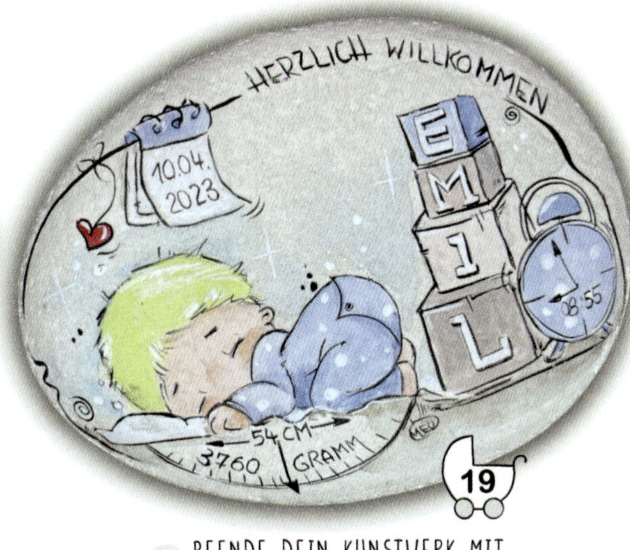

19

BEENDE DEIN KUNSTWERK MIT SCHNÖKEN, DÖKEN & GEDÖNS.

DIESE FARBEN BENÖTIGST DU:

AIRBRUSHFARBEN

- SCHWARZ
- WEISS
- SEPIA
- BRAUN
- CYAN
- ROT
- TERRA ROSSA

AQUARELLFARBEN

- BLAU
- BRAUN

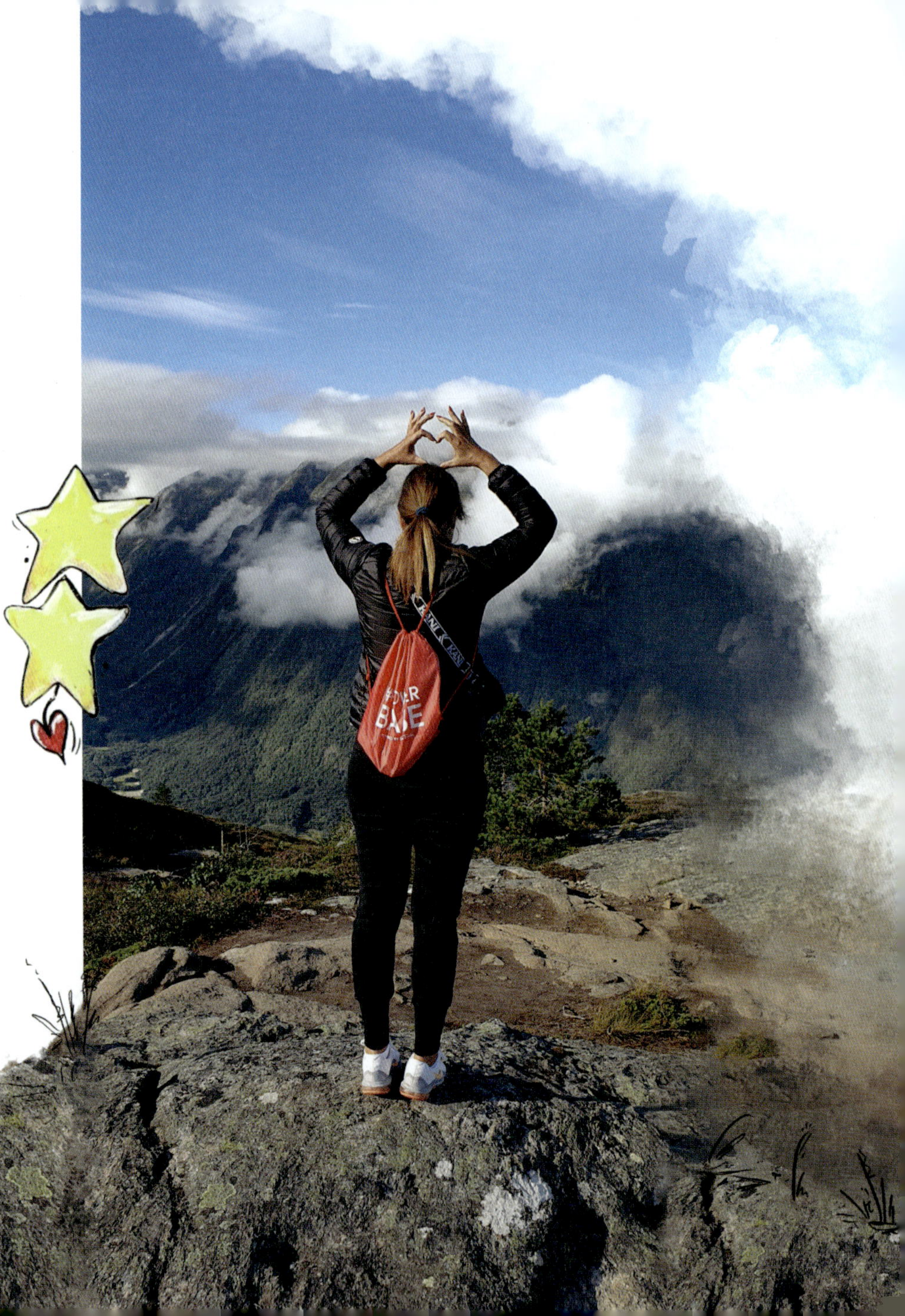

Freundinnen

SIND WIE STERNE.
MAN KANN SIE NICHT
IMMER SEHEN, SIE SIND
ABER IMMER DA.

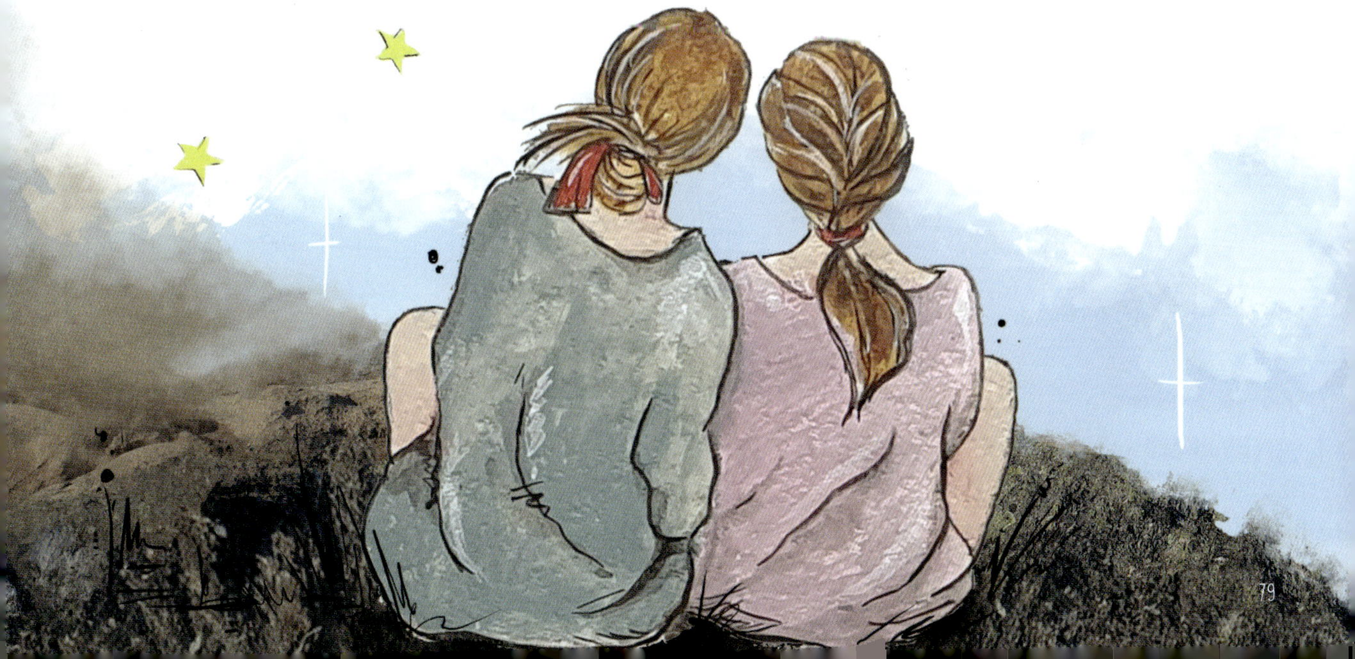

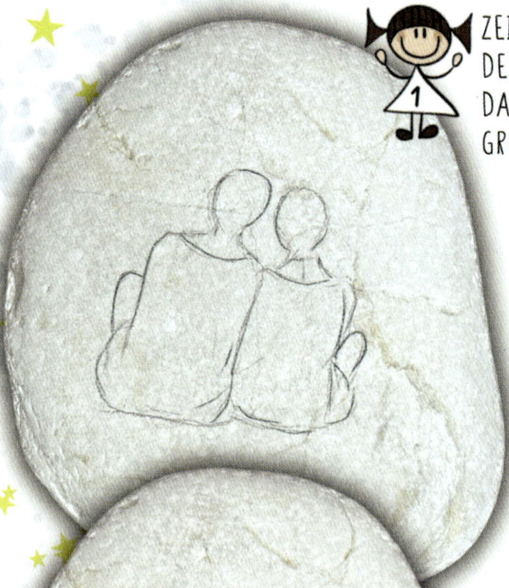

1 ZEICHNE MIT DEM BLEISTIFT DAS MOTIV GROB VOR.

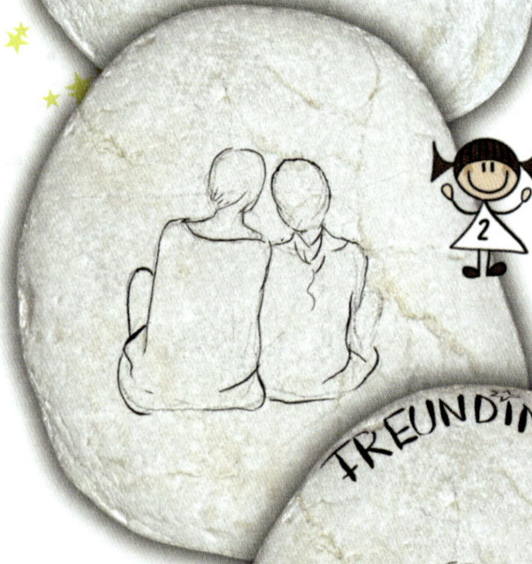

2 ALLE WICHTIGEN LINIEN ZIEHST DU MIT SCHWARZER AIRBRUSHFARBE NACH.

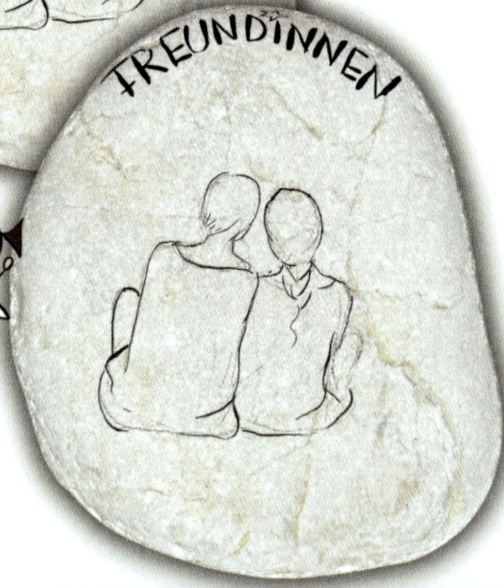

3 SCHREIBE »FREUNDINNEN« IM BOGEN WEIT OBEN AUF DEN STEIN.

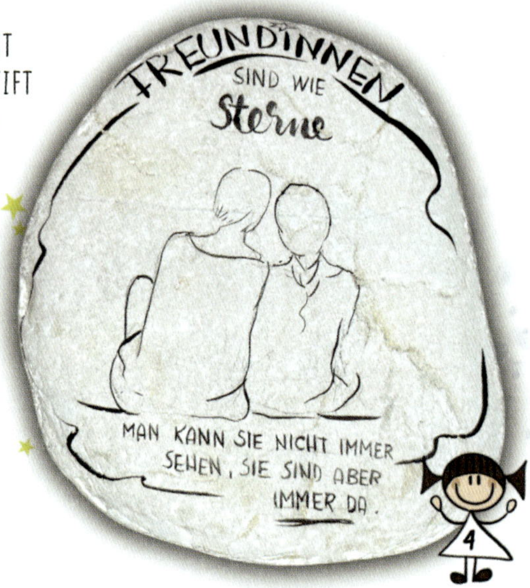

4 SCHREIBE DEN RESTLICHEN TEXT UND UMRAHME DEIN MOTIV.

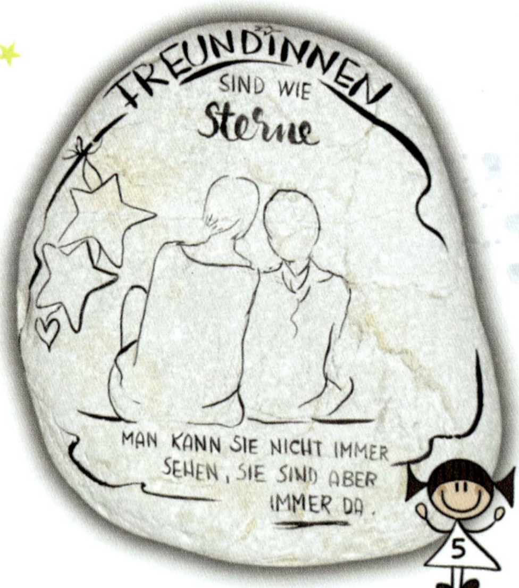

5 ZWEI STERNE UND EIN HERZCHEN PLATZIERST DU AN EINER FREIEN STELLE.

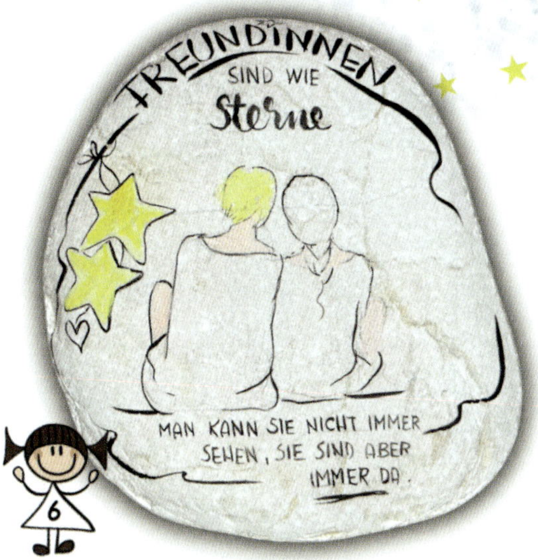

MIT EINEM GEMISCH AUS WEISS+GELB MALST DU HAARE UND STERNE AUS. FÜR DIE HAUTFARBE MISCHST DU WEISS+TERRA ROSSA.

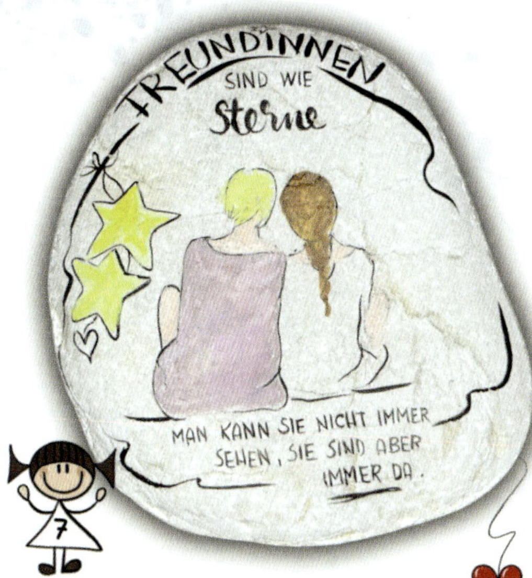

MIT EINEM MIX AUS WEISS+BRAUN COLORIERST DU DIE HAARE. DER PULLOVER HAT EIN FARBGEMISCH AUS WEISS+ROT+SEPIA.

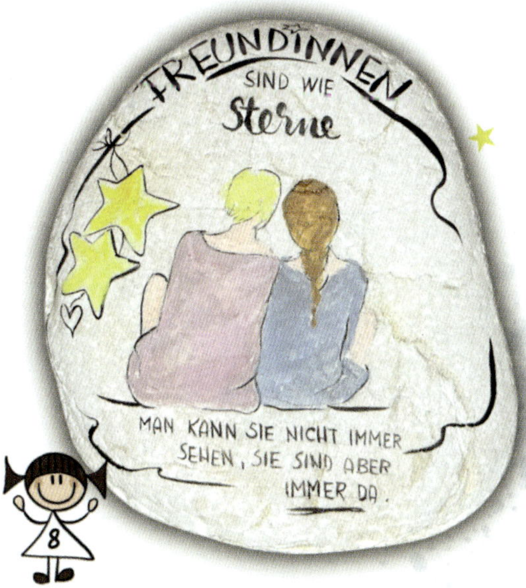

DIE FARBE DES ZWEITEN PULLOVERS MISCHST DU MIT WEISS+ULTRAMARIN+SEPIA.

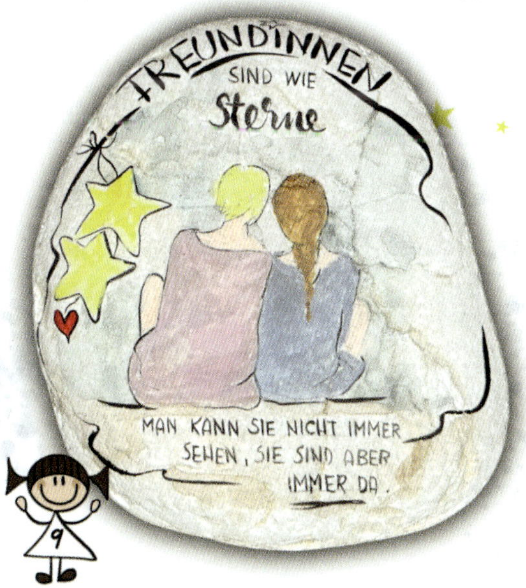

GESTALTE DEN HINTERGRUND MIT AQUARELLBLAU, UNTERHALB DER DAMEN MIT AQUARELLBRAUN.

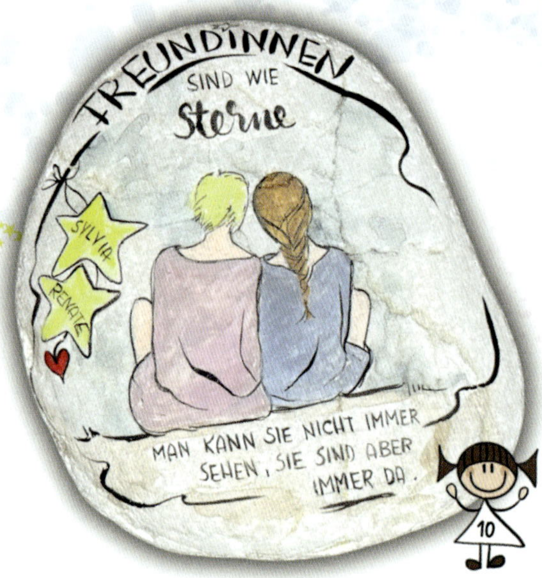

DIESE LADYS HEISSEN »SYLVIA« & »RENATE«.
DU SCHREIBST DEINE WUNSCHNAMEN IN DIE STERNE.

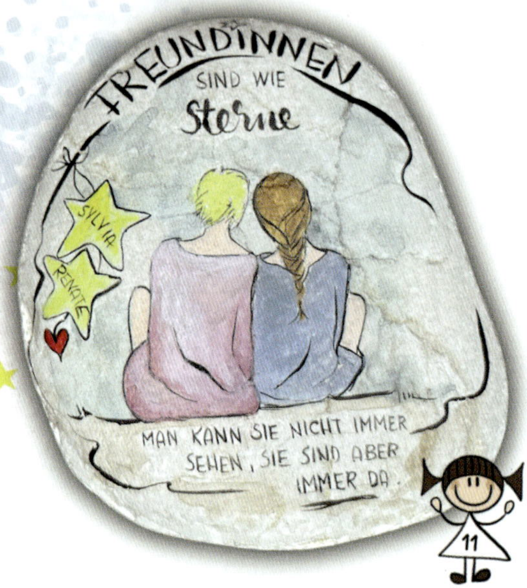

NIMM ROT+SEPIA AUF DEINEN PINSEL
UND DRÜCKE IHN KURZ AUF DEINEN
FEUCHTEN MALSCHWAMM. DAMIT MALST
DU DIE SCHATTEN IM ROSA PULLOVER.

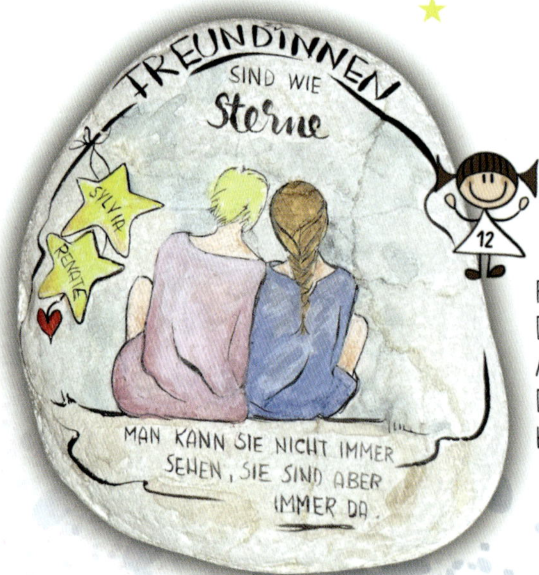

FÜR DEN BLAUEN PULLOVER WIEDERHOLST
DIESEN SCHRITT MIT ULTRAMARIN.
AUCH TERRA ROSSA VERDÜNNST DU AUF
DIESE WEISE UND SCHATTIERST DAMIT DIE
HAUT DER DAMEN UND DIE GELBEN STERNE.

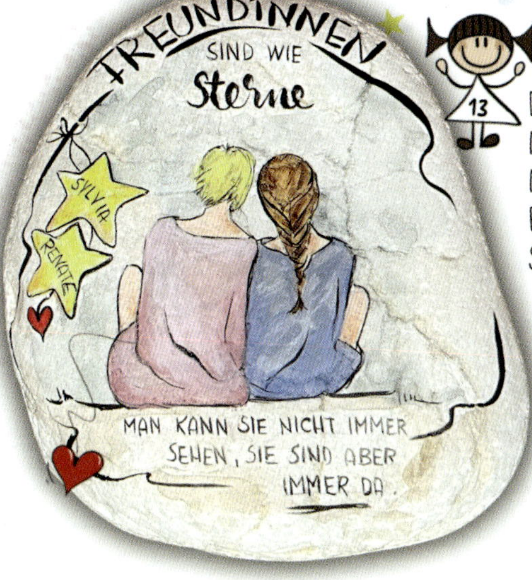

13

DEM ZOPF MALST DU MIT BRAUN ETWAS STRUKTUR.

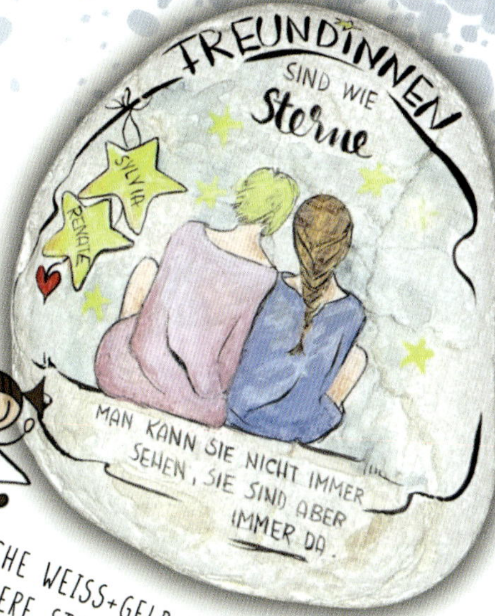

14

MISCHE WEISS+GELB UND MALE KLEINERE STERNE IN DEN HIMMEL.

SIEHST DU DIE WEISSEN ELEMENTE? PÜNKTCHEN, STERNE, STRUKTUR DER HAARE USW. SEHEN DADURCH LEBENDIGER AUS.

15

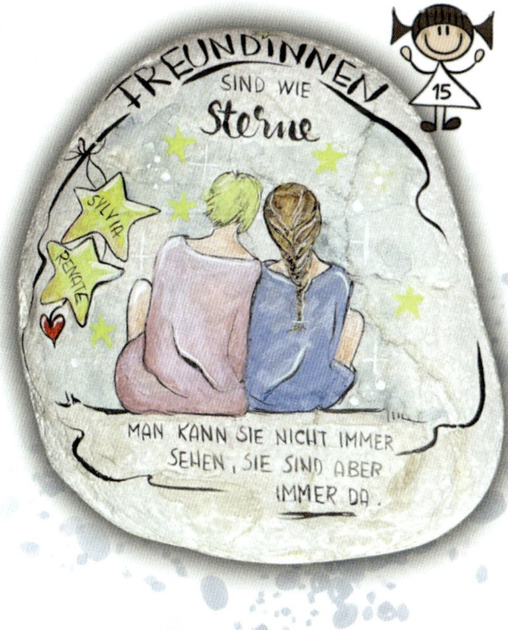

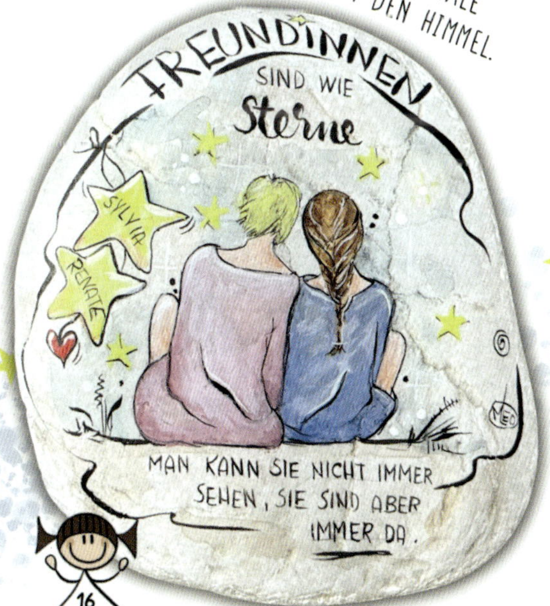

16

BEENDE DEN STEIN, VIELLEICHT FÜR DEINE BESTE FREUNDIN, MIT SCHNÖKEN, DÖKEN UND GEDÖNS.

Dicke FREUNDE

DIESE FARBEN BENÖTIGST DU:

AIRBRUSHFARBEN
- SCHWARZ
- WEISS
- SEPIA
- ROT
- GELB
- TERRA ROSSA

AQUARELLFARBEN
- BLAU

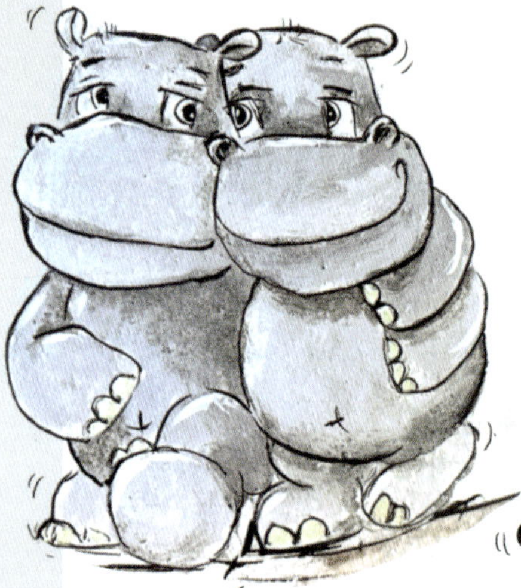

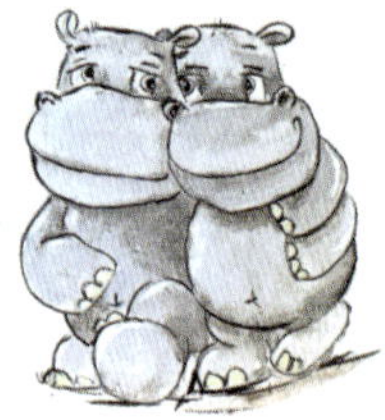

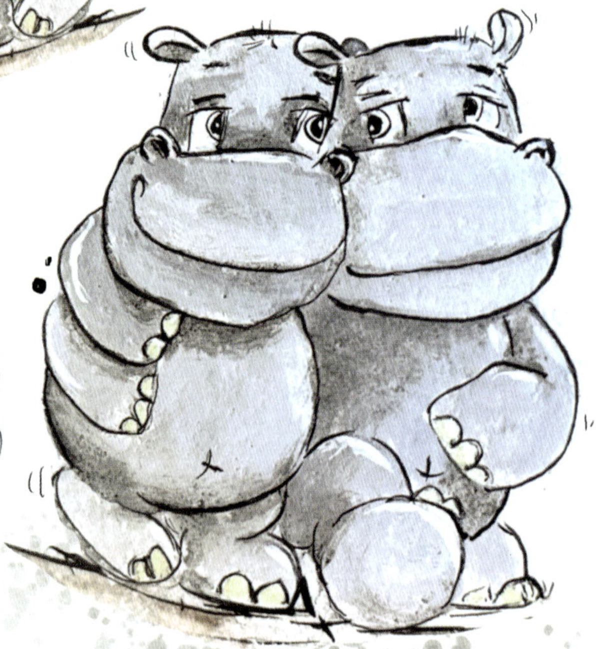

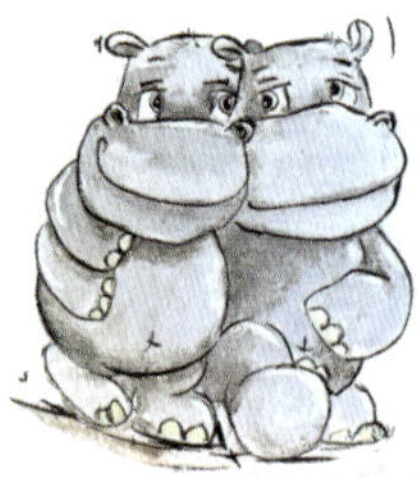

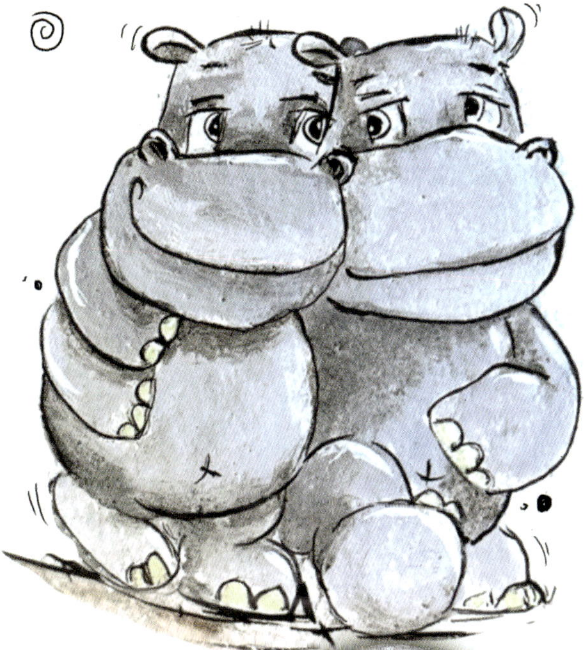

Glück

IST DAS
EINZIGE,
WAS SICH
VERDOPPELT,
WENN MAN
ES TEILT.

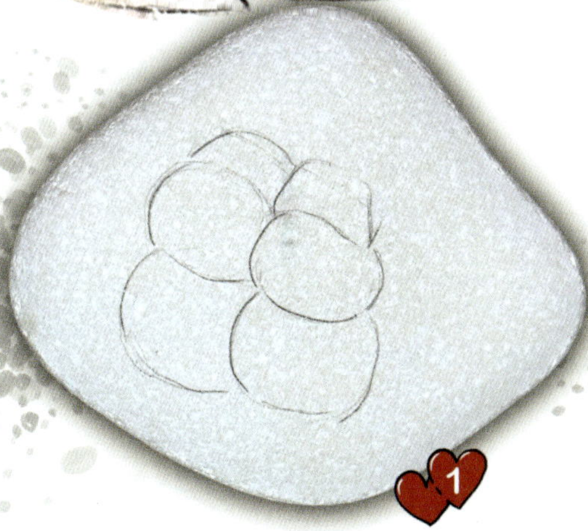

1

SKIZZIERE MIT DEM BLEISTIFT GROB DIE FORM DER BEIDEN FREUNDE VOR.

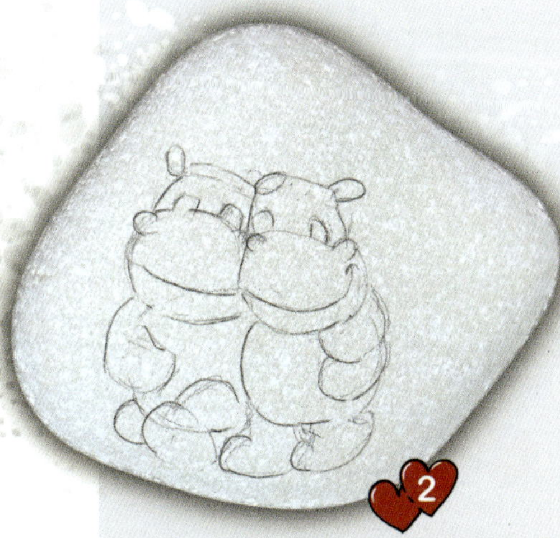

2

ZEICHNE DANN WEITERE DETAILS WIE OHREN, AUGEN, NASENLÖCHER, ARME UND BEINE DAZU.

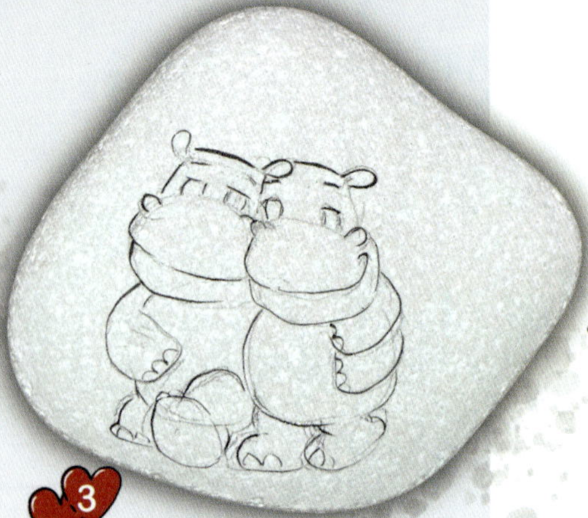

3

ALLE WICHTIGEN LINIEN ZEICHNEST DU MIT SCHWARZER AIRBRUSHFARBE NACH.

4

SCHREIBE DEN SCHRIFTZUG SO, DASS ER SICH HARMONISCH IN DIE UMRANDUNG EINFÜGT.

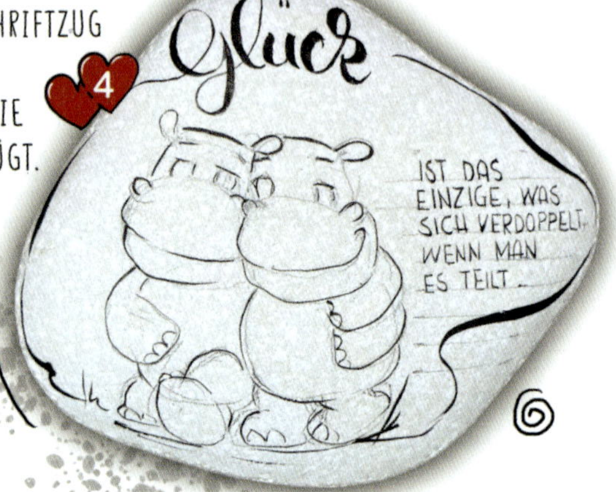

BEVOR DU MIT DEM AUSMALEN BEGINNST, RADIERE DIE BLEISTIFTSKIZZE WEG.

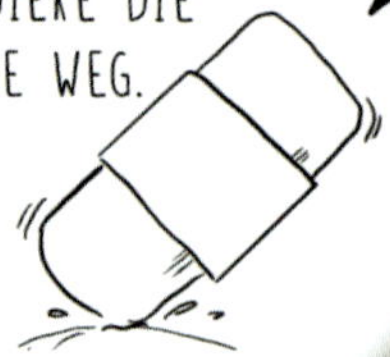

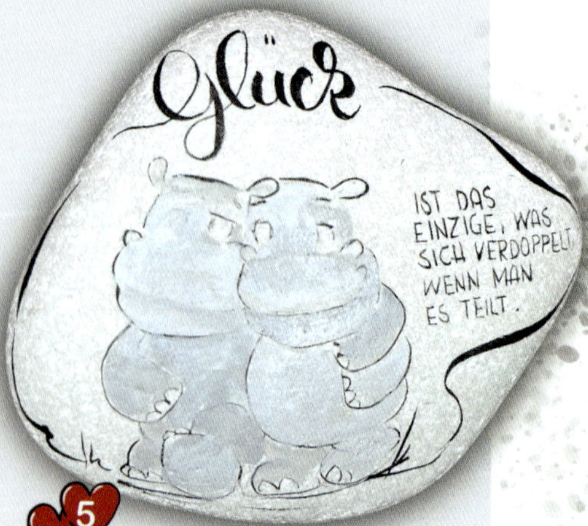

5

MIT EINEM GEMISCH AUS WEISS+SEPIA MALST DU DIE FLUSSPFERDE AUS. ES DARF GERN ETWAS FLECKIG SEIN.

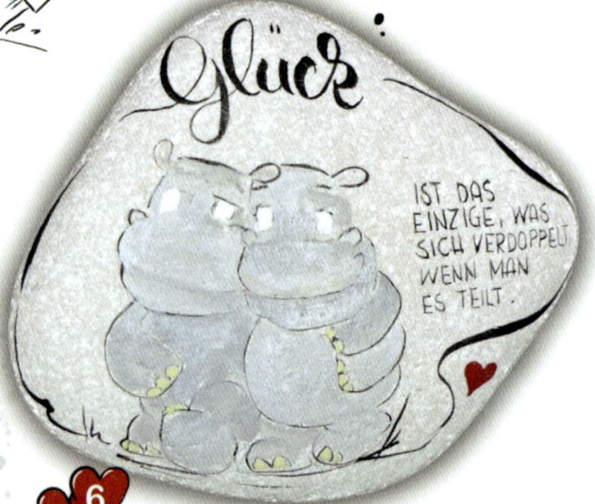

6

DIE AUGEN MALST DU WEISS AUS, DIE ZEHEN MIT EINEM GEMISCH AUS WEISS+GELB.

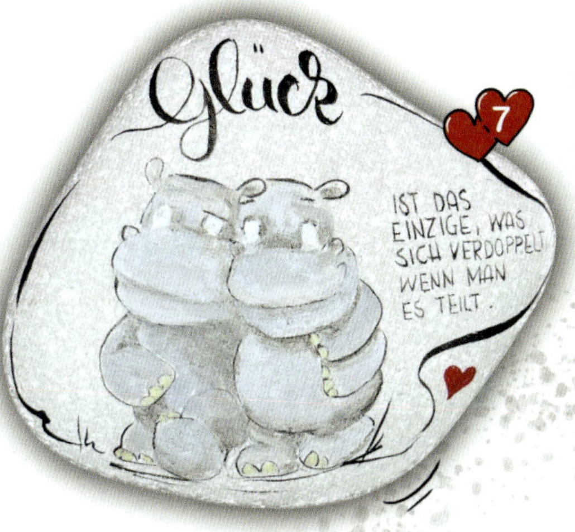

7 NIMM SEPIA AUF DEINEN PINSEL UND DRÜCKE IHN KURZ AUF DEINEN FEUCHTEN MALSCHWAMM. DAMIT MALST DU DIE SCHATTEN.

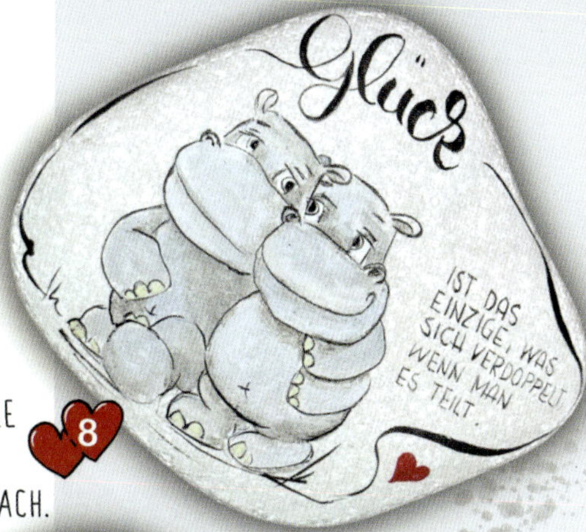

8 ZEICHNE ALLE FEHLENDEN KONTUREN NACH.

9 GESTALTE DEN HINTERGRUND MIT BLAUER UND BRAUNER AQUARELLFARBE.

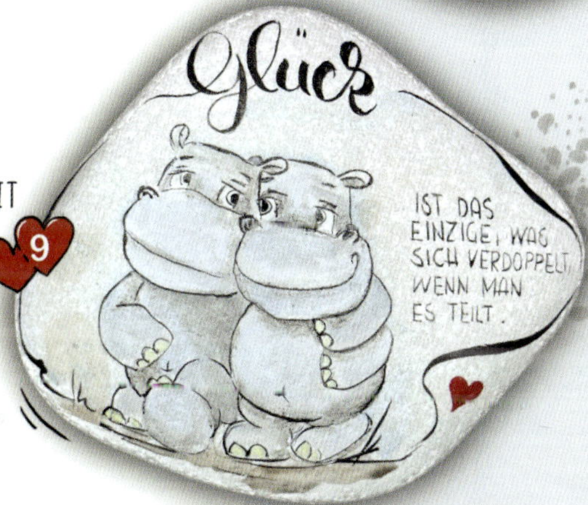

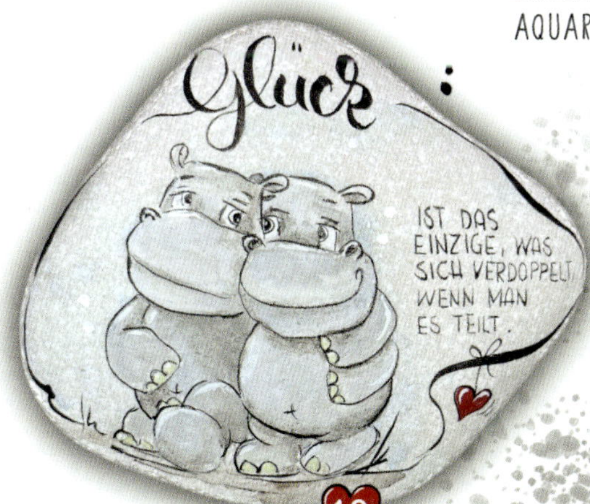

10 SIEHST DU DIE WEISSEN LICHTPUNKTE? PUPILLEN, STIRN, BAUCH, HERZCHEN U.V.M. SEHEN DADURCH LEBENDIGER AUS.

11 BEENDE DEIN KUNSTWERK MIT SCHNÖKEN, DÖKEN UND GEDÖNS.

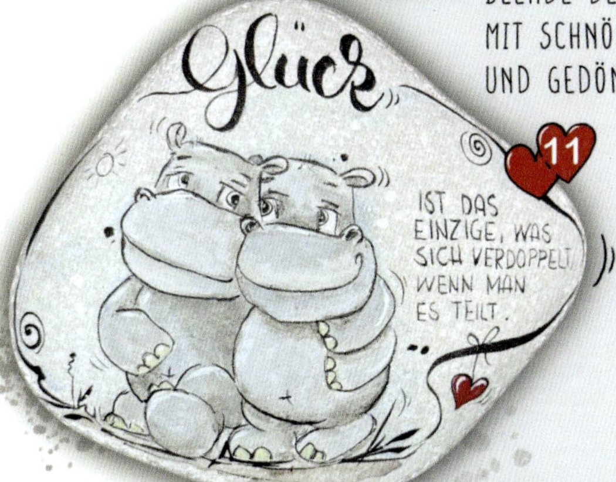

Sei ~~k~~ein Frosch

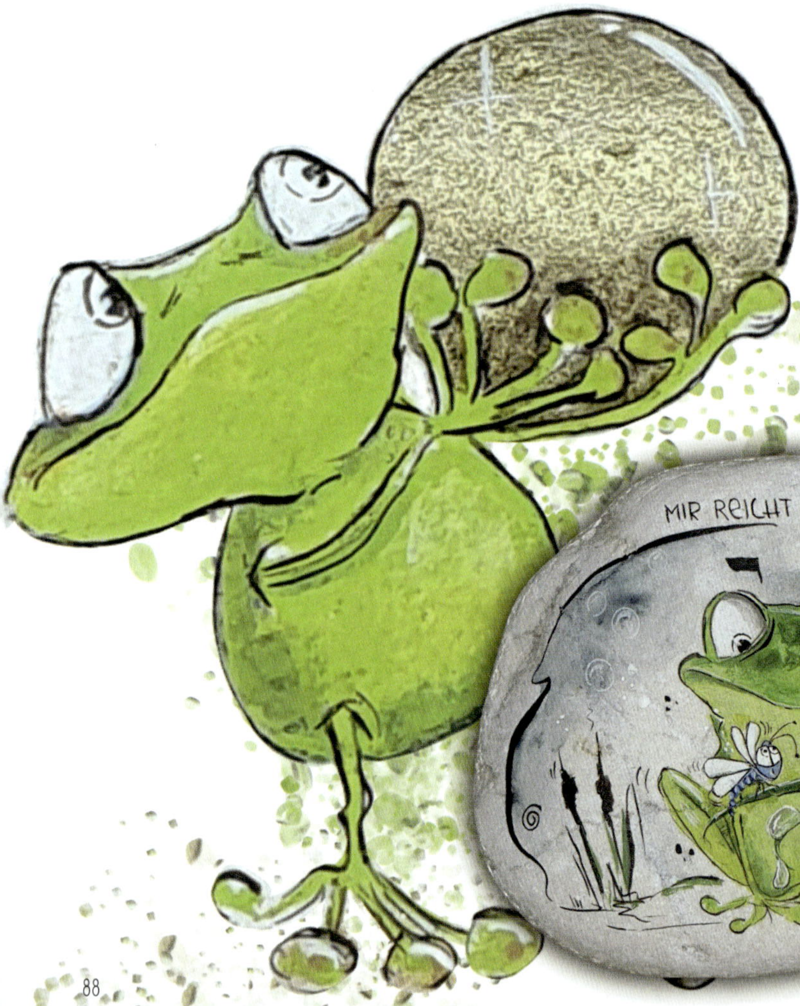

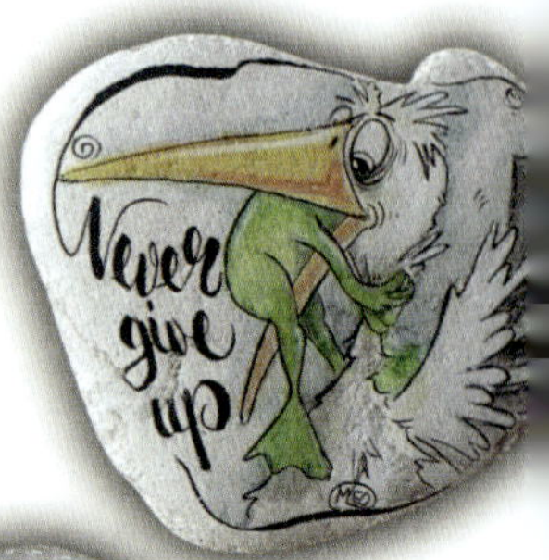

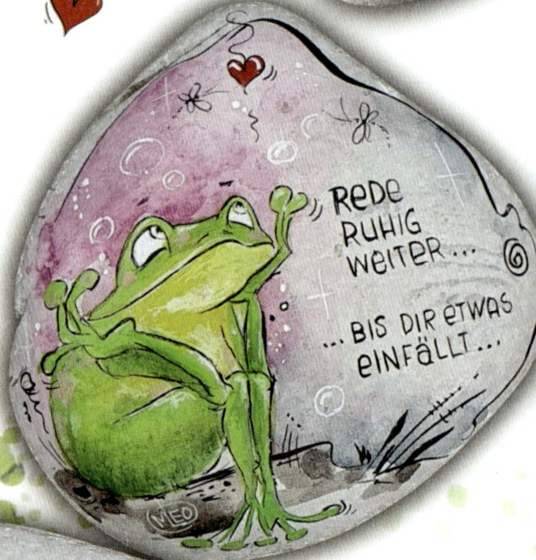

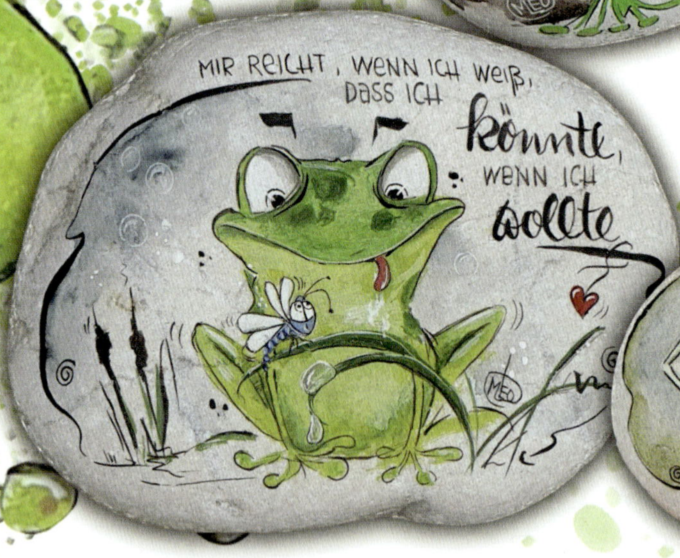

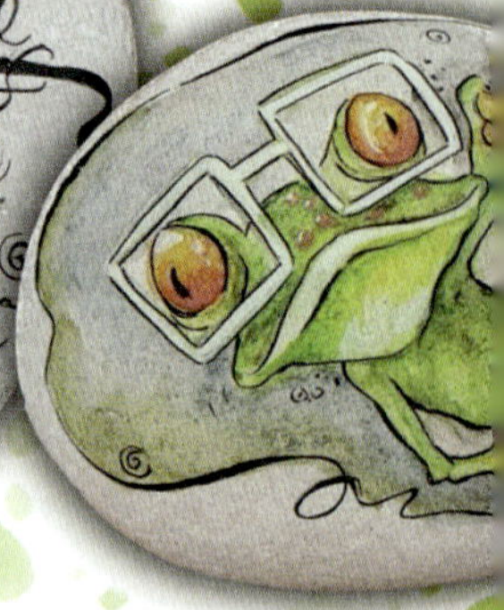

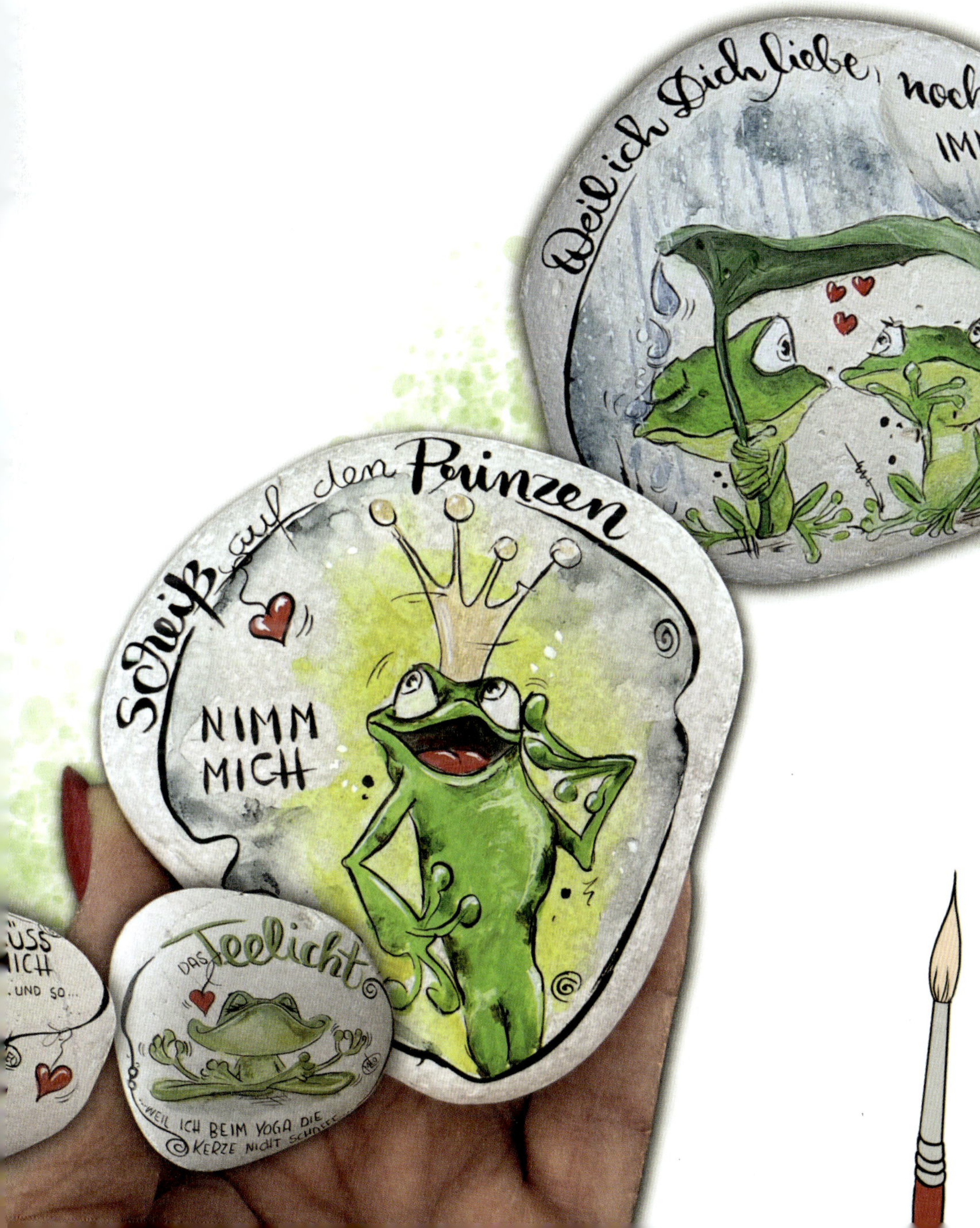

DIESE FARBEN BENÖTIGST DU:

<u>AIRBRUSHFARBEN</u>

- SCHWARZ
- WEISS
- SEPIA
- CYAN
- ULTRAMARIN
- ROT
- GELB
- TERRA ROSSA

<u>AQUARELLFARBEN</u>

- BLAU
- GELB

- GOLD

SKIZZIERE MIT DEM BLEISTIFT DAS MOTIV GROB VOR.

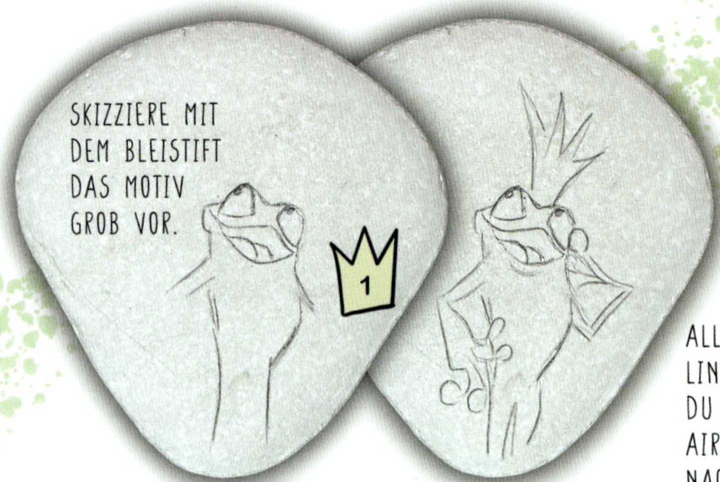

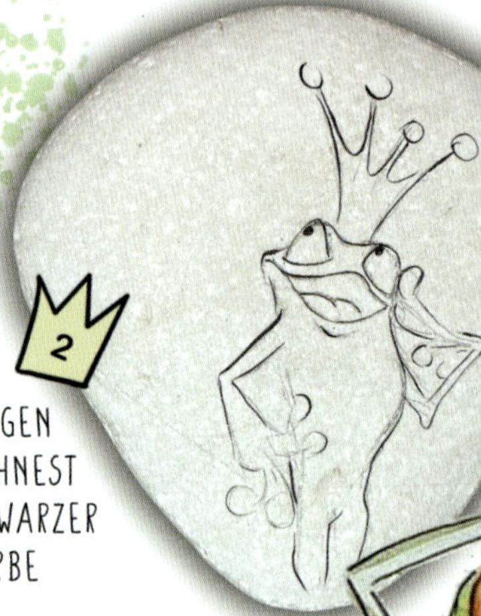

ALLE WICHTIGEN LINIEN ZEICHNEST DU MIT SCHWARZER AIRBRUSHFARBE NACH.

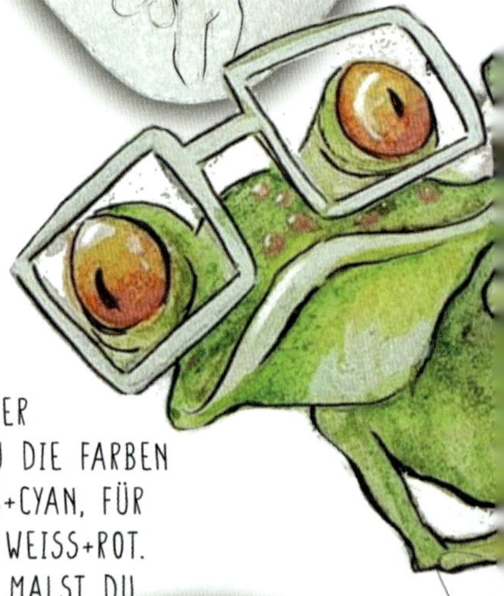

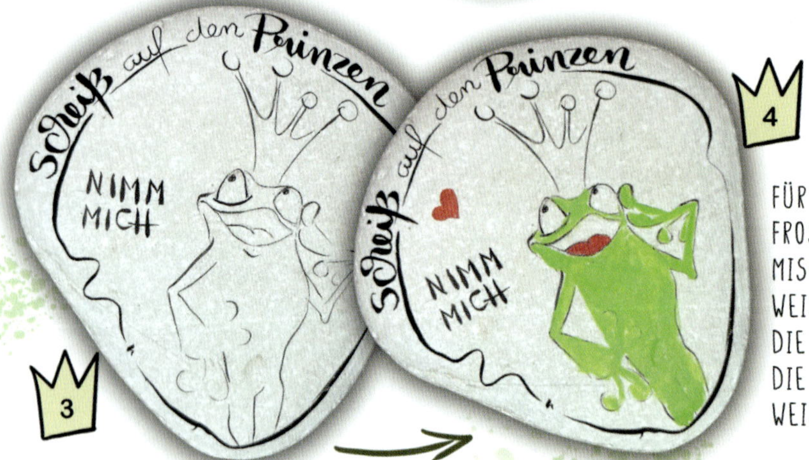

FÜR DEN FROSCHKÖRPER MISCHST DU DIE FARBEN WEISS+GELB+CYAN, FÜR DIE ZUNGE WEISS+ROT. DIE AUGEN MALST DU WEISS AUS.

SCHREIBE »SCHEISS AUF DEN PRINZEN« IM BOGEN ÜBER DAS MOTIV UND UMRAHME DEIN WERK MIT EINEM GESCHWUNGENEN RAND. »NIMM MICH« SCHREIBST DU NEBEN DEN FROSCH.

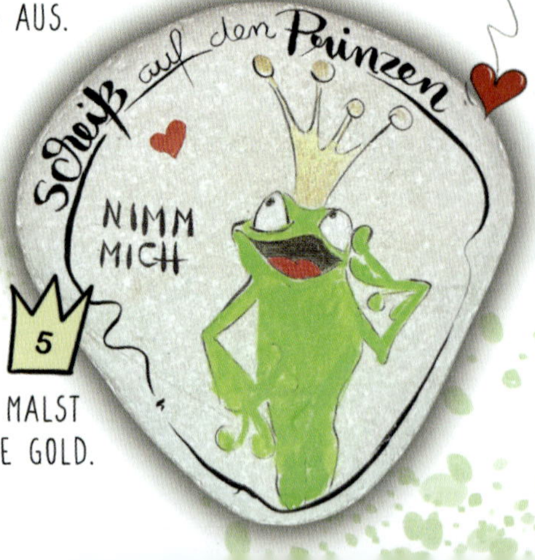

DIE FLÄCHE ÜBER DER ZUNGE MALST DU SEPIA AUS UND DIE KRONE GOLD.

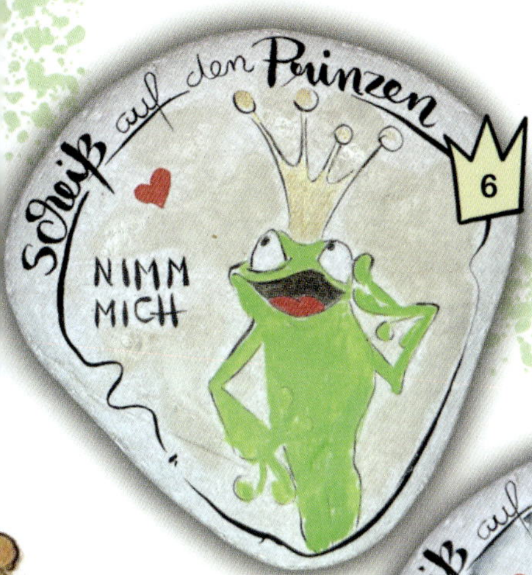

6

MIT WASSER BEREITEST DU DEN HINTERGRUND VOR.

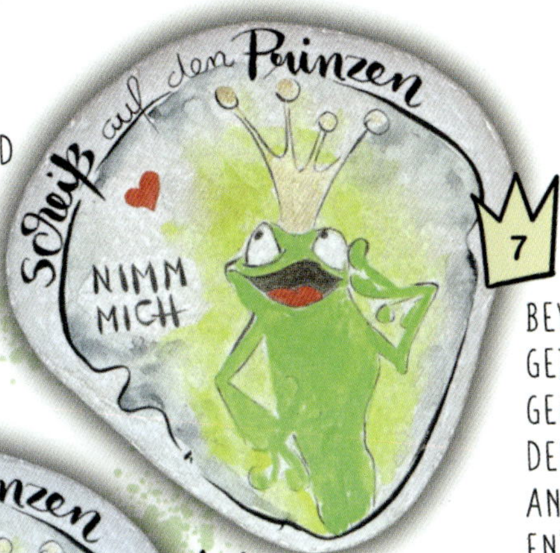

7

BEVOR DAS WASSER GETROCKNET IST, SETZT DU GELBE AQUARELLFARBE UM DEN FROSCH UND BLAUE AN DER UMRANDUNG ENTLANG.

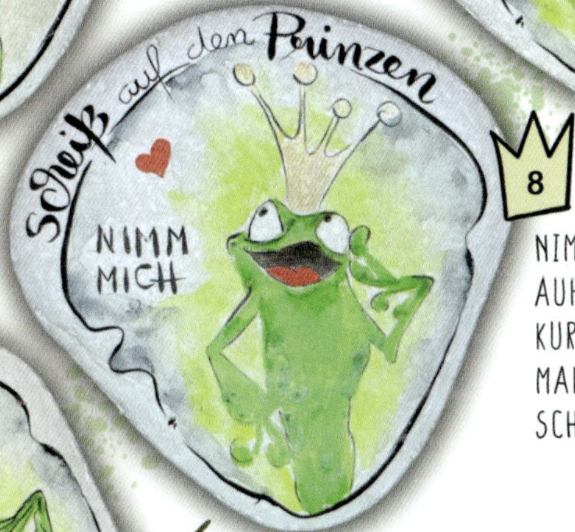

8

NIMM AIRBRUSHFARBEN GELB+ULTRAMARIN AUF DEINEN PINSEL UND DRÜCKE IHN KURZ AUF DEINEN FEUCHTEN MALSCHWAMM. DAMIT MALST DU DIE SCHATTEN UND FLECKEN IM FROSCH.

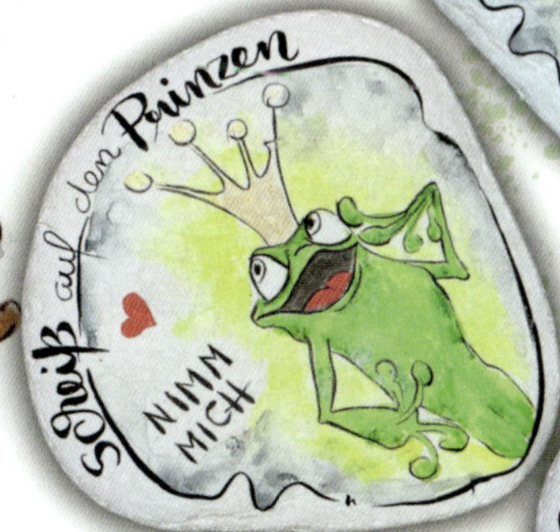

9 ZEICHNE FEHLENDE KONTUREN NACH.

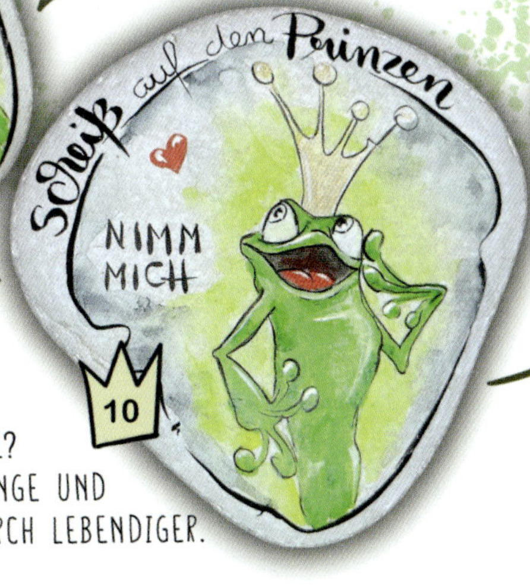

10

SIEHST DU DIE WEISSEN LICHTPUNKTE? BAUCH, PUPILLEN, ZUNGE UND KRONE WIRKEN DADURCH LEBENDIGER.

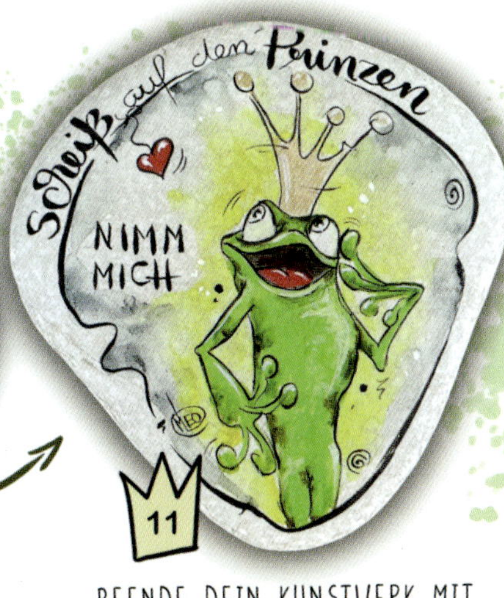

11

BEENDE DEIN KUNSTWERK MIT SCHNÖKEN, DÖKEN UND GEDÖNS.

DIESE FARBEN BENÖTIGST DU:

AIRBRUSHFARBEN
- SCHWARZ
- WEISS
- SEPIA
- BRAUN
- ULTRAMARIN
- ROT
- MAGENTA
- TERRA ROSSA

AQUARELLFARBEN
- BLAU

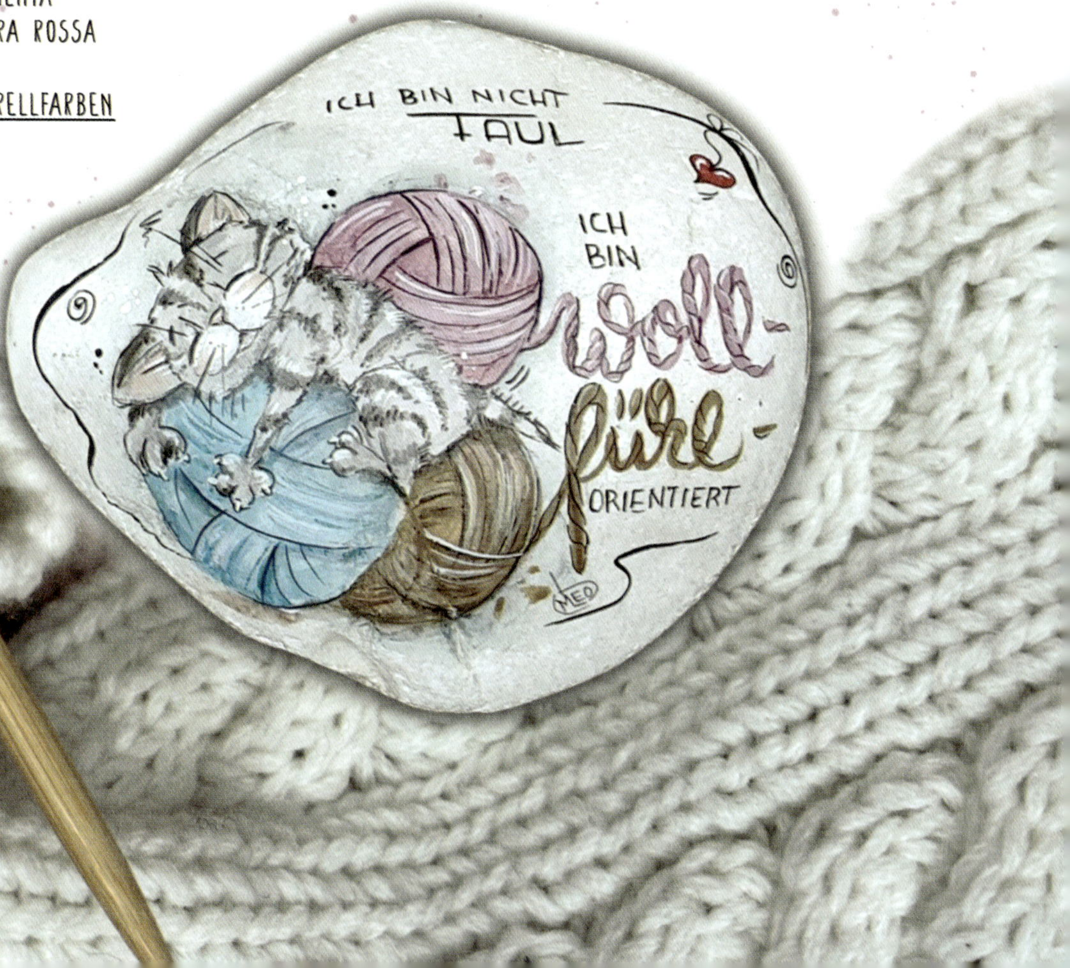

Wollfühl ORIENTIERT

ZEICHNE MIT DEM BLEISTIFT DIE FORM DER WOLLE VOR.

1

SKIZZIERE DAS KÄTZCHEN IN DER MITTE.

2

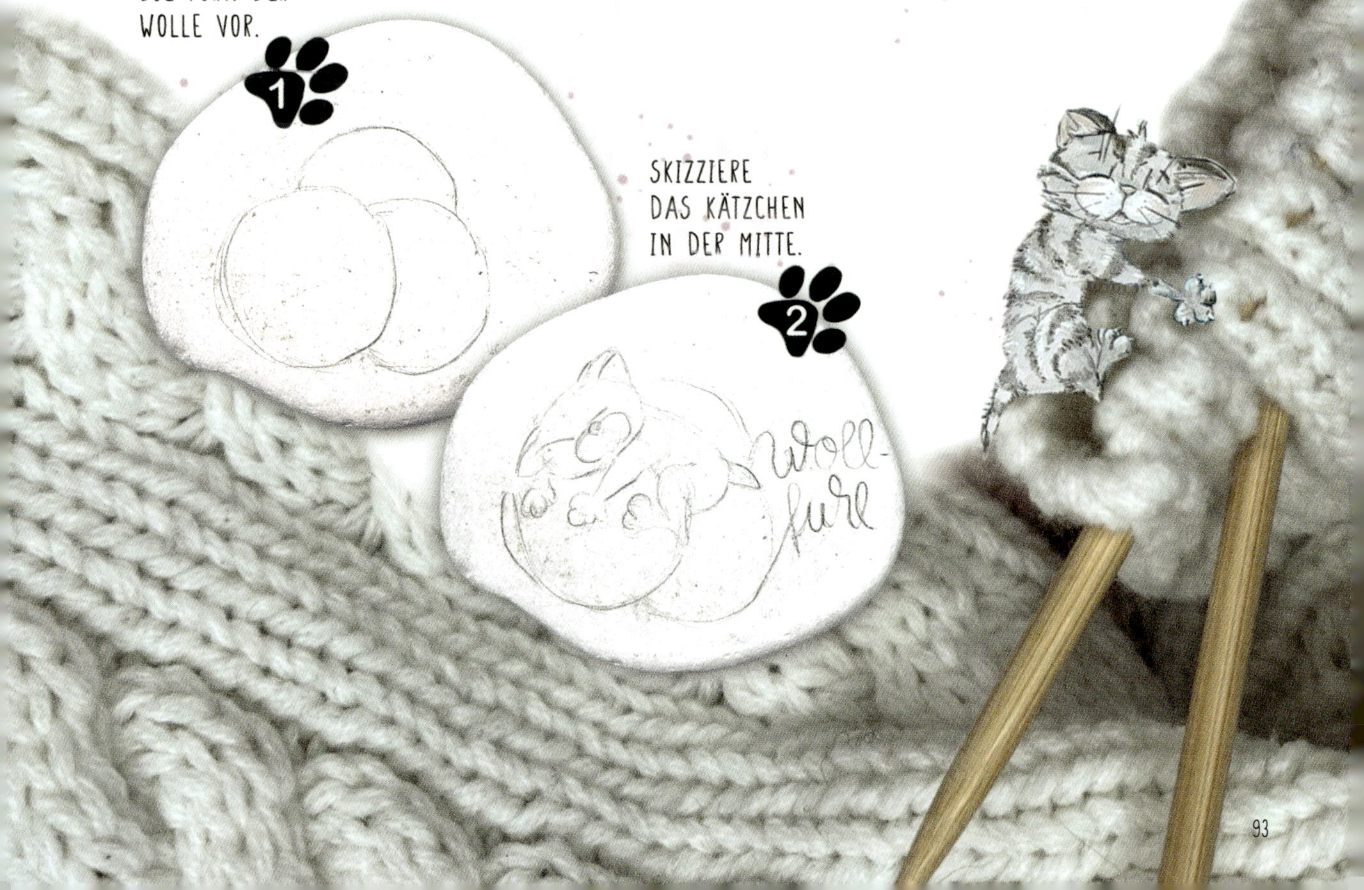

3

ZEICHNE ALLE LINIEN MIT SCHWARZER AIRBRUSHFARBE NACH.

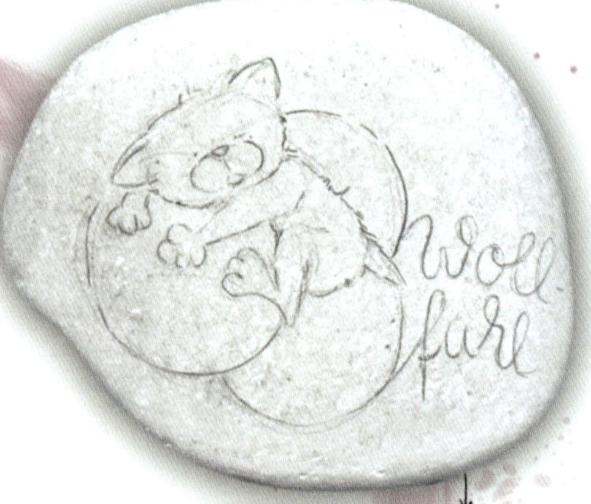

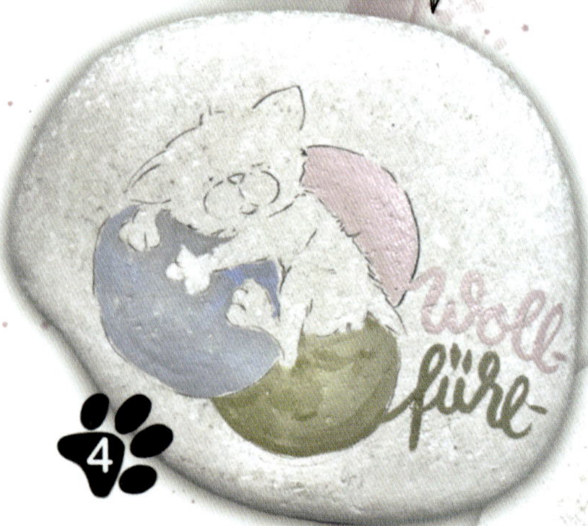

4

MISCHE WEISS+ROT, WEISS+ULTRAMARIN UND WEISS+BRAUN. MALE DIE WOLLKNÄUELS DAMIT AUS.

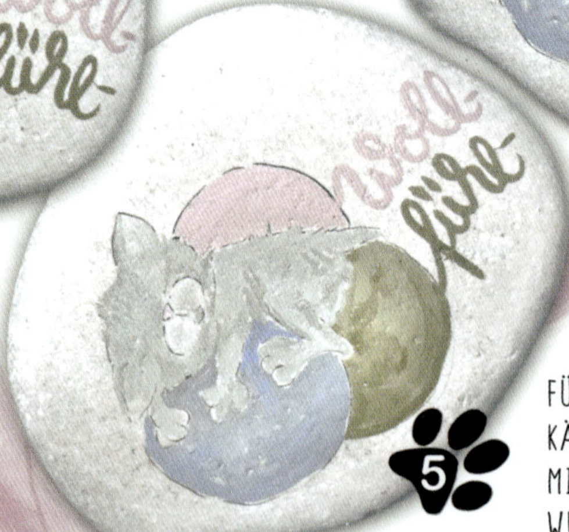

5

FÜR DAS KÄTZCHEN MISCHST DU WEISS+SEPIA.

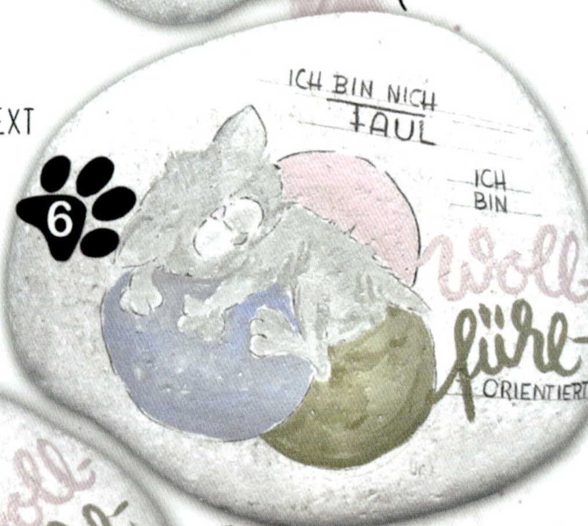

6

SCHREIBE DEN TEXT MIT SCHWARZER AIRBRUSHFARBE.

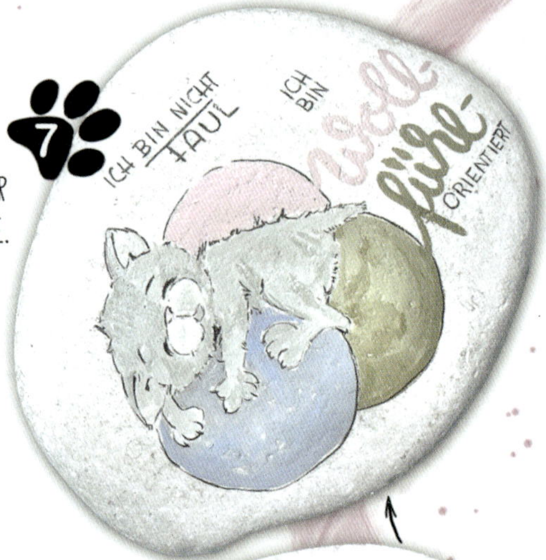

7

DIE KONTUREN ZEICHNEST DU EBENFALLS MIT SCHWARZER AIRBRUSHFARBE.

ZEICHNE FEINE LINIEN UNGLEICHMÄSSIG IN DIE WOLLE.

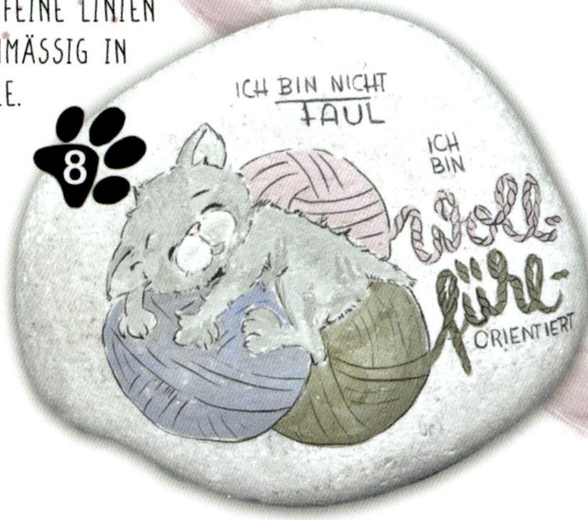

NIMM SEPIA AUF DEINEN PINSEL UND DRÜCKE IHN KURZ AUF DEINEN FEUCHTEN MALSCHWAMM. MALE DEM KÄTZCHEN EIN STREIFENMUSTER.

DAS WIEDERHOLST DU MIT MAGENTA, ULTRAMARIN UND BRAUN UND MALST UNREGELMÄSSIG STRUKTUR IN DIE WOLLE.

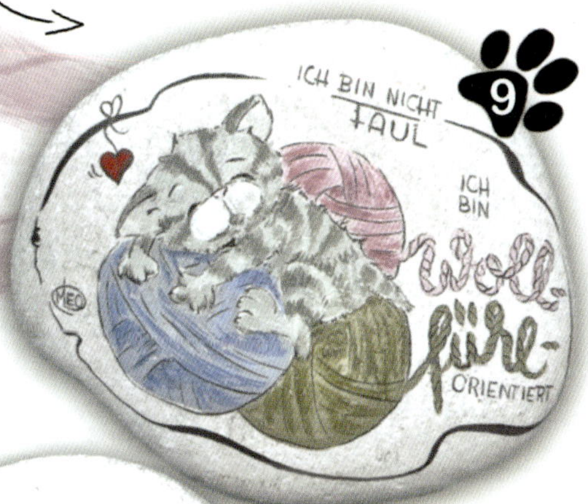

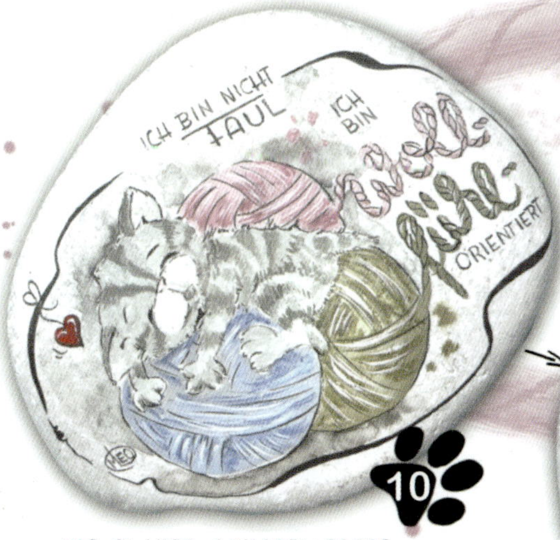

MIT BLAUER AQUARELLFARBE LEGST DU DEN HINTERGRUND AN.

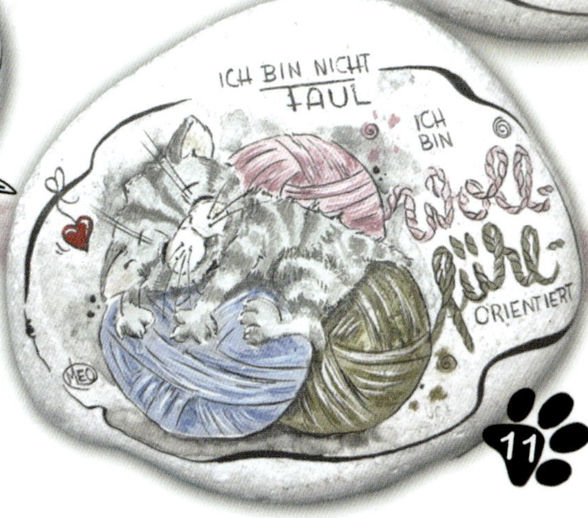

MIT SCHWARZ UND WEISS ZEICHNEST DU LETZTE FEINHEITEN WIE BARTHAARE, PUNKTE, KRINGEL UND STRUKTUR IN DIE WOLLE.

DAS VIDEO ZU DEINEM GLÜCK

VIEL Glück

DIESE FARBEN BENÖTIGST DU:

AIRBRUSHFARBEN
- SCHWARZ
- WEISS
- SEPIA
- CYAN
- ROT
- GELB

AQUARELLFARBEN
- BLAU

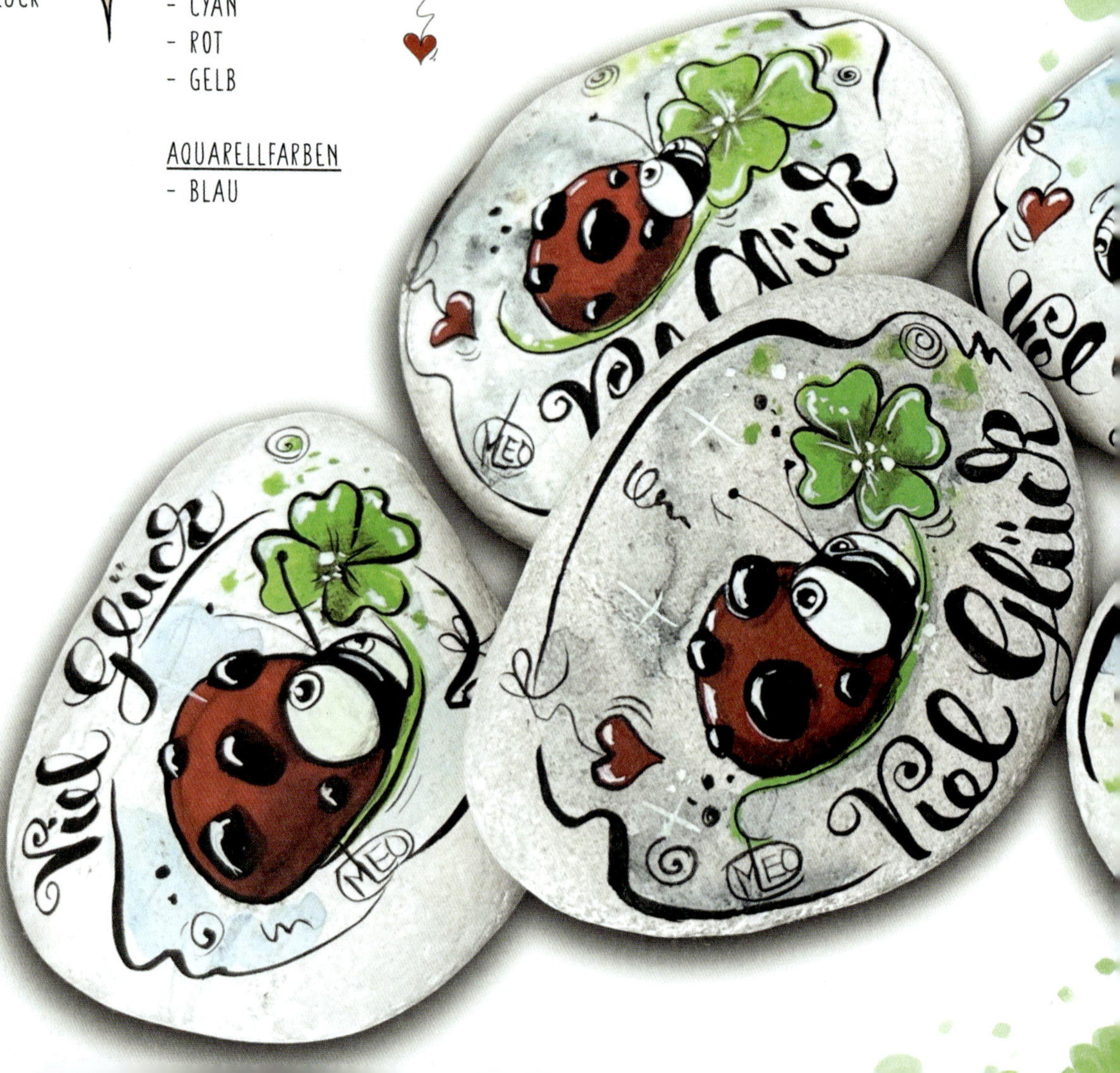

GLÜCK IST DIE SUMME SCHÖNER MOMENTE

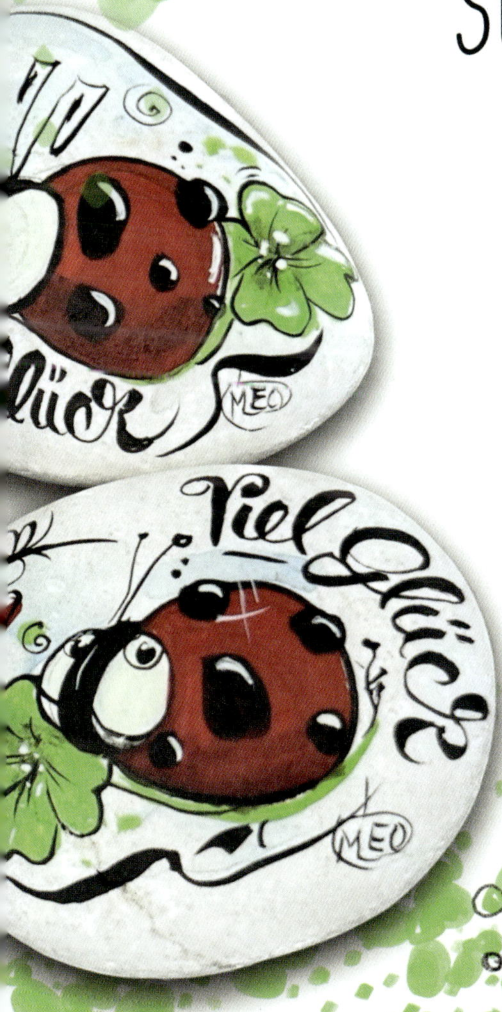

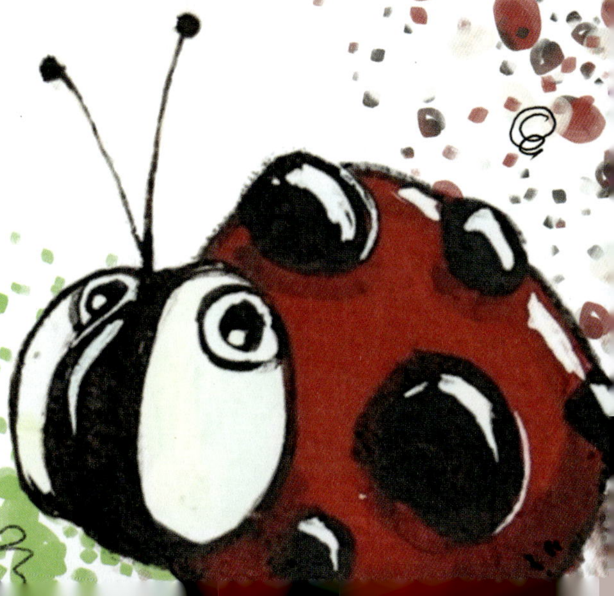

MALE MIT ROT DIE FORM DES KÖRPERS AUF.

1

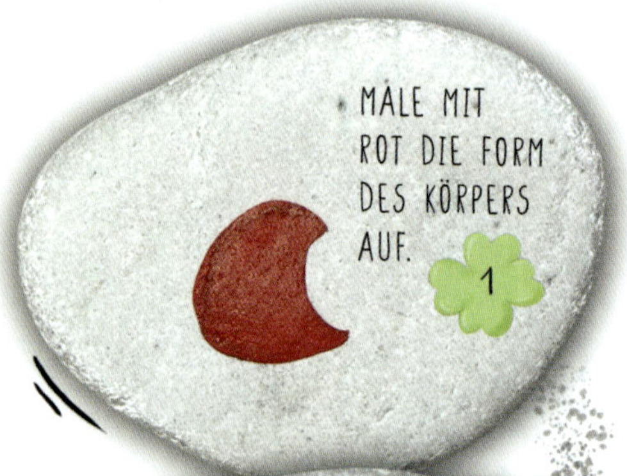

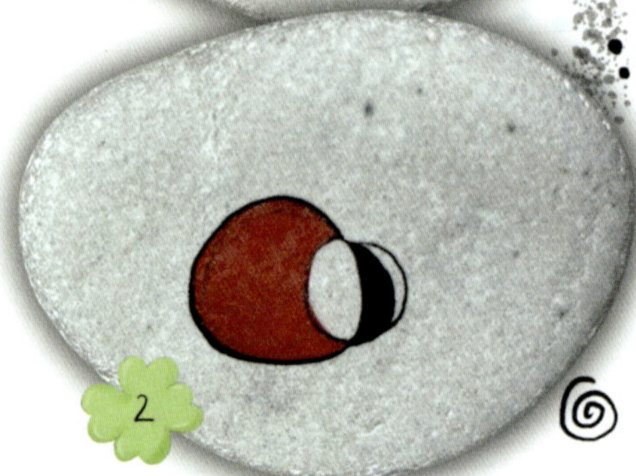

2

MIT SCHWARZ ZEICHNEST DU ERST EIN AUGE, DANN DEN KOPF, EIN WEITERES AUGE UND DIE KONTUR UM DEN KÖRPER.

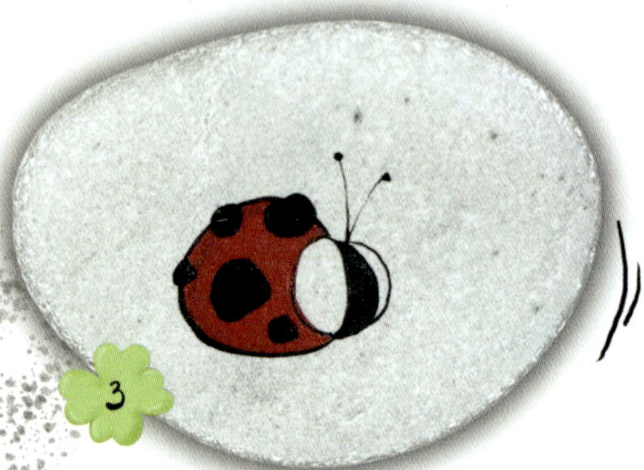

3

ZEICHNE FEINE FÜHLER AM KOPF UND DICKE, UNGLEICHE GLÜCKSPUNKTE IN DIE ROTE FLÄCHE. LASSE SIE RUHIG ÜBERSTEHEN.

SCHREIBE

»VIEL GLÜCK«

IN SCHÖNER SCHREIBSCHRIFT. VORNE IM BUCH FINDEST DU EINEN TIPP VON MIR DAZU.

4

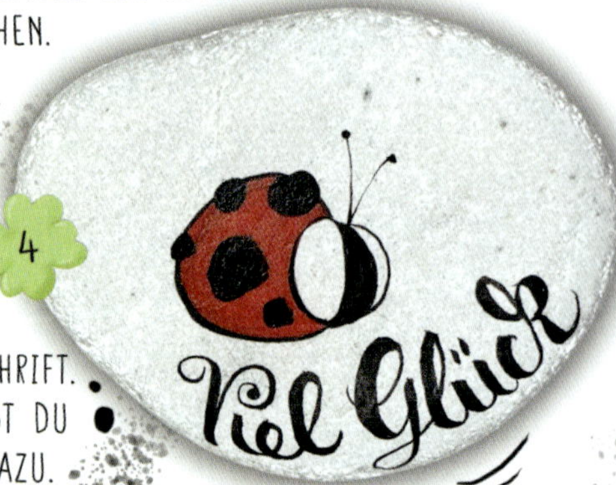

5

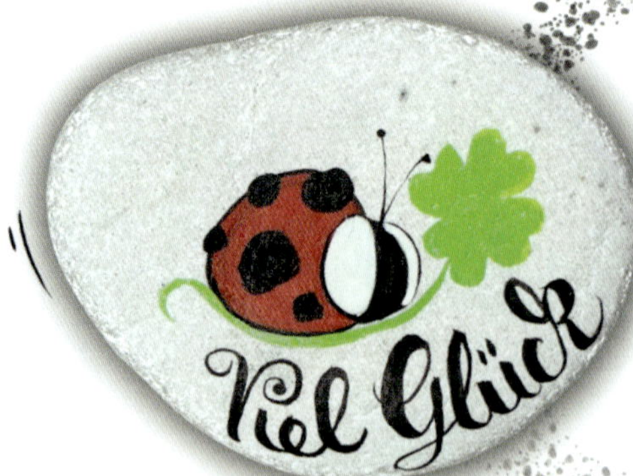

DIE AUGEN MALST DU WEISS AUS. FÜR DAS KLEEBLATT MISCHST DU WEISS+GELB+CYAN.

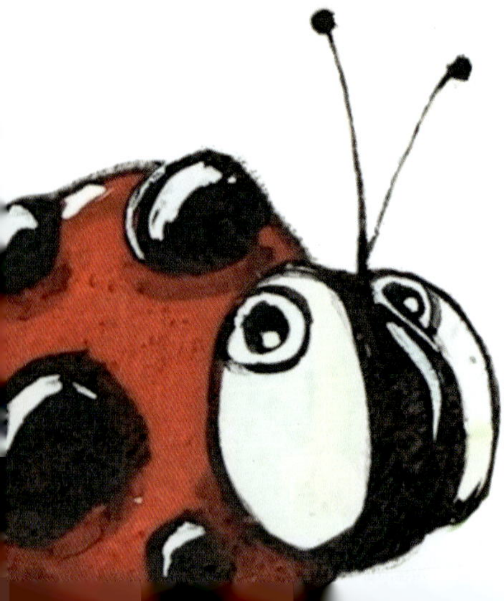

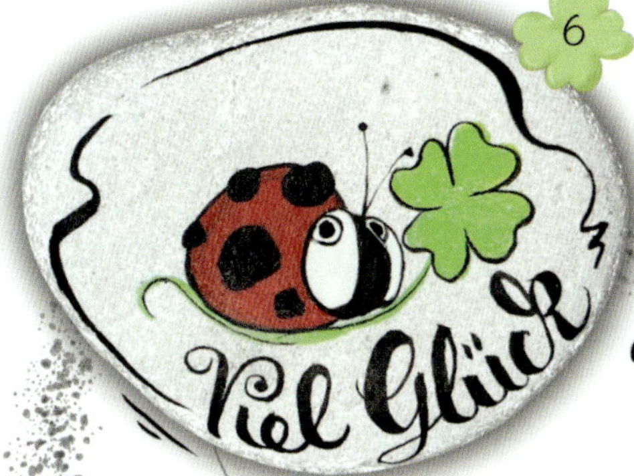

6

MIT SCHWARZ ZEICHNEST DU EINE SCHWUNGVOLLE UMRANDUNG. DAS KLEEBLATT ERHÄLT SEINE KONTUR UND DIE AUGEN IHRE PUPILLEN.

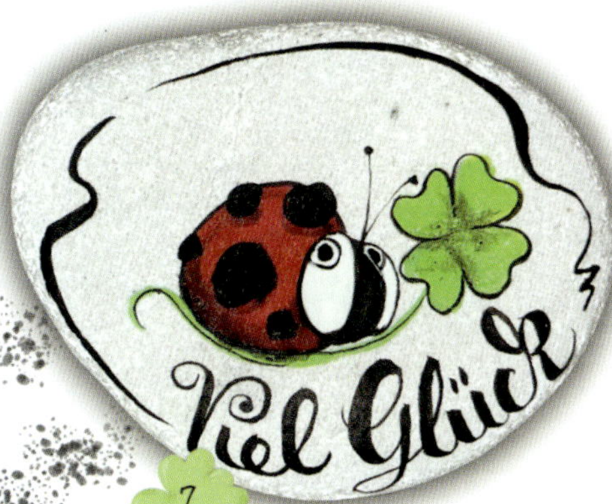

7

NIMM SEPIA AUF DEINEN PINSEL UND DRÜCKE IHN KURZ AUF DEINEN FEUCHTEN MALSCHWAMM.
DAMIT SCHATTIERST DU DEN KÄFER IM UNTEREN BEREICH UND DAS KLEEBLATT MITTIG.

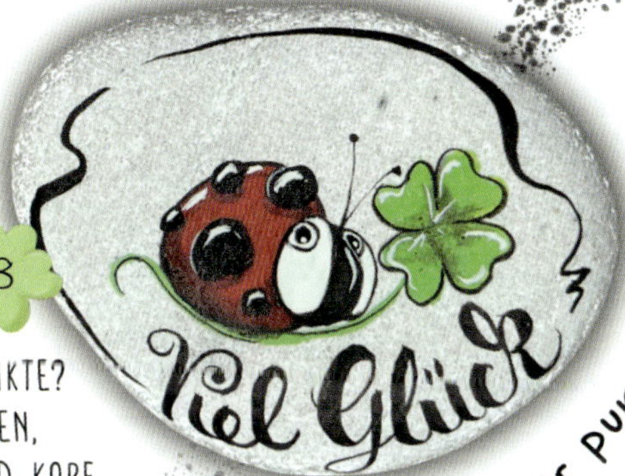

8

SIEHST DU DIE WEISSEN LICHTPUNKTE? KLEEBLATT, PUPILLEN, GLÜCKSPUNKTE UND KOPF SEHEN DADURCH LEBENDIGER AUS.

punkt für punkt
ein toller käfer

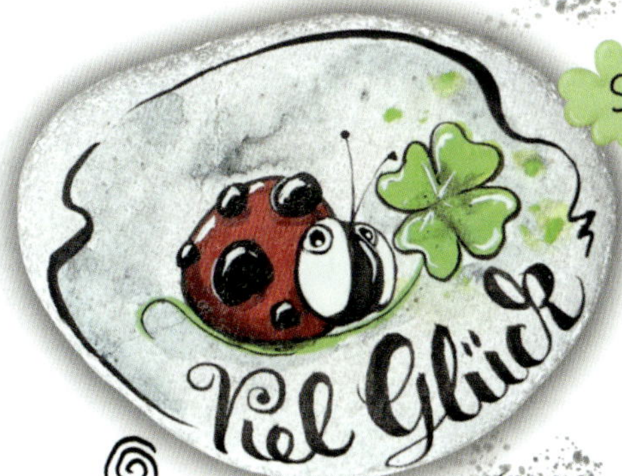

9

GESTALTE DEN HINTERGRUND MIT BLAUER AQUARELLFARBE. GEBE EIN PAAR GRÜNE TUPFEN IN DIE NOCH FEUCHTE FARBE.

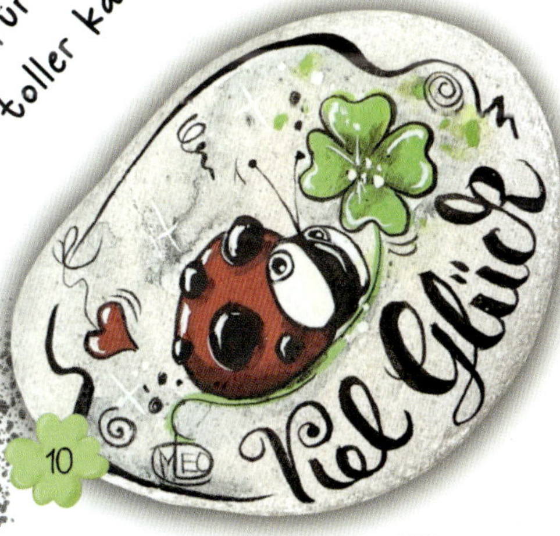

10

BEENDE DEIN KUNSTWERK MIT SCHNÖKEN, DÖKEN UND GEDÖNS.

SCHUTZENGELchen

DIESE FARBEN BENÖTIGST DU:

<u>AIRBRUSHFARBEN</u>
- SCHWARZ
- WEISS
- SEPIA
- BRAUN
- ROT
- GELB
- TERRA ROSSA

<u>AQUARELLFARBEN</u>
- BLAU

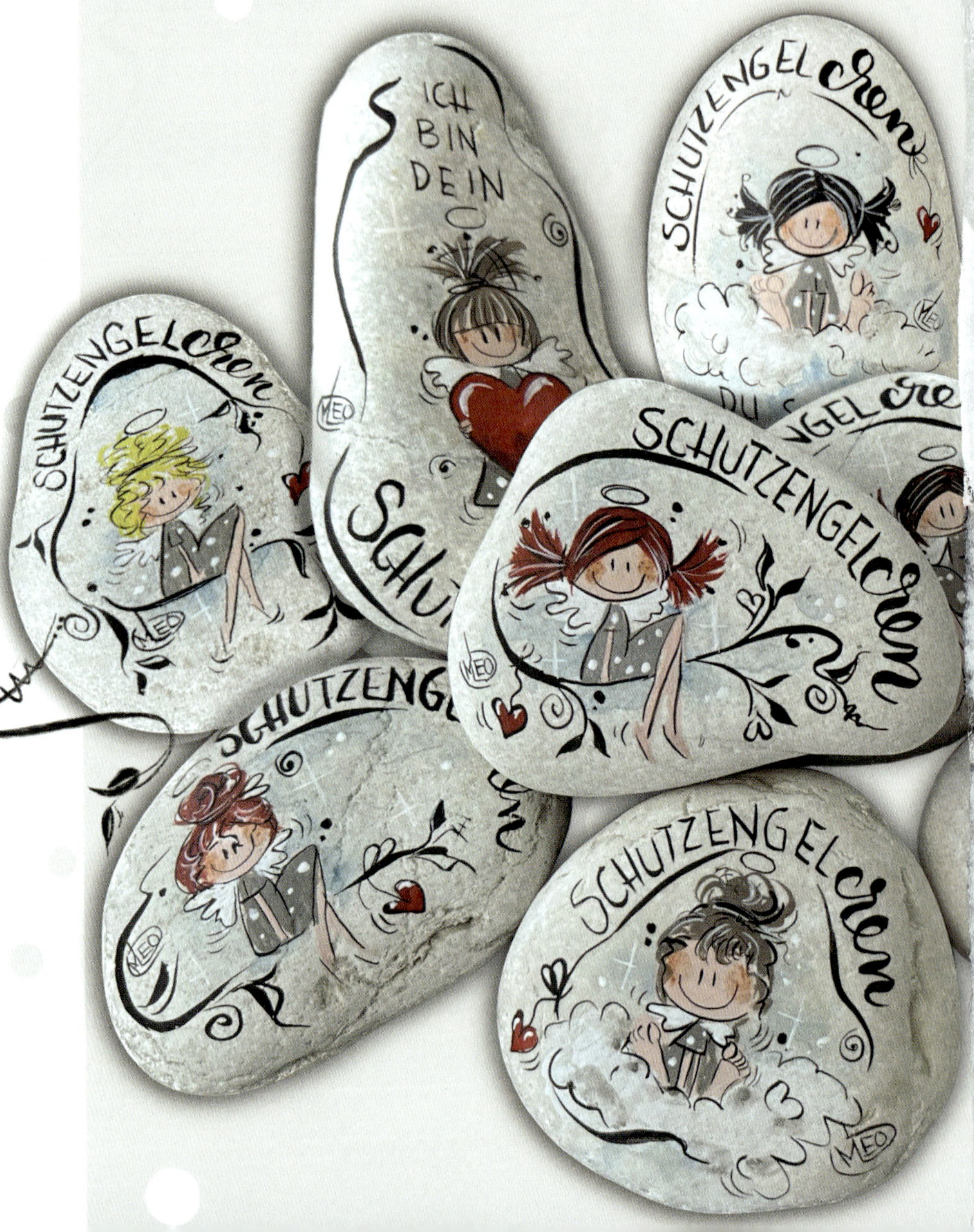

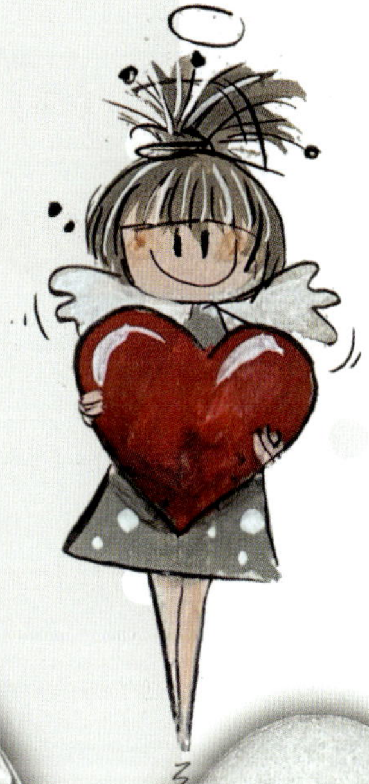

OB REGEN ODER
SONNENSCHEIN,
ICH WERDE
IMMER BEI DIR
SEIN.

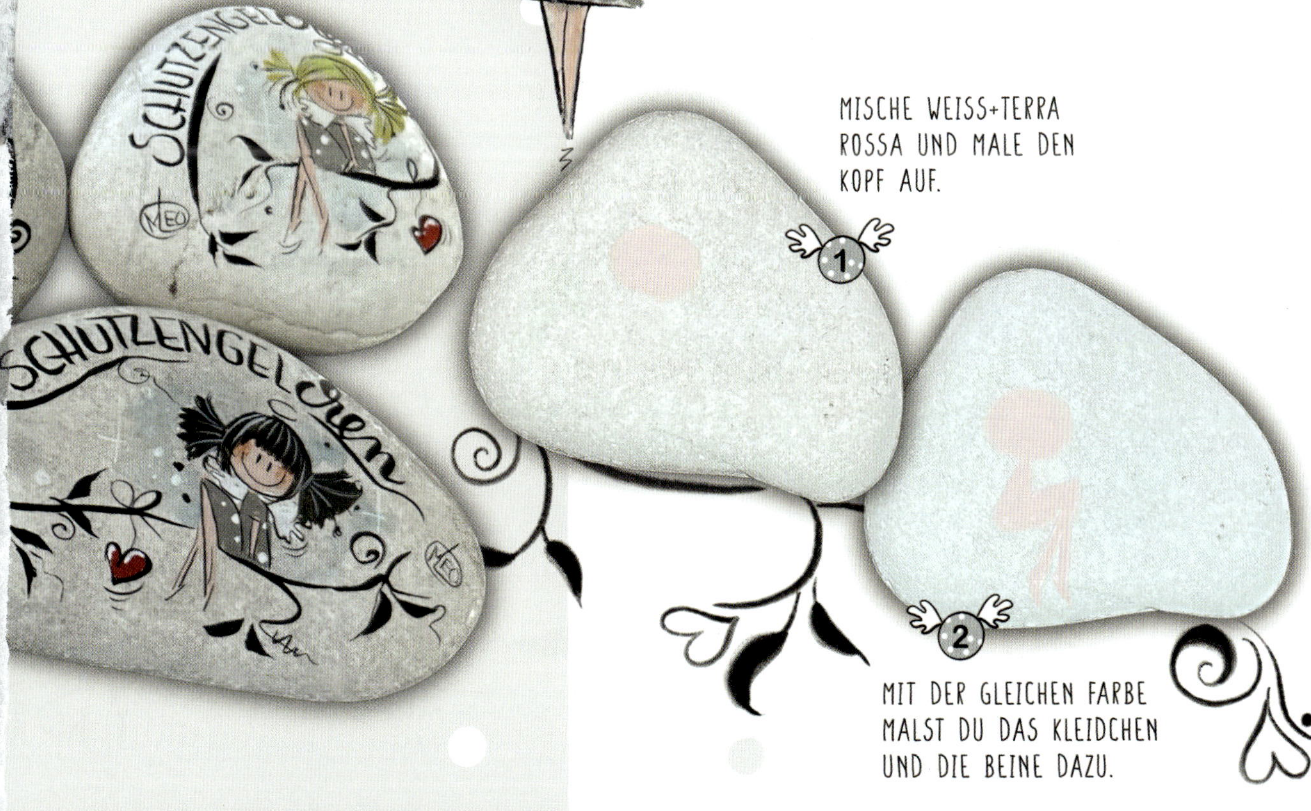

MISCHE WEISS+TERRA ROSSA UND MALE DEN KOPF AUF.

MIT DER GLEICHEN FARBE MALST DU DAS KLEIDCHEN UND DIE BEINE DAZU.

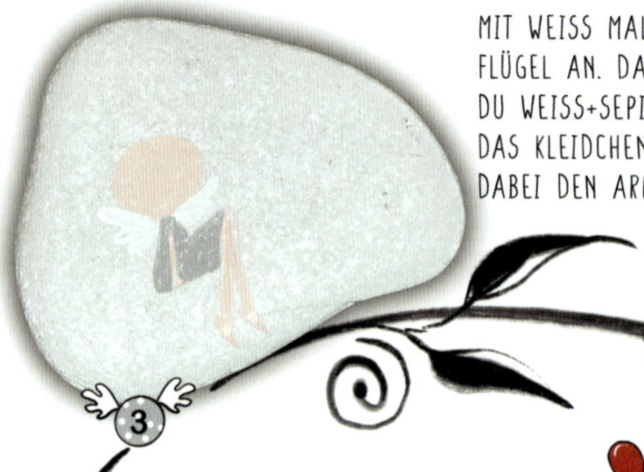

MIT WEISS MALST DU DIE FLÜGEL AN. DANN MISCHST DU WEISS+SEPIA UND MALST DAS KLEIDCHEN AUS. LASSE DABEI DEN ARM FREI.

ENTSCHEIDE SELBST, WELCHE HAARFARBE DEIN ENGELCHEN BEKOMMEN SOLL.

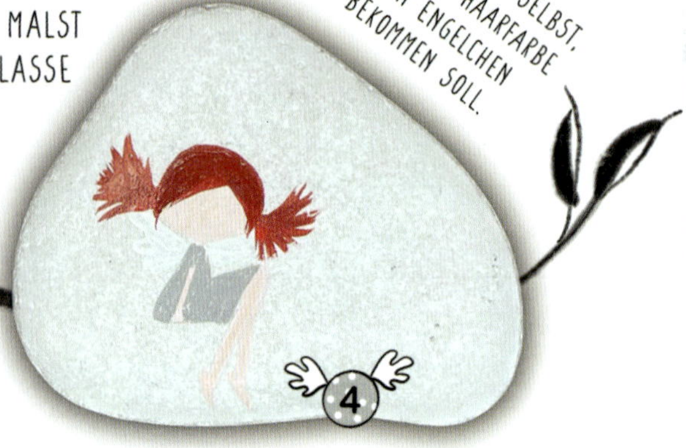

FÜR DIE HAARE HABE ICH HIER ROT+BRAUN GEMISCHT.

MIT SCHWARZ SCHREIBST »SCHUTZENGEL« IN DRUCKBUCHSTABEN UND »CHEN« IN SCHÖNER SCHREIBSCHRIFT.

DEN RAND GESTALTEST DU SO, DASS ER DEN AST BILDET, AUF DEM DAS ENGELCHEN SITZT.

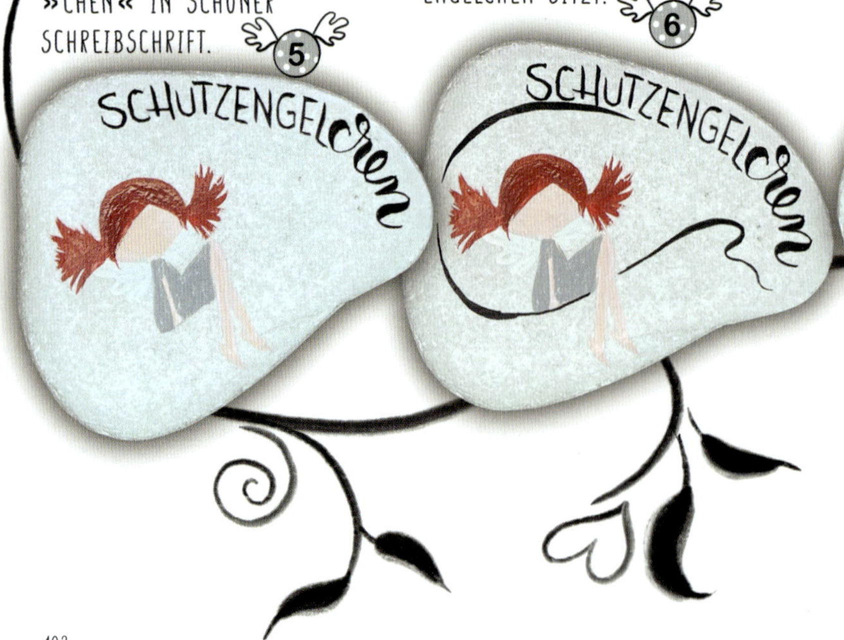

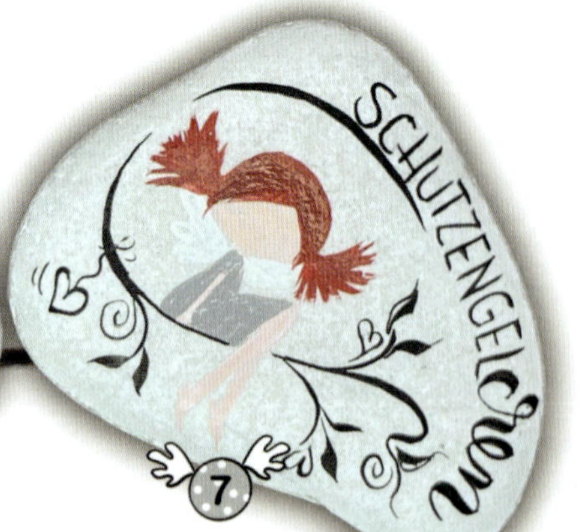

NUN ZEICHNEST DU BLÄTTER, HERZCHEN UND KRINGEL AN DEN AST.

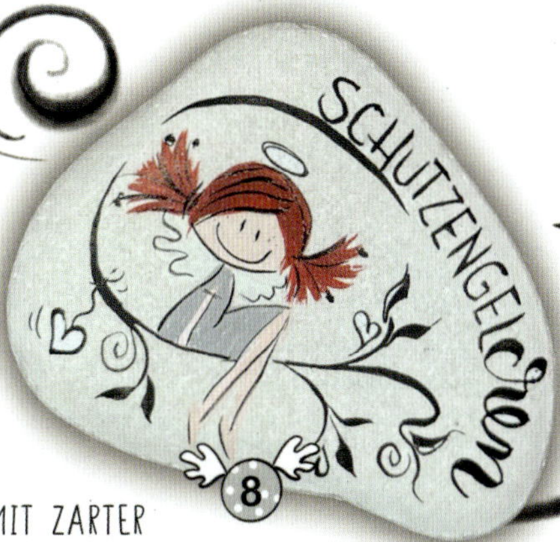

8

MIT ZARTER PINSELSPITZE ZEICHNEST DU KONTUREN, GESICHT, HAARSTRUKTUR UND HEILIGENSCHEIN.

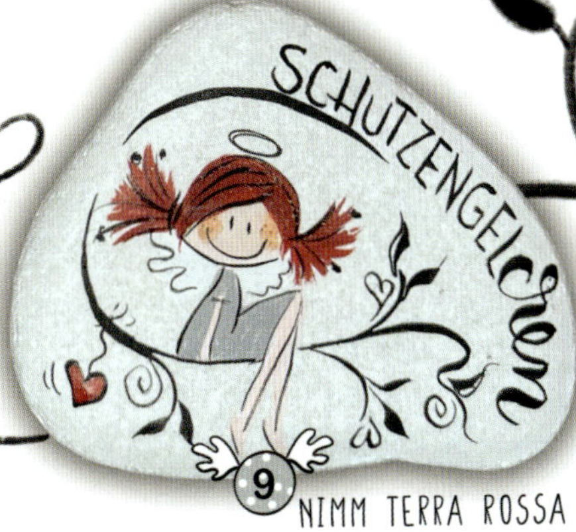

9

NIMM TERRA ROSSA AUF DEINEN PINSEL UND DRÜCKE IHN KURZ AUF DEINEN FEUCHTEN MALSCHWAMM. DAMIT MALST DU DIE WANGEN.

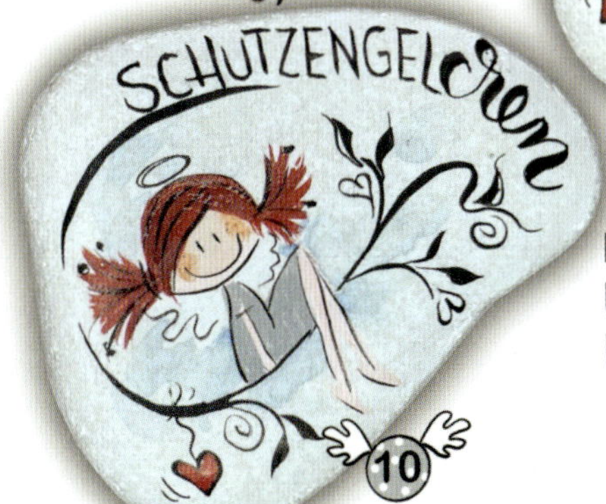

10

DEN HINTERGRUND GESTALTEST DU MIT AQUARELLBLAU.

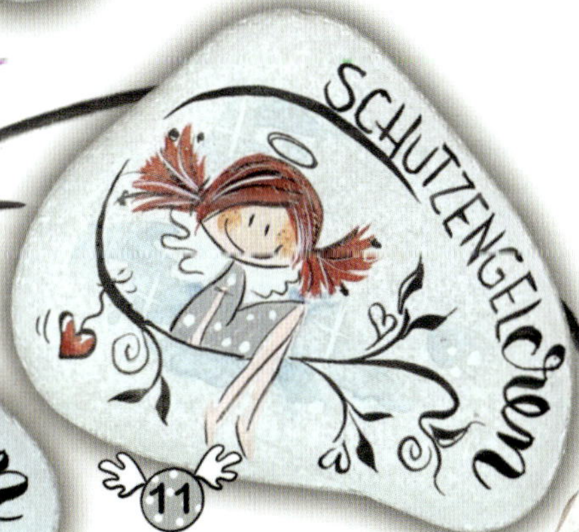

11

PUNKTE IM KLEID, STERNCHEN UND HAARSTRUKTUR ZEICHNEST DU MIT WEISS.

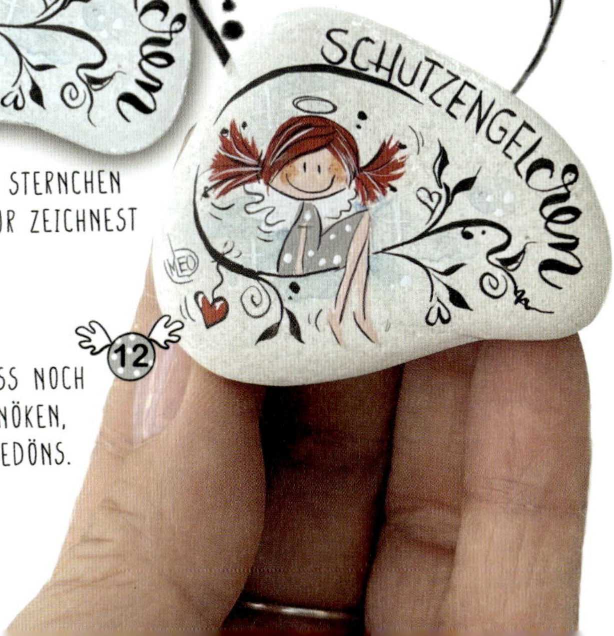

12

ZUM SCHLUSS NOCH ETWAS SCHNÖKEN, DÖKEN & GEDÖNS.

Gedenkstein

FÜR UNSERE STERNCHEN

DAS BEMALEN EINES GEDENKSTEINS IST IMMER ETWAS BESONDERES, ETWAS ANDÄCHTIGES.

ICH BIN TRAURIG UND DOCH DANKBAR, DENN ICH HABE DIE MÖGLICHKEIT, MIT MEINER KUNST EINE ERINNERUNG ZU ERSCHAFFEN, GANZ INDIVIDUELL UND PERSÖNLICH.

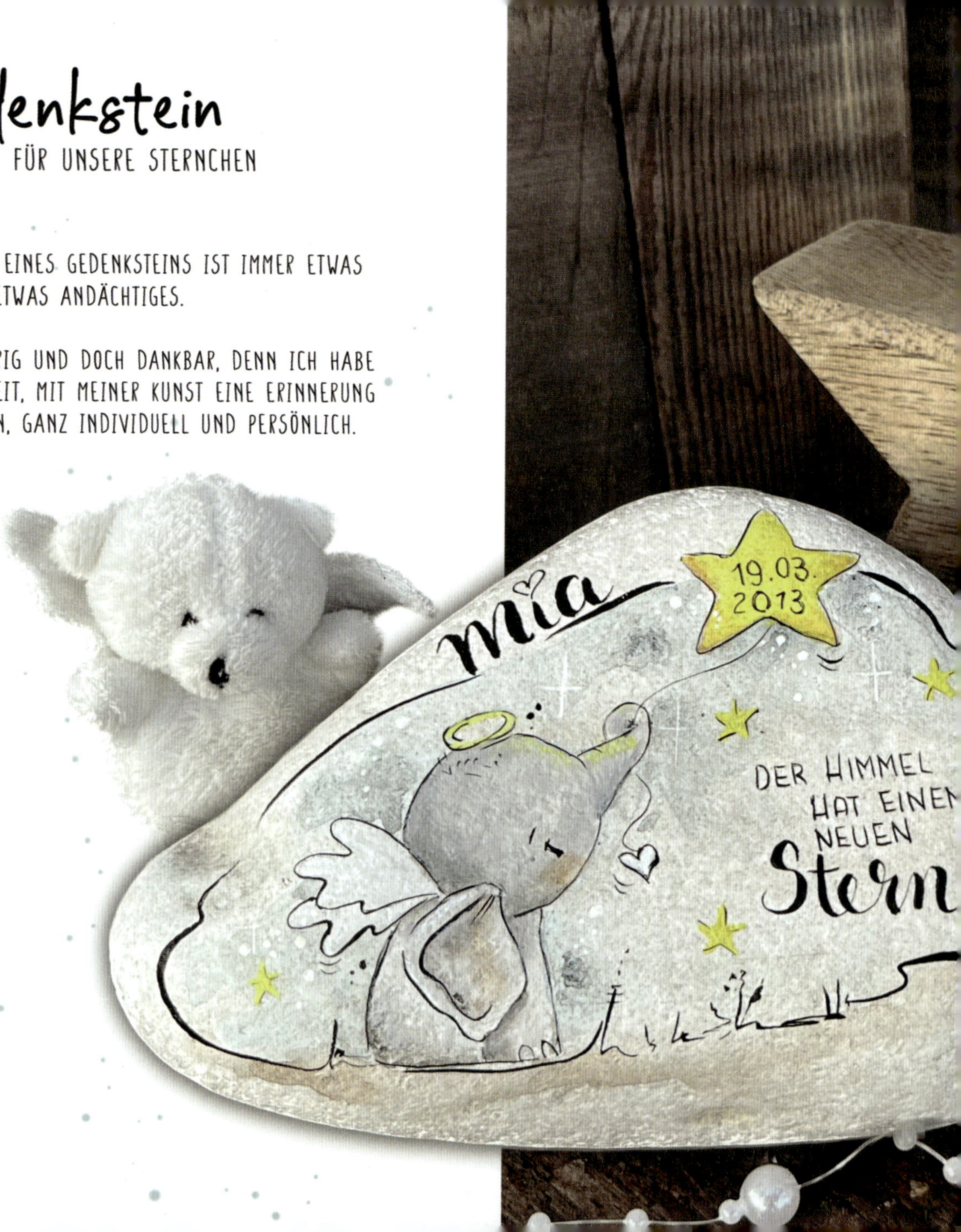

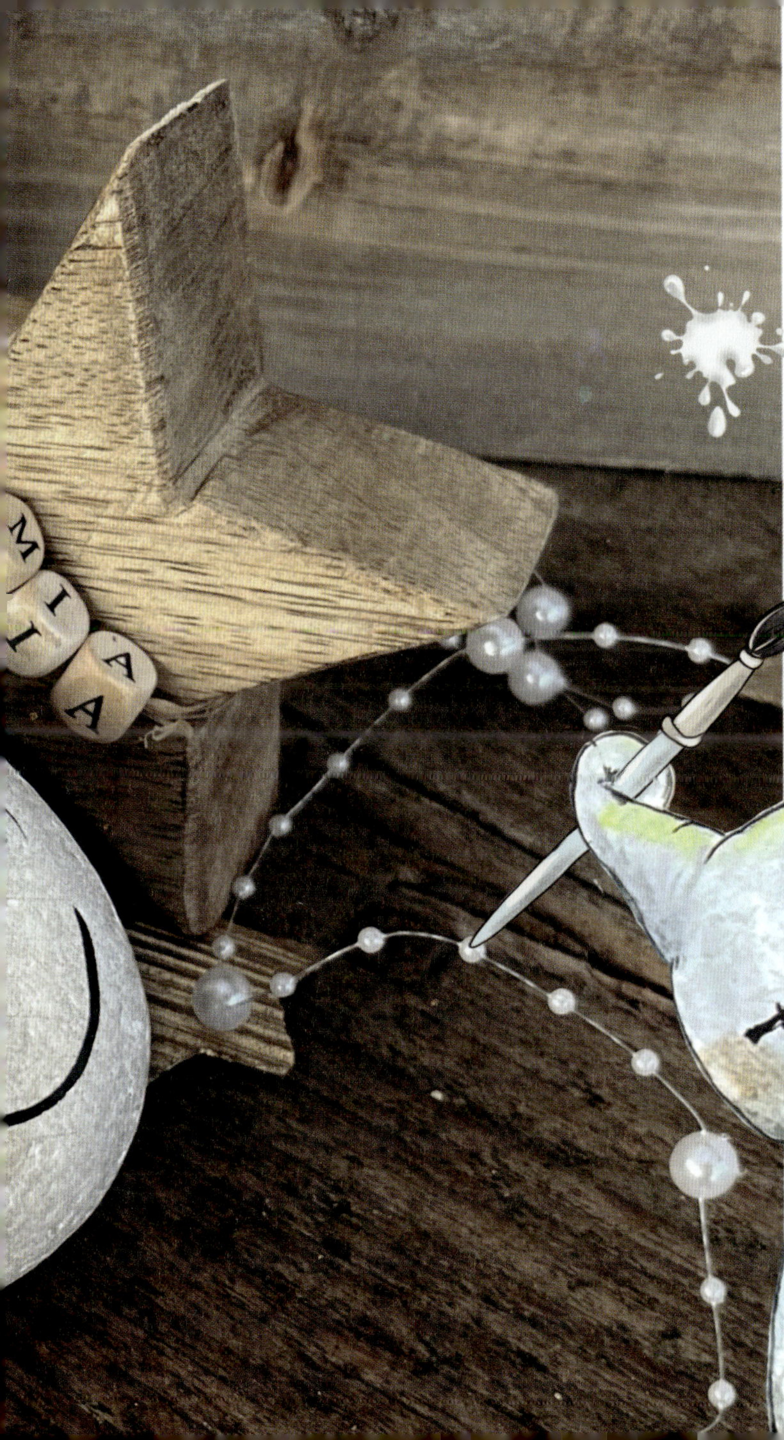

DIESE FARBEN BENÖTIGST DU:

AIRBRUSHFARBEN
- SCHWARZ
- WEISS
- SEPIA
- GELB
- TERRA ROSSA

AQUARELLFARBEN
- BLAU
- BRAUN

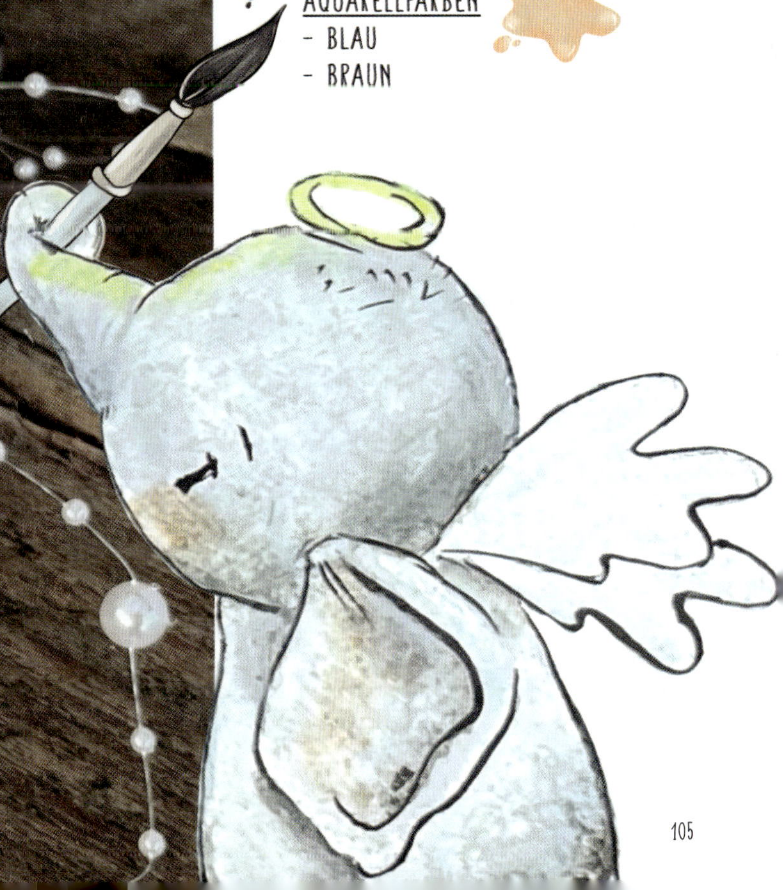

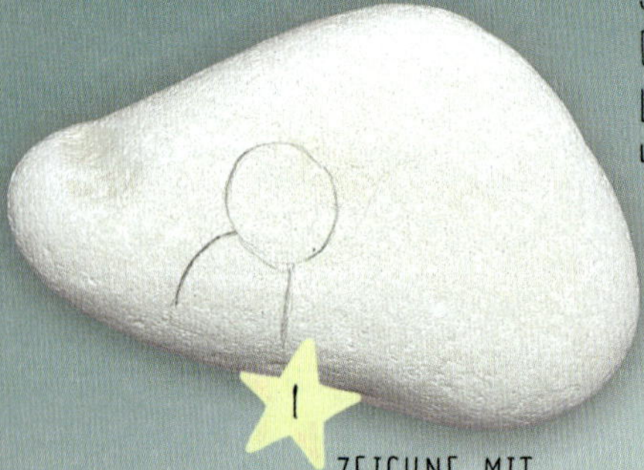

ZEICHNE MIT DEM BLEISTIFT DIE FORM DES KOPFES UND DES KÖRPERS VOR.

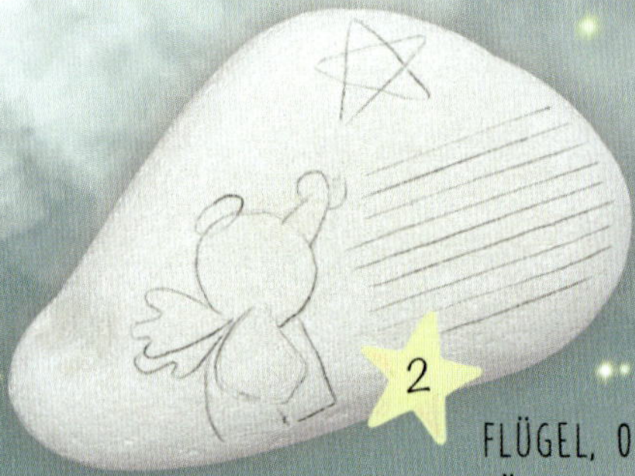

FLÜGEL, OHREN, RÜSSEL UND STERN SKIZZIEREN. FÜR DEN ABSTAND DER LINIEN HABE ICH 4 MM GEWÄHLT.

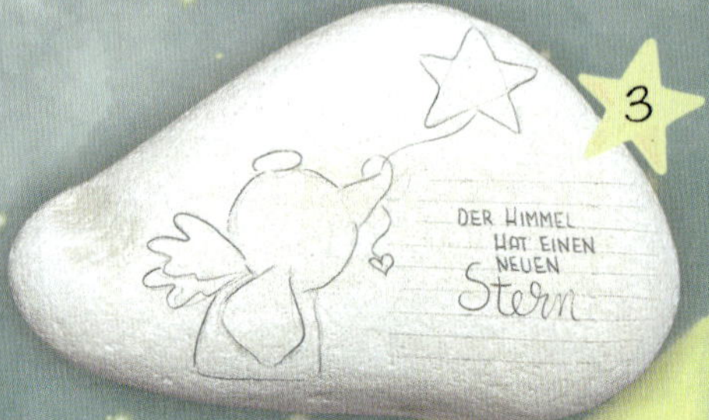

ZEICHNE ALLE LINIEN MIT SCHWARZER AIRBRUSHFARBE GROB NACH.

JETZT KANNST DU ALLE HILFSLINIEN WEGRADIEREN.

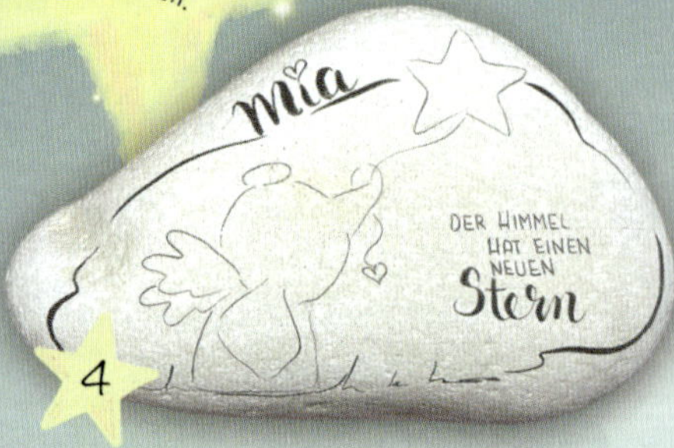

SCHREIBE DEN NAMEN UND ZEICHNE DIE UMRANDUNG SO, DASS SIE DEIN MOTIV HARMONISCH EINBETTEN.

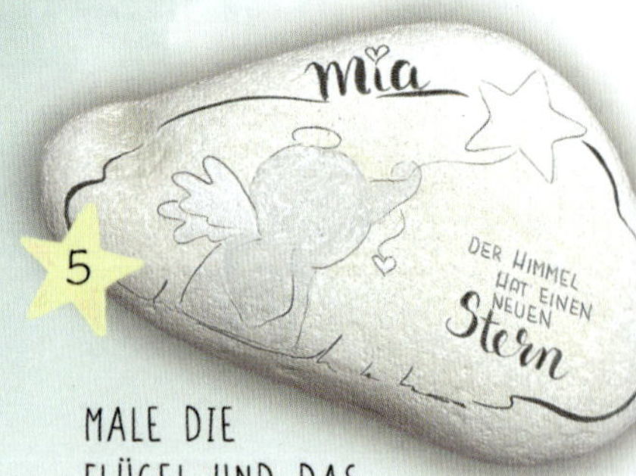

MALE DIE FLÜGEL UND DAS HERZCHEN IN WEISS AUS. FÜR DEN ELEFANTEN MISCHST DU WEISS+SEPIA.

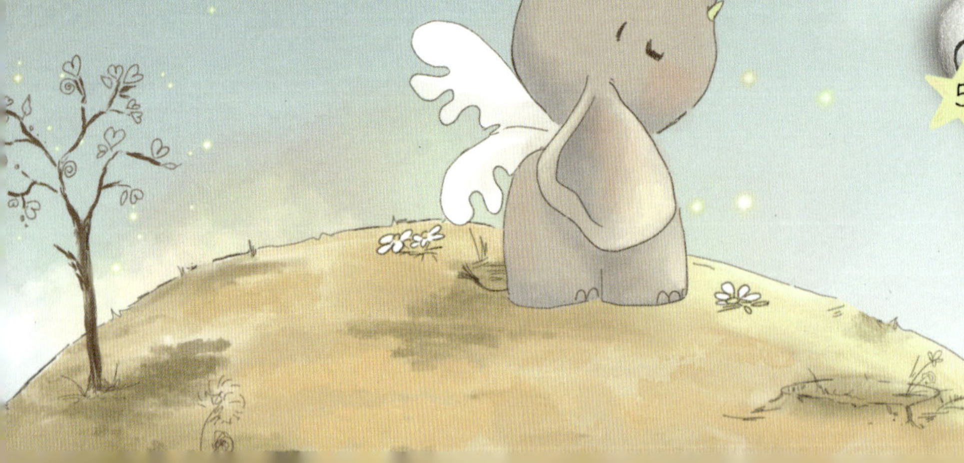

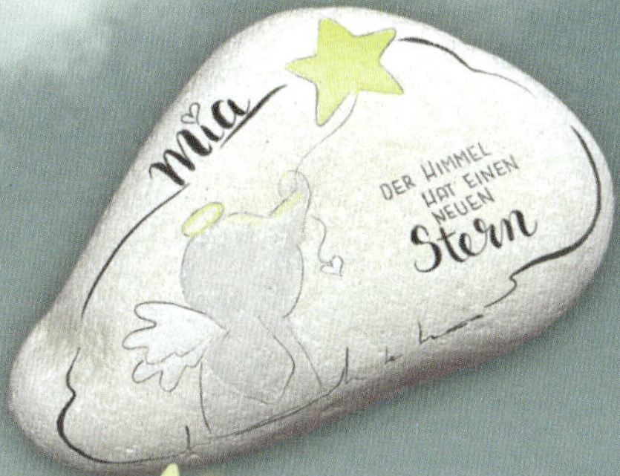

6

MISCHE WEISS+GELB UND MALE DAMIT DEN STERN AUS. EIN WENIG DIESER FARBE PLATZIERST DU ALS LICHTSCHEIN AUF DEM RÜSSEL UND DER STIRN.

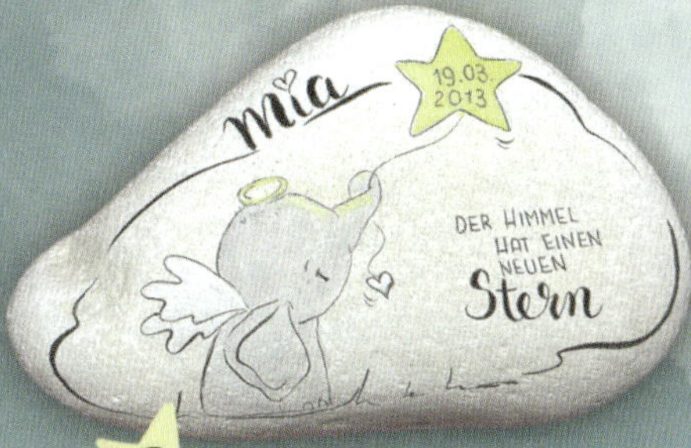

7

ZEICHNE DIE FINALEN KONTUREN, EIN AUGE, HÄÄRCHEN AUF DEM KOPF UND DAS DATUM IN DEN STERN.

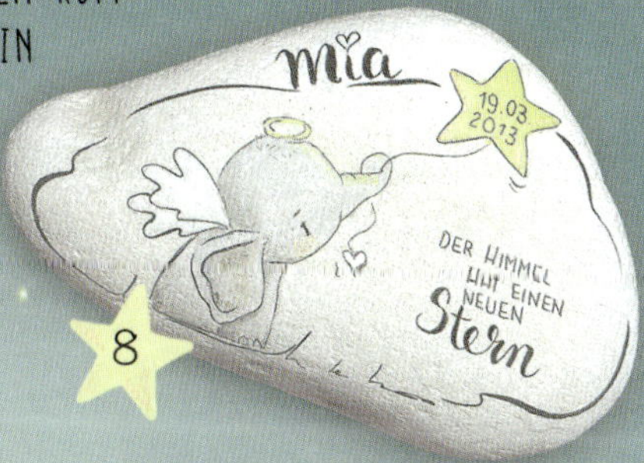

8

MIT EINER LASUR AUS SEPIA SCHATTIERST DU DEN ELEFANTEN. FÜR DIE BÄCKCHEN BENUTZT DU EINE LASUR AUS TERRA ROSSA+WASSER.

MALLULA.DE
HIER FINDEST DU NOCH WEITERE GEDENKSTEINE.

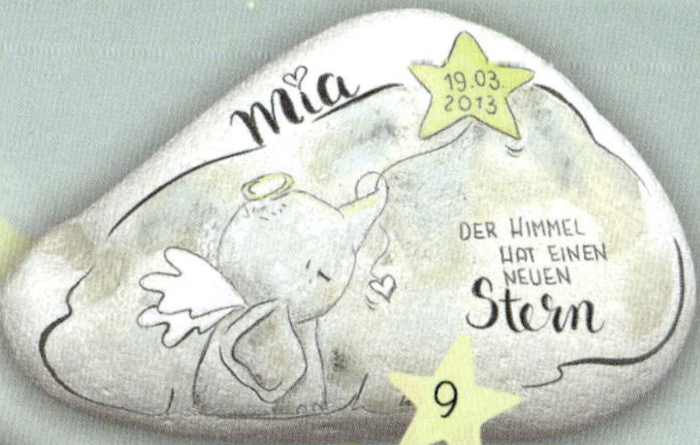

9

DEN HINTERGRUND LEGST DU NASS MIT BLAUER AQUARELLFARBE AN.

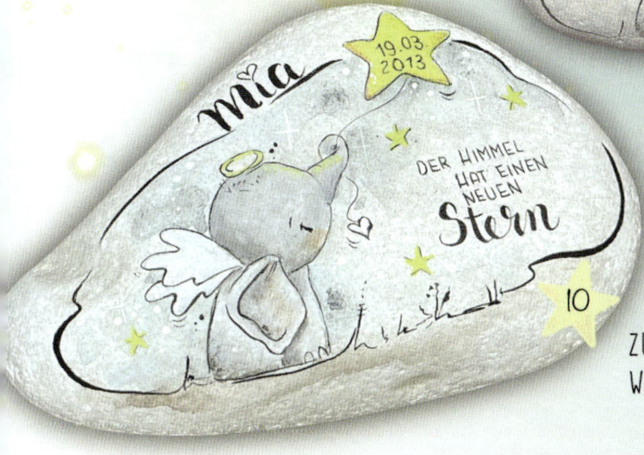

10

ZUM SCHLUSS MALST EINEN STERNENHIMMEL AUS WEISSEN PUNKTEN UND KLEINEN GELBEN STERNEN.

DIESE FARBEN BENÖTIGST DU:

<u>AIRBRUSHFARBEN</u>
- SCHWARZ
- WEISS

<u>AQUARELLFARBEN</u>
- BLAU
- LILA
- BRAUN

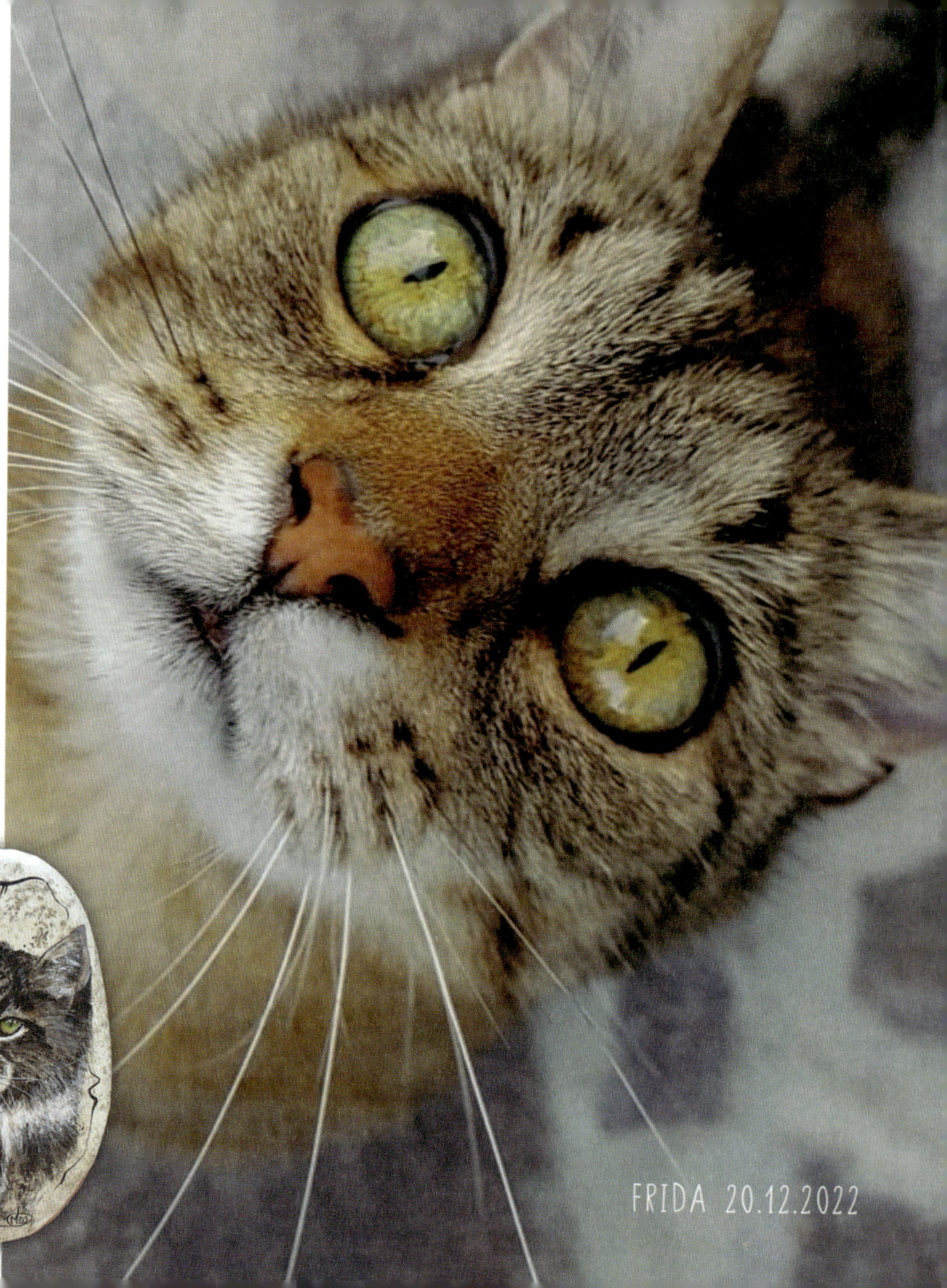

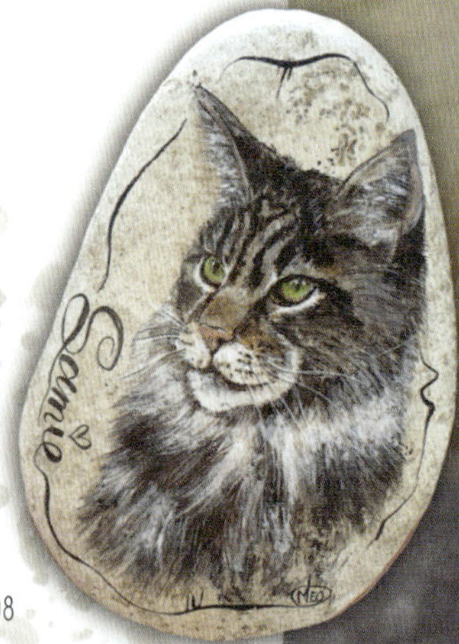

Gedenkstein

FÜR GELIEBTE FELLNASEN

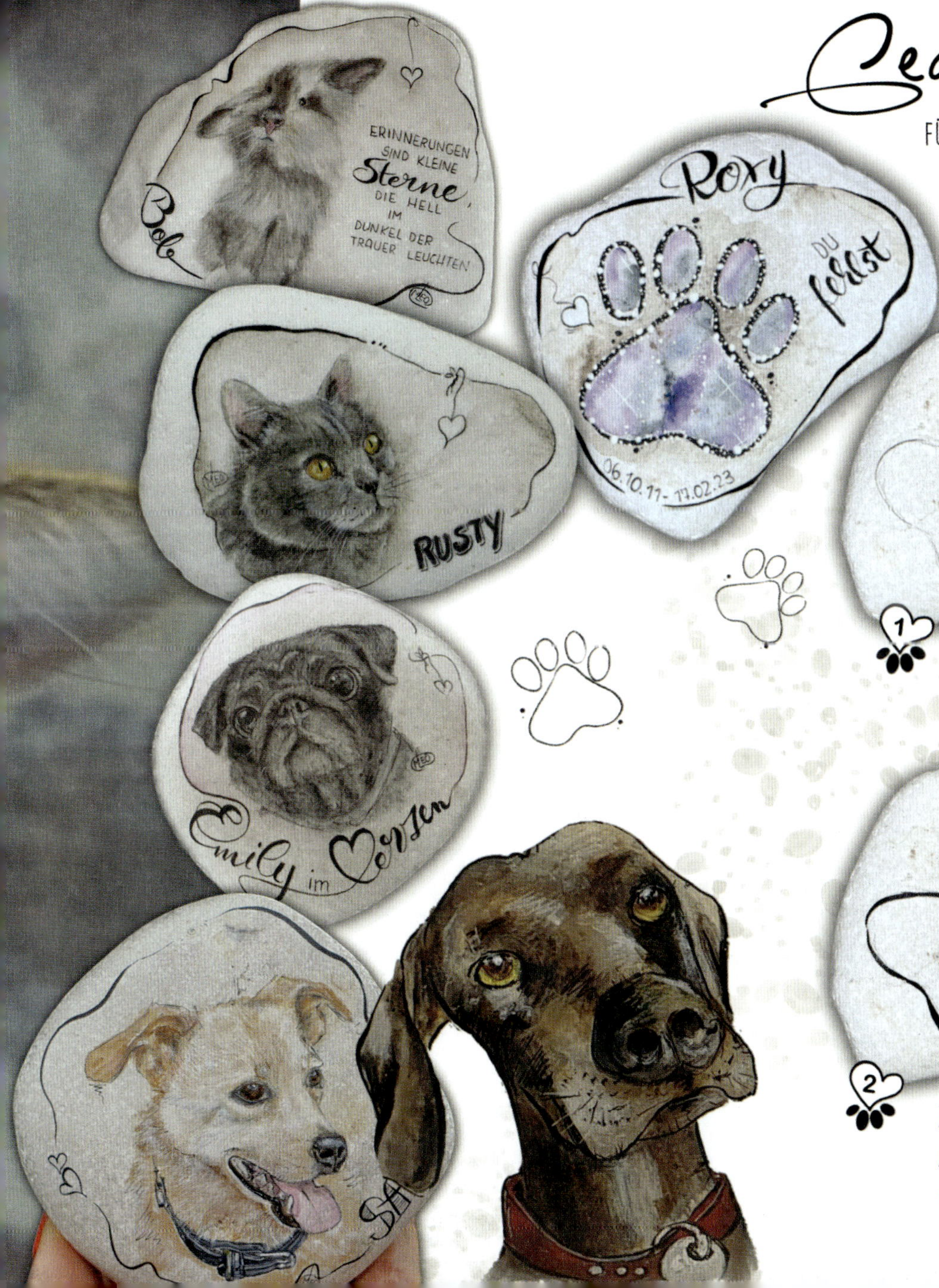

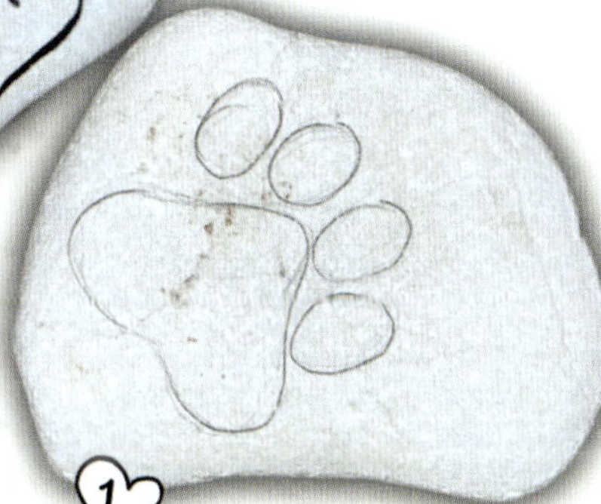

1 ZEICHNE MIT DEM BLEISTIFT DIE FORM EINER TATZE VOR.

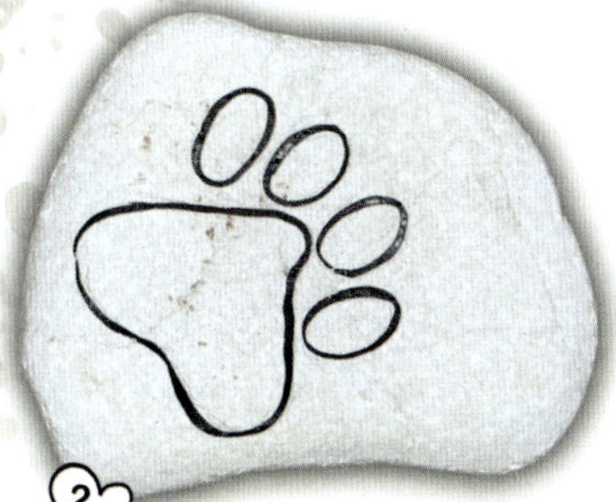

2 ZEICHNE MIT SCHWARZER AIRBRUSHFARBE DIE KONTUREN NACH.

3 SCHREIBE DEN NAMEN, DAS DATUM UND »DU FEHLST« AUF DEN STEIN.

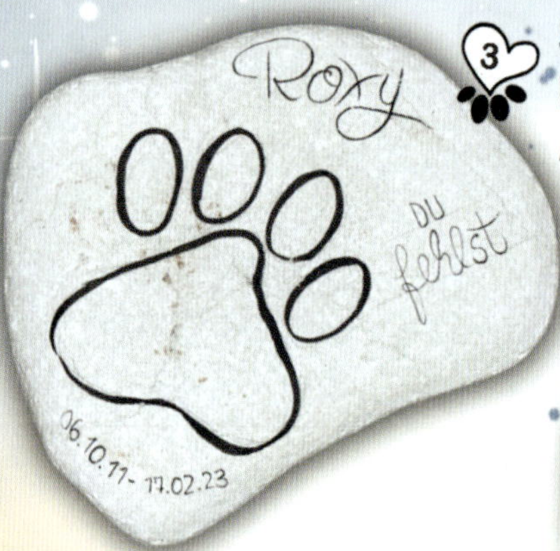

4 UMRANDE DEIN KUNSTWERK. ACHTE DARAUF, DASS DIE LINIE UNREGELMÄSSIG VERLÄUFT.

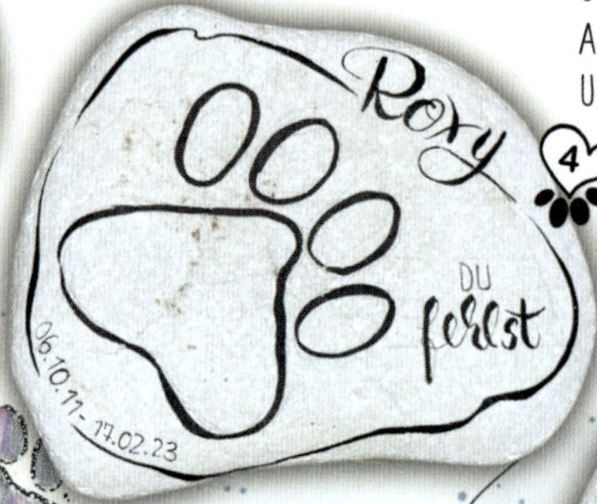

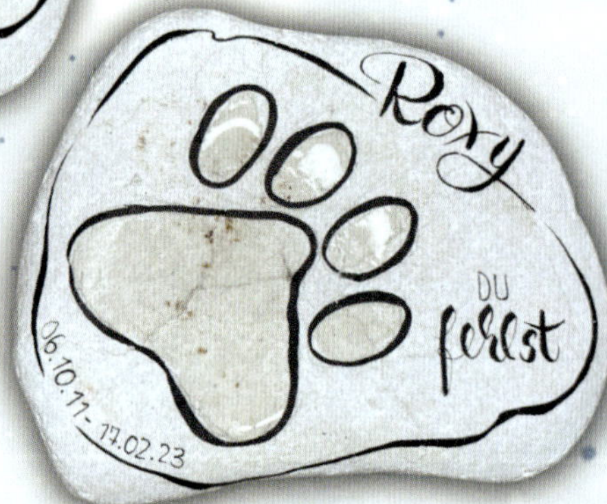

5 MIT WASSER MALST DU DIE TATZE AUS.

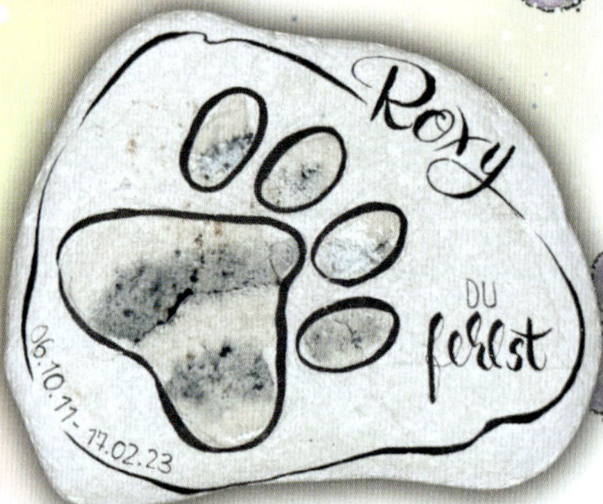

6 BEVOR DIE FLÄCHE TROCKNET, LEGST DU BLAUE AQUARELLFARBE IN STREIFEN HINEIN.

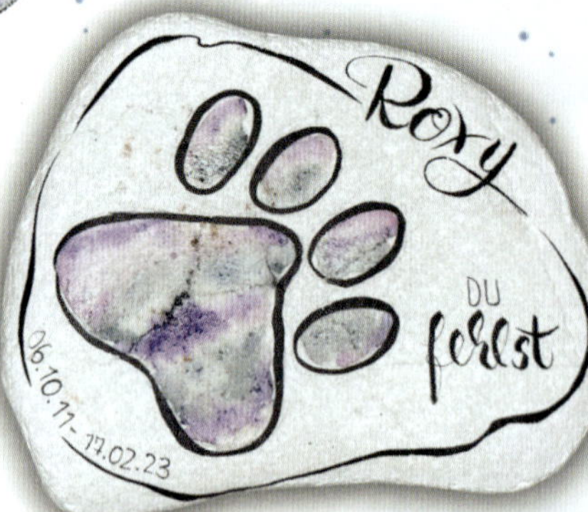

7 WIEDERHOLE DIESEN SCHRITT MIT LILA AQUARELLFARBE.

AUF WWW.MALEOLA.DE FINDEST DU VIELE WEITERE GEDENKSTEINE.

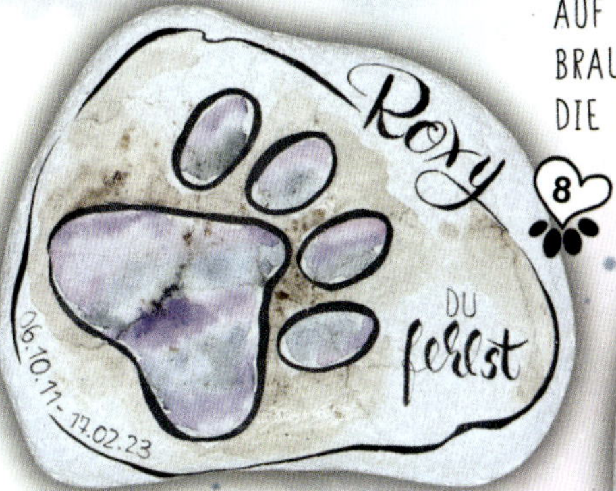

AUF DIE GLEICHE WEISE LEGST BRAUNE AQUARELLFARBE UM DIE TATZE HERUM.

8

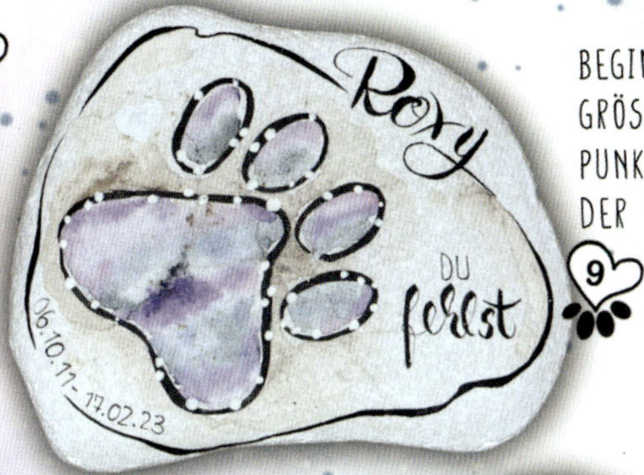

BEGINNE MIT EIN PAAR GRÖSSEREN WEISSEN PUNKTEN AUF DEM RAND DER TATZE.

9

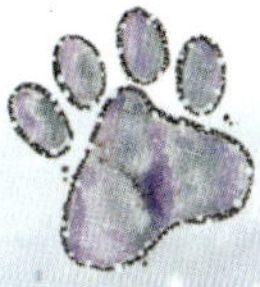

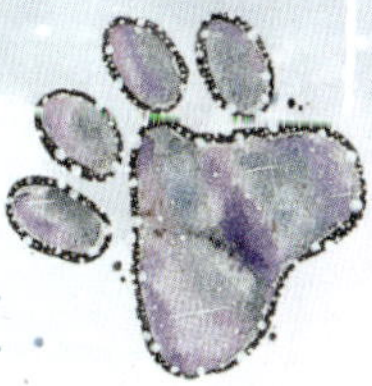

JETZT SETZT DU KLEINERE PUNKTE UNREGELMÄSSIG DAZWISCHEN.

10

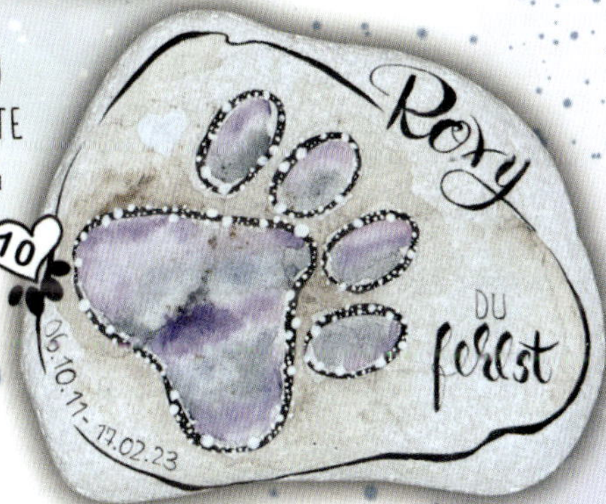

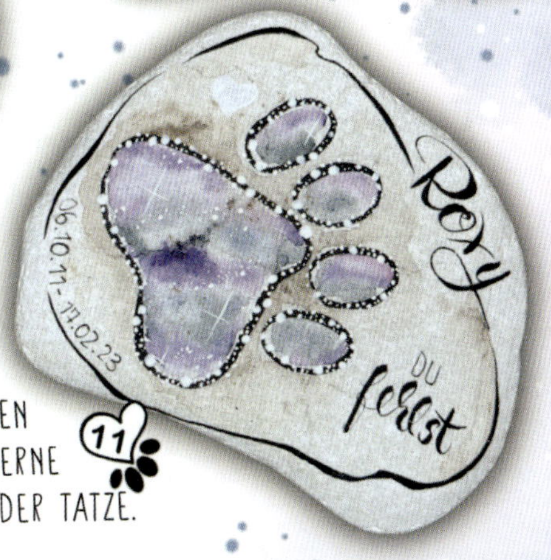

DIE LETZTEN WEISSEN PÜNKTCHEN UND STERNE PLATZIERST DU IN DER TATZE.

11

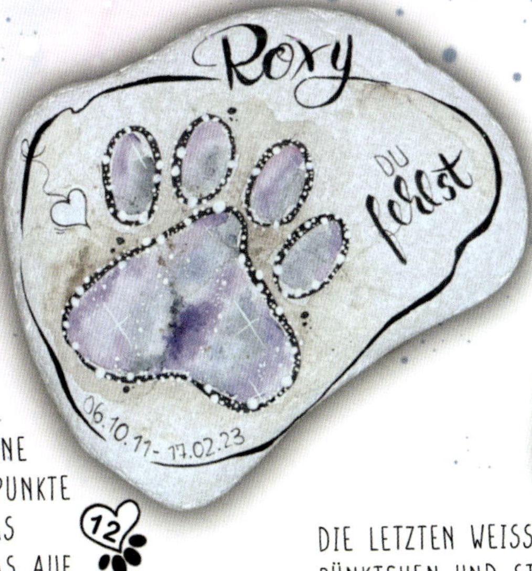

EINIGE KLEINE SCHWARZE PUNKTE LOCKERN DAS MOTIV ETWAS AUF.

12

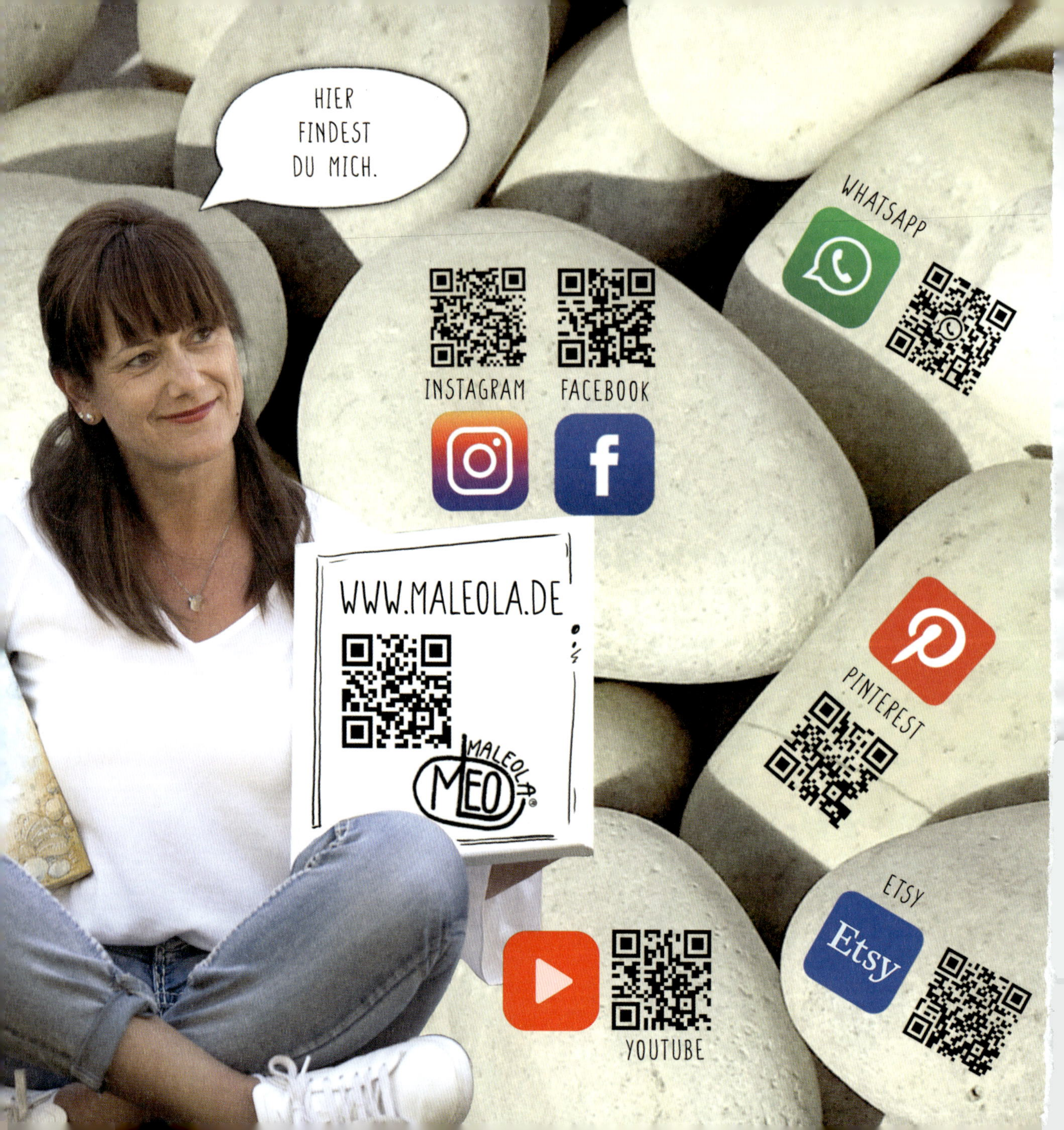
HIER FINDEST DU MICH.
WHATSAPP
INSTAGRAM
FACEBOOK
WWW.MALEOLA.DE
MALEOLA
PINTEREST
ETSY
YOUTUBE